永远没有失败的孩子，只有失败的教育。

快乐是教出来的

——好父母必备的6种角色

安龙 编著

电子工业出版社
Publishing House of Electronics Industry
北京·BEIJING

内 容 简 介

学龄期儿童的身心健康发展一直牵动着广大家长的心，如何能够充分发挥好家庭教育的优势也是当前基础教育的一个热门话题。本书以相关专业知识为背景，结合大量的实例，深入浅出地为广大读者提供了教育孩子的基本知识和技巧。全书以情感背景为依托，针对学龄期孩子的学习、交友、游戏、个性培养、生活风格等几个方面，提出具体的指导性建议。最后一章还着重介绍了家长教育孩子时批评和鼓励的技巧。

本书以操作性为前提、专业知识为保障、大量的案例和分析为基础，融合多位教育者和家长的实际经验和技巧，为广大家长提供了全方位立体式的建设性意见和措施。本书适合广大的学龄期儿童的家长阅读，也适合广大从事教育行业的工作者，以及就读教育专业的学生参考。

未经许可，不得以任何方式复制或抄袭本书的部分或全部内容。
版权所有，侵权必究。

图书在版编目（CIP）数据

快乐是教出来的：好父母必备的 6 种角色 / 安龙编著. —北京：电子工业出版社，2010.7
ISBN 978-7-121-10792-4

Ⅰ. ①快⋯ Ⅱ. ①安⋯ Ⅲ. ①儿童教育 Ⅳ. ①G61

中国版本图书馆 CIP 数据核字（2010）第 079585 号

责任编辑：李光昊
印　　刷：北京机工印刷厂
装　　订：三河市鹏成印业有限公司
出版发行：电子工业出版社
　　　　　北京市海淀区万寿路 173 信箱　邮编 100036
开　　本：720×1000　1/16　印张：16　字数：266 千字
印　　次：2010 年 7 月第 1 次印刷
定　　价：29.80 元

凡所购买电子工业出版社图书有缺损问题，请向购买书店调换。若书店售缺，请与本社发行部联系，联系及邮购电话：（010）88254888。

质量投诉请发邮件至 zlts@phei.com.cn，盗版侵权举报请发邮件至 dbqq@phei.com.cn。
服务热线：（010）88258888。

序

梁启超曾经意味深长地说："少年强则国强。"儿童时期是一个人的大脑、心理和行为获得塑造的关键阶段，其间形成的"情知意行"的基本框架不会随着年龄的增长而发生根本改变，其间积淀的人文内容更会与时俱进，发挥弥久益新和强烈、深刻的定势驱动效应。为此，每位家长、每个教师，都应当高度重视处于儿童时期的子女与学生的教化工作。

同时，儿童教育应当体现科学性、艺术性、人文性和快乐性原则。这是因为：

第一，家长和教师只有理解并掌握了儿童的脑体发育特点、心理发展规律和行为活动方式之后，才能设计与实施扎实有效的教育内容。

第二，自由活泼、真诚亲切和善于幻想乃是儿童的天性，为此大人们需要尊重儿童的这些宝贵品质，并借助创设艺术性情景来诱导和催化他们的创造性潜能。

第三，此处的人文性是指平等观念、真诚态度、以儿童的需要和潜质为本，借此克服家长"强加于人"的粗暴倾向，借此消除教师"好为人师"的职业心理定势。因为处于儿童阶段的个体之根本需要并不是抽象的知识或实用的技能，而是通过对象，发现自我的闪光点，展示自我的价值，明确自我的认知目标，深化自我的情感内涵。

第四，快乐性原则适用于儿童的学习、生活和交流，因为快乐的心情能够促进人的记忆、思维、交流与操作性能力的发展，能够增强儿童的自信，提升认知的开放性空间。快乐性教育并不是指一味地迁就迎合、隐瞒真相、避免挫折与批评、使他们为所欲为，而是指对儿童的情感引导、思想引导和行为引导需要体现动力特点、体验正负价值与多重意义，使他们逐步学会以乐观自信和注重未来的态度来应对内外世界的一切变化。

对以上种种问题，作者安龙在本书中进行了有趣的探索，从而为今后的家长和小学教师提供了若干新颖、实用和有效的方法论启示。该书围绕"快乐学习"、"快乐交流"、"快乐游戏"、"快乐个性"、"快乐生活"、"快乐激励"等系列主题，深入浅出地讨论了相关的心理学知识、介绍了儿童心理行为发展特点，提出了家长和小学教师可资参考的操作性路径，因而具有重要的指导作用。

　　作者在扩展专业知识的应用范围、挖掘理论的应用潜能、构建儿童的心智框架和提升自己的实践技能等方面用功甚勤、用心甚密、用时甚多、用力甚深，从而取得了一系列的显著进步。我衷心祝愿所有的教育同仁能够沉着扎实、再接再厉、不断进取！同时希望读者朋友能够借助本书营造孩子、学子们的根本福祉。所谓的"事半功倍"、"机不可失"，恰好道出了儿童教育的紧迫情势和持久效应。因此，我们（包括笔者在内）都需要重新审视儿童的心理世界，以便为我们的亲人、学生、朋友、后代的身心发展奠定恰逢其时的动力基础，使之借此稳步迈向自洽自足、自信自新和自由幸福的高阶人生境界！

杭州师范大学教授

心理与心灵哲学研究所所长　丁峻

快乐是激出来的

IV

前 言

在科技飞速发展的今天，生活的节奏越来越快，未来总是充满着竞争和变数。作为广大的家长，每个人都希望自己的孩子能够适应这种社会的发展，并能够在未来成为被社会认可的精英。但是大多数的家长对教育孩子都没太多的经验，在各种教育方式和理念上都存在着这样或者那样的问题。而对于小孩子来说，任何教育上的问题都有可能影响他的一生。小学的教育是一个人成长的非常重要的阶段，一个人的人生观、价值观，以及各种生活习惯和个性都是这个阶段养成的，如果不能正确地对孩子进行教育和培养，很可能会危害孩子的发展。本书就是为了避免广大家长在教育中走进种种误区而编写的，希望本书能够给大家一些帮助。

家庭不仅是孩子生活的重要场所，同样也是接受教育的第一所学校。但是，目前广大家长由于生活和社会的种种压力可能会对孩子的教育问题有所疏忽。亲子关系渐渐疏远，父母与孩子之间的互动也越来越少。孩子的物质生活虽然得到了极大的满足，可是匮乏的精神生活使得他们往往难以融入学校和同伴这个大家庭当中。当然，对家庭教育的疏忽其责任不全在家长，因为并不是每一个家长都对孩子的心理和生理发展十分熟悉。日常生活当中缺乏必要知识的储备，平时的互动过程中又缺少相应的技巧，导致很多家长们心有余而力不足。针对这一情况，本书以实用性为出发点，结合大量的心理学、教育学知识，选取大量具有日常代表性的案例全方位多角度地为广大家长诠释了什么才是真正行之有效的家庭教育方式。

本书的第一章是以一个总体的概念引出即将展开的问题，给广大家长呈现与家庭教育关系密切的背景性知识。让家长在习得相关知识背景的前提下进入后面的章节当中。在后面的章节里，我们将教育孩子的方式具体化、典型化，在每一个细节方面都选取了具有代表性的事件作为样例，然后给出科学的、合理的、可操作性的步骤，让广大家长和读者可以针对自己孩子的实际情况轻松上手。本书讲解了怎样让孩子能够快乐学习、快乐交流、快乐游戏，以及怎样培养孩子的个性、培养孩子的习惯、激励孩子的方法和技巧。同时本书还教会家长怎么样融入孩子的生活，成为孩子的同学、朋友、玩伴、顾问、榜样和导师。通过本书的学习，广大家长可以全面系统地掌握各种教育技巧。

当今社会提倡人性化关怀，反对大家长作风，而本书的写作也是在人本主义理念的指导下完成的。每一章节的内容都饱含着对孩子情感性的关怀和理解。快速的家庭和社会生活往往使得家长们忽视了对孩子情感的关注，而这种情感缺失也是导致很多青少年最终走向歧途的重要原因之一。关注孩子的情感世界，让每一位孩子都能有一个健康、快乐、向上的心绪去面对未来的世界。

本书内容针对性强，所有的讲解通俗易懂，各种方法和技巧浅显明白。同时本书案例丰富并贴近广大读者的生活，做到从生活中来，并能够回到生活中去，并能够指导生活。本书分类详细，指导性和阅读性强，注重了条理性和细节，不但适于仔细的研究，也非常适合时间有限的家长快速阅读。

本书在选题、选材、组织、编写和定稿的过程中，都倾注了很多朋友、同学的心血。在这里我向同学杨思楠、郭吉文表示感谢；向师妹孙月、强清表示感谢。同时，还要感谢我的父母对我的支持和帮助，感谢那些曾对我选材和立意提出过建设性意见的同学和朋友，他们是陈泊蓉、席杰、王楠。

最后，由于编写时间仓促，专业知识水平有限，可能存在一些问题和缺陷，也请广大仁人志士予以指出。

编者

快乐是教出来的

VI

CONTENTS

目录

第1章 让孩子的心灵沐浴在阳光下 /1

1.1 你真的了解你的孩子在想什么吗 /1

俯下身子与孩子平视 /3

学会倾听 /4

沟通的时机和方式 /4

1.2 你的孩子有心理问题吗 /5

儿童常见心理问题 /6

案例分析 /7

1.3 是什么影响了我们的孩子 /8

遗传 /9

环境因素 /10

教育因素 /11

1.4 小学生心理健康问题 /12

儿童心理健康影响因素 /13

建议和措施 /15

1.5 你可以影响孩子的一生 /17

1.6 你应当承担的角色 /19

更新教育观念 /20

学校教育的辅助者 /20

选择教育方法 /21

家长自我教育 /21

第 2 章　做孩子的同学——快乐学习　/23

2.1　环境带来的心理问题：让孩子尽快适应新环境　/23
　　　学校适应不良现象的原因　/24
　　　家长如何处理孩子学校适应不良的问题　/25

2.2　心理压力的调节：才三年级，孩子就开始厌学了　/26

2.3　逃避心理：孩子怎么又逃学了　/29

2.4　竞争心理：让孩子正确地对待学习中的竞争　/31
　　　嫉妒型竞争心理　/32
　　　自卑型竞争心理　/33
　　　攻击型竞争心理　/34

2.5　专心：一次只做一件事　/35

2.6　习惯性：把孩子培养成记忆超人　/38

2.7　自制力：让孩子自己学会安排学习和玩耍　/41

2.8　认同心理：让孩子喜欢上学习　/43
　　　让孩子保持愉快的学习情绪　/44
　　　用游戏性的语言对孩子提出要求　/45
　　　给孩子恰当的关怀和鼓励　/45
　　　帮孩子建立起自信心　/45
　　　用积极的眼光去评价孩子　/46

2.9　责任心的培养：让孩子不再懒惰　/46
　　　帮助孩子明确自己的责任　/47
　　　帮助孩子建立责任感　/47
　　　自主选择机遇与责任同在　/48
　　　以身作则，培养孩子的社会责任感　/49

2.10　学会变通：培养孩子形成适合自己的学习习惯　/50
　　　实例分析　/50

2.11　平常心的培养：让孩子从容面对考试　/53
　　　案例分析　/54
　　　对待考试就像对待家常便饭一样　/56

工夫在平时，坦然来考试 /56

考试焦虑死光光 /57

胜不骄，败不馁 /57

2.12 学会面对困难：让孩子从容面对挫折 /58

认识自我，完善自我 /60

遇到困难，学会解决 /61

受到打击，学会面对 /62

心中不愉快，学会交流沟通 /63

2.13 不要给孩子压力：家长怎么看待孩子的成绩起伏 /63

2.14 上进心：59与60分的差距有多大 /66

找到孩子的兴趣点 /67

给孩子定一个小目标 /67

通过事例进行引导 /68

发现孩子的闪光点 /68

来点阿Q精神，自我欣赏 /68

2.15 功利性：父母是否应该对考试设置奖惩制度 /68

家长对孩子要言而有信 /70

家长对孩子要慎许诺言 /70

履行诺言才能树立威信 /70

专家建议 /71

第3章 做孩子的朋友——快乐交流 /72

3.1 暗示心理：给孩子一种积极的暗示 /72

语言暗示 /74

非语言暗示 /75

3.2 诚实：让孩子学会真诚待人 /75

3.3 标签原理：避免给孩子贴上标签 /78

3.4 权威效应：教孩子学会和老师相处 /80

3.5 害羞：孩子不敢和陌生人说话怎么办 /83

耐心教育打开心房 /84

勇敢地找陌生人谈话 /85

3.6　顺从：让孩子学会控制自己的情绪　/87

3.7　孤僻：让孩子勇敢面对挫折　/90

3.8　愤怒：孩子老是跟小朋友有冲突，怎么办　/93

3.9　暴力：孩子爱打人，怎么办　/95

　　　教养方式　/96

第4章　做孩子的玩伴——快乐游戏　/98

4.1　好强心理：让孩子觉得自己能做得比别人更强　/98

4.2　成就感：鼓励孩子，让他们觉得自己做得很好　/101

4.3　面对挑战：让孩子觉得自己是男子汉，不是胆小鬼　/105

4.4　独立性：让孩子一个人去完成　/107

4.5　爱心培养：让孩子学会帮助他人　/109

4.6　创新：鼓励孩子坚持自己的想法　/112

4.7　面对挫折：教孩子面对游戏中的失败　/114

　　　游戏让孩子学会独立　/115

　　　游戏让孩子找到自己的位置　/115

　　　游戏培养孩子的专注力　/116

　　　游戏帮助孩子直面挫折　/116

4.8　互助：让孩子明白友情的重要性　/118

4.9　成长：让孩子学会放弃　/120

4.10　忍让：让孩子避免在游戏中的冲突　/123

第5章　做孩子的顾问——快乐个性　/128

5.1　想象力：学会培养孩子的想象力　/128

5.2　好奇心：兴趣是激发孩子创新的动力　/131

5.3　感知心理：让孩子与大自然亲密接触　/134

5.4　观察力与创造力：学会观察对孩子成长很重要　/136

5.5　坚持：关注孩子的兴趣和爱好　/141

5.6　执行力：孩子的"巧手"哪里来　/145

　　　利用好奇心培养孩子的参与感　/146

　　　要有创造性，不怕脏和累　/146

　　　讲究方法，不断鼓励　/146

　　　处处留心皆"锻炼" / 147

5.7　自信心：让孩子自己作出决定 / 147

　　　信任是自信的源泉 / 148

　　　赏识与鼓励 / 148

　　　创造时机展示自我 / 149

5.8　学会尊重：从尊重孩子的隐私权做起 / 150

　　　平和的态度 / 151

　　　培养孩子自我审查、自我教育的能力 / 151

　　　引导要注意方法 / 152

　　　建立起信任感 / 152

5.9　信念的培养：允许孩子说不 / 152

5.10　勇气：让孩子敢于面对自己的错误 / 155

5.11　自省：创造时机，让孩子重新认识自己 / 158

　　　让孩子学会欣赏自己 / 159

　　　培养孩子自我反省的能力 / 160

5.12　勇敢：让孩子明白哭鼻子不是好孩子 / 161

5.13　自我调节：孩子为什么喜怒无常 / 164

　　　让孩子正确地认识情绪 / 165

　　　生活入轨、气氛和谐 / 165

　　　帮助孩子疏导不良情绪 / 165

　　　家长的榜样作用 / 166

　　　对抗学习上的不良情绪 / 166

　　　切忌借酒"消愁" / 166

5.14　乐观：让孩子学会缓解郁闷 / 166

5.15　宽容：让孩子学会理解他人 / 170

5.16　叛逆：疏通和填塞哪个是好办法 / 172

　　　专家建议："耐心+鼓励+认可"挽回叛逆的孩子 / 174

第6章　做孩子的榜样——快乐习惯 / 176

6.1　慢性子：避免孩子做事磨蹭、拖拉 / 176

6.2　片面心理：避免孩子粗心大意 / 179

6.3　缺乏耐心：避免孩子三天打鱼两天晒网 / 182

6.4　学会尊重：孩子没有礼貌怎么办 / 185

6.5　保护心理：为什么有的孩子总咬手指 / 187

6.6　虚荣攀比：给孩子一架正确的"价值天平" / 190

6.7　爱撒谎：让孩子养成"诚实守信"的好习惯 / 193

6.8　金钱崇拜：为孩子树立良好的人生观 / 196

6.9　自我中心：让孩子学会接纳 / 198

6.10　骄傲自大：让孩子学会谦虚 / 201

6.11　自卑：让孩子正确地看待事物 / 204

第7章　做孩子的导师——快乐激励　/ 208

7.1　学会随时都使用鼓励和批评 / 208

鼓励　/ 208

批评　/ 211

7.2　鼓励孩子要选择最佳时机 / 212

7.3　家是孩子温馨的港湾 / 215

7.4　不毁掉孩子心中的希望 / 218

7.5　教会孩子在失败中学习 / 220

7.6　鼓励从语言开始 / 223

7.7　鼓励并不同于表扬 / 226

表扬　/ 227

鼓励　/ 229

7.8　选择合适的批评强度 / 229

批评的误区　/ 230

批评应该注意的地方　/ 232

7.9　延时批评，避免问题走向偏颇 / 233

7.10　自我批评，父母和孩子共同进步 / 235

7.11　学会在批评中留有余地 / 237

7.12　批评的艺术：化悲痛为力量 / 240

批评艺术性总结　/ 241

第1章

让孩子的心灵沐浴在阳光下

现在的家庭绝大多数都是一个孩子，在培养孩子方面没有经验可以借鉴，没有样本可以复制。尽管如此，希望得到的结果只有一个：成功。所以，很多家长就开始担忧、焦虑甚至是束手无策，生怕教不好孩子，影响了孩子的一生。

父母是孩子心灵建设的第一任工程师。从呱呱坠地的婴儿到撅着小嘴很不情愿地走进学校的阳光儿童，再到充满期望地迈进中学校门的青少年，这期间无不倾注了父母的巨大心血。如何让每一个花一般的孩子在父母的关爱下茁壮成长，不仅是每个家长的心愿，也是整个社会的期望。所以，要使得孩子的心理健康和生理健康共同发展，离不开每位父母的努力与关爱。

1.1 你真的了解你的孩子在想什么吗

据报道，昆明《春城晚报》和某咨询公司就昆明儿童的生活状态进行了调查，结果十分有趣：尽管 75%的儿童认为家长对自己很关心，但只有 40%的孩子认为父母知道自己的想法，而 78%的家长却认为自己知道孩子的想法。

这次调查共走访了昆明市 30 个中小学校的 60 名孩子和他们的家长。儿童的年龄在 6～14 周岁之间。调查显示，50%的家长认为自己的孩子有明确的目标和理想，35%的家长认为孩子的理想和目标较为模糊，15%的家长认为孩子没有理想。但对孩子的调查却是，75%的孩子认为自己有明确的目标和理想，20%的孩子认为理想和目标较为模糊，只有5%的孩子认为自己没有理想。

为了进一步进行调查，还出了5个问答题：谁是你孩子最好的朋友？你孩子喜欢哪门课？你孩子以后想做什么？你孩子最珍爱的礼物是哪件？你孩子知道父母的生日吗？

问题由家长和孩子独立完成，结果近一半家长的答案只有两题与孩子基本一致。答案差异最大的是"孩子以后想做什么"，许多家长答的是科学家、教师、医生，而孩子的答案却是大富豪、警察或不知道。有一个孩子说："爸爸妈妈连我喜欢吃什么、喜欢什么颜色都不知道。"

调查进入尾声的时候，一个小男孩表达了自己的愿望："想让爸爸妈妈能多抽出时间陪陪我，跟我聊天，我想和他们说说心里话，让他们知道我的努力程度，是不是进步了？不要只知道问成绩怎么样了？我讨厌这种方式。"

看到这样的调查结果，不能不引起各位家长的注意了。平时的工作再忙，也不能没有时间静下心来和孩子多沟通。家长与孩子之间的沟通我们常称为亲子沟通，即家长通过谈话、游戏等方式与孩子进行相互了解、交流情感的过程。

在日常生活中，我们家长可能常常有这样的"遭遇"：当你跟同事或朋友在谈话时，你的孩子会打断你们的谈话，或者莫名其妙地在一旁吵闹，你想制止却费了力也没有效果，家长觉得自己在朋友面前有点丢脸面，有些尴尬，有时不得不无可奈何地与朋友道别。朋友离开后，可怜的孩子麻烦大了，家长会大声地训斥孩子："你为什么不懂礼貌、为什么让我难堪，你有什么要紧的话，现在就让你讲个够"，甚至有的家长说："你都快气死我啦"，等你的火气发完了，孩子什么话也没有了，只会瞪大眼睛瞧着你，这个时候孩子也不知道有什么话要和你说，更不知道自己做错了什么，让爸爸妈妈生这么大的气。出现这种情况，原因很简单：大人之间交谈时，没有安排好孩子，暂时冷落了孩子，孩子感觉孤单，从而做出一些引起家长注意的举动。

归根到底，发生上面的情况还是由于平时和孩子交流沟通少了，孩子不知道在这种情况下，他应该做些什么？如果家长与孩子之间建立了良好的沟通渠道，这种情况就不会发生了。那么，家长与孩子怎样进行沟通？沟通时应该注意些什么呢？

◆ 俯下身子与孩子平视

　　有位家长在向咨询师诉说自己的儿子时，显得非常无奈：孩子刚上小学一年级，他无论在什么时候、什么场合都表现得非常顽皮：说脏话、乱涂墙壁、打小报告、作弄他人来取悦自己、与父母师长顶嘴，种种问题使孩子父母束手无策。不论什么样的提醒、大喊大叫的命令，儿子全然不理，甚至一脸暗自得意的样子。有时难免有怒火上冲的时候，就把孩子痛打一顿，过后，又对自己惩罚的方式后悔，内疚。继而不断地问自己："到底我的孩子什么时候才能学乖一点儿？"，"我怎么就生下这个孩子呢？"

　　相信很多家长都有和这位家长类似的经历。家长的教育，目的就是让孩子明白这次是错的，下次绝不这样做了。为了达到这个目的，最好的方式就是和孩子多沟通，多交流。使孩子知道：父母是非常爱他的，也是很尊重他的，同时，也让孩子晓得，哪些行为是对的，哪些行为是不可取的，让孩子有机会为自己的思想及行为作出解释。借着沟通，父母还可以更好地了解孩子的想法，以及谈话的效果。

　　"沟通"二字，做家长的都知道它的重要性，问题是沟通的内容和方式。我们常常看见的亲子沟通，有时候跟做买卖没什么区别，甚至有的沟通就是用命令和威胁的方式进行的，孩子永远不能表达自己真正的想法，更不能理解父母的苦心，别以为做父母的认为沟通结束后，孩子点头说知道了、明白了，就是真的。其实，有的孩子是为了赶快结束继续面对这样的唠叨场面，而应声答应的，或者是害怕被处罚的命运，保护自己，成全家长的期待而应声答应，致使孩子的行为往往不能达到父母的意愿。就这样父母亲和孩子之间的沟通还要进入下个轮回，最后做父母的会大声或以放弃的口气去告诉孩子"你为什么永远听不进，做不到！"

　　父母应注意到，与年幼的孩子进行交流，一定要蹲下身子，拉近距离，两眼直视孩子的眼睛，频频点头或微笑。听完后直接、果断、清楚地向孩子表达你的意见和想法，如此他才能遵照你的想法去做。语气坚定，但不严格。你的语气要透露出你说得到，就做得到，并且第一次就要他照办。避免满腹愤怒地大声叫喊，特别是面对顽固的孩子，首先了解孩子的爱好，与孩子一道建立责任感，可以消磨抗拒或抱怨。

◆ 学会倾听

无条件倾听，在心理咨询中有着举足轻重的意义。它是进入当事人心灵世界最直接、最有效的方式之一。同样，家长们要想进入孩子的心灵世界，就首先要从倾听开始。因为，在家长的关心下，如果孩子能把心中的一些困扰或问题说出来，通常问题就已经解决了一大半。就好像不小心你的眼睛里进了一粒沙子很难过，当你用力眨眼睛时，眼泪流出来后，便会觉得舒服多了。

家长在与孩子进行交流时，常常是爸爸或者妈妈滔滔不绝地讲述，很少听孩子说些什么。如果父母亲不能了解孩子真实的想法和感受，这不但不能帮助孩子解决面对的问题，而且还会造成亲子间的紧张与冲突。这样的沟通是单向性的，也是家长的一厢情愿。亲子沟通应是双向性的，是互动的，是家长与孩子的无障碍的充分交流。在沟通时，要给孩子留出充分的讲述时间，当孩子和你谈问题时，家长应注意自己的表情和动作，应该眼神注视着孩子，认真地倾听孩子的说话，对孩子表现出应有的尊重。家长只有尊重子女，在心平气和、相互理解气氛中，以交谈的方式来表达自己的意见和看法，你所说的话孩子才会听，教育才可能产生效果。许多情况下，孩子往往没有错，就因为家长没有做到认真倾听孩子的谈话，没把事情搞清楚，根本不给孩子思考和理解的时间，也不让孩子表达自己的意见。就训斥孩子，发表自己的意见，并以家长作风强势压人，不让孩子说话，这种教育方式不但收不到正面的教育效果，时间一长，孩子的逆反心理表现得越来越强烈，最终以沉默的方式来表达自己的反抗。

父母对孩子多尊重点，注意点他们的想法，才容易形成浓浓亲情和良好的家庭气氛，更容易让家长与孩子成为朋友。

◆ 沟通的时机和方式

一般家长都会把注意力集中在孩子的学习成绩上，花了不少时间照顾孩子的功课，有的家长甚至陪读，可是忽略了跟孩子沟通。家长在忙碌工作和家务之余，应当把握机会多跟孩子沟通，告诉孩子自己工作的地方及环境，让小孩了解家长工作的辛苦。家长关心子女，同样地，孩子对父母也应该了解和支持。平日彼此多交流生活点滴，促进彼此的认识，多和子女相处、聊天、游戏、睡前讲故事、适时向孩子表达父母对他们的关心和感受。既要工作，又要照顾孩子，这是每一个职业母亲的矛盾。怎样才能在一个短暂的时间里保持一个高质量的交流呢？放松的心态！劳累了一天的妈妈，在看到孩子的一瞬间就应该将所有的烦恼都忘掉，因为将孩子视为自己的未来、自己的希望，那么再多的劳累也就烟消云散了，放松的心情才是高质量交流的保障。

家长在与孩子交流时，也有几点需要注意的：

首先是要以孩子喜欢的方式进行。在与孩子沟通过程中，要尽量避免一味地用说教、命令、强迫等方式让孩子听话，孩子必然产生反感。孩子喜欢的方式可以是聊天，父母在聊天的过程中把要教育的道理融进去；可以是讲故事，通过讲故事，让孩子从故事中领悟道理，这比简单说教要好得多；可以是在游戏过程中沟通，因为孩子处于比较兴奋的状态，比较容易接受父母的教育。

其次是要以孩子理解的方式进行。因为交流、沟通是一个双向过程，在这中间家长一定要考虑孩子的理解力。孩子是不是有兴趣，是不是听懂自己的话，如果只是喋喋不休地说教，孩子根本无法理解的话，那就根本没有达到教育的目的。

最后要密切关注孩子的感受。在与孩子沟通时，要时刻注意孩子的信息反馈。一个眼神，一个动作都可能让家长知道孩子是否接受了。这些细节性的信息都是有效交流的组成部分。

孩子是父母爱的结晶，是人类文明的延续。天底下所有的父母都希望自己的孩子能有一个美好的未来。那就让我们以更科学、更合理的家庭教育方式来给孩子以滋养。在良好的家庭、亲子关系中教给孩子做人处事的道理，让他们在人生的道路上一帆风顺。

1.2 你的孩子有心理问题吗

一般人认为，心理问题的发生都是在成人身上的，其实心理问题并不是成年人的专利。据某流行性调查资料显示，我国未成年人达到 3.67 亿人，中、小学生心理障碍患病率为 21.6%～32.0%，大约有 3000 万人突出表现为人际关系、情绪稳定性和学习适应性方面的问题。因心理障碍等问题而退学的儿童青少年占退学总人数的 30%～60%，儿童的心理问题发生率有继续上升的趋势。如北京大学精神卫生研究所的研究表明：1984 年北京地区儿童行为问题患病率为 8.3%，1993 年为 10.9%，1998 年全国 12 个城市的儿童行为问题患病率为 13.4%，2002 年北京中关村地区部分重点小学儿童行为问题患病率为 18.2%，以焦虑、抑郁等神经症增多为主。

◆ 儿童常见心理问题

1. 多动症

儿童多动症又称：注意缺陷多动障碍（ADHD）。这是儿童心理行为症状中极为常见的一种。主要表现为注意力明显不能集中或者注意力维持时间短暂。该病症 6 岁前发病，10 岁前为发病的高峰，而且男孩多于女孩。有数据显示我国学龄儿童患此病人数大约 500 万以上，且有逐年上升趋势。儿童注意缺陷多动障碍的病因至今仍未弄清楚，多数学者认为是多种因素相互作用所致，主要与遗传、生物化学因素、发育异常、心理社会因素及其他因素有关。

2. 儿童抑郁症

儿童抑郁症是指发生在儿童时期持续的心境低落、不愉快，以抑郁情绪为主要特征。据联合国儿童基金会报告，儿童和青少年的抑郁症发病率分别达到 2.5% 和 8.3%。患儿表现为对游戏没兴趣，食欲下降，睡眠减少，哭泣，退缩，活动减少。患儿还可表现为注意力不集中，思维能力下降，自我评价低，记忆力减退，对学校和班级组织的各种活动不感兴趣，容易激怒，严重时会有自杀念头或自杀行为。本病发病与多种因素有关，家庭生活事件也是重要的因素之一，如父母对子女期望值过高，家庭管教方式不恰当，父母感情不和或离婚等均对儿童构成重大的应激事件。

3. 学习障碍

学习障碍是学龄期儿童的常见问题之一。它是指并不存在的智力低下、视觉、听觉障碍，或者外界环境影响所导致的原发性学习障碍，症状变为拼写、阅读、计算或者学习技能习得困难等一系列综合病征。有学者认为我国儿童的该种病症发病率在 6% 左右，对于其发病机制不是很了解。

4. 儿童恐惧症

害怕、恐惧的情绪是孩子最常见的情绪状态。几乎是每个孩子都要在固定的阶段经历这个恐惧反应。主要表现在害怕黑暗、动物、昆虫、学校等。学校恐惧就是其中的典型，由于害怕白天上学，导致逃避不上学的情绪状态。

除了以上几种常见的之外，还有孤独症、入睡困难、强迫等症状。

一旦父母发现自己的孩子有心理问题，该怎么办？其实，家长们都不必惊慌，孩子的心理问题，并不是什么精神病之类的病症，心理问题就好似人的感冒发烧一样,在每个特定的阶段都会有发生。父母不妨直接去问问孩子:你是不是心情觉得烦躁了?学习压力大不大?当然,孩子可能对自己的情况也拿捏的不是很准确,如果这样的话,家长可以带着孩子去医院咨询一下相关科室。如果孩子的症状表现的不是很明显的话,父母也可以采取一些适当的方法帮助孩子克服这些障碍。

一是要对孩子多关心和理解,不要孩子一出问题就横加指责,或者就说一些不该说的话,让孩子本来焦虑的心境上又产生了对病症的焦虑。

二是信心疗法。安慰孩子,给孩子树立信心。对于考前焦虑症等轻度心理问题,父母可以告诉孩子考前人人都紧张,不只是你一个人心情焦虑,放松孩子的心情。

◆ **案例分析**

实例

小学三年级男生小刚,是个可爱的男生,他数学和英语成绩都能达到 90 多分,数学思维比较敏锐,英语也能保持 95 以上的优异成绩。问题是,他的语文很糟糕,尤其是对写汉字有恐惧感。他在学校表现也不是很好:上课搞小动作,不听讲,不做课堂作业,出操时大家都做操,他就站在原地东张西望,或者自己玩自己的,就是不做。午睡时,其他同学在休息,他就出去玩或是打扰其他同学,或者涂画黑板,造成班级扣分。

了解小刚的人都说这孩子是个善良的孩子,他很渴望有朋友。但是他在学校却常常受欺负,甚至是被人吐口水。补充:他的个头在同龄人当中算是大块头的。另外,他一至三年级在另一个学校读书,那个学校比较重视兴趣的发展,现在的学校没有。他是上学期转学到现在的学校留级重读三年级的。他一至三年级的时候是被送去寄宿学校就读,父母不在身边。他现在在家里写作业,常常是要做到 11 点多甚至 12 点,主要是语文作业花时间,写一个字休息 30 多秒,发呆或者说话,字体基本上是结构松散,笔画错乱。

解析

小刚出现这样的问题,可以从这几个方面进行考虑:

1．生理角度

从脑科学的角度讲，孩子的左右脑发育不均衡；左脑发育优于右脑，或者是两脑不能协同活动（不能对所接受的感觉信息进行合理加工）。因为左脑偏于对继时性信息的加工，而右脑偏于对同时性信息的加工。也就是说语文学习偏于右脑，数学学习偏于左脑。或者是由于大脑对身体感觉信息的统合出现障碍，在医学和心理学上称为感觉统合失调或学习能力障碍。

2．心理层面

儿童在学习的过程中受到情感性因素的影响也比较大，孩子语文学不好可能是因为不喜欢语文老师，或是孩子的心灵受到了语文老师的伤害。

3．成长环境

父母、学校的教育管理过于严格，父母经常不在孩子身边让孩子失去了安全感。在学校受到其他同学的排斥等。在这样的家庭和学校环境下成长，孩子的初期社会化过程受到严重不良因素的影响，致使孩子根本无法建立良好的自我形像。他肯定还有一些强迫行为，还有可能发展成强迫症。

如果孩子经常受到负性的评价和态度，慢慢地就会失去了自信，产生自卑的心理，久而久之"破罐子破摔"的思想和行为就出现了。低年级的孩子是处在形成个性的关键期，如果在社会化的初期处理不好的话，就会对孩子的一生造成伤害。

对这样的孩子进行挽救时需要家庭、学校和社会等多方面的通力合作才可以：

首先，就目前国内脑科学和生理学发展的现状来看，可以让孩子去参加一些"主体感觉统合"训练，这些训练都是直接针对各种有情绪、学习困难障碍的儿童开展的，而且效果都还不错。

其次，孩子的心灵需要更多的抚慰和关爱。父母应该抽出更多的时间来陪孩子，老师和同学要以更加积极的态度去接纳孩子，帮助孩子建立起自信心。让孩子逐渐形成集体归属感。

总而言之，孩子出现了心理问题并不可怕，关键是家长要肯花心思、花时间，耐心跟孩子好好交流，发现孩子存在的问题，并帮助孩子不断进步。

1.3 是什么影响了我们的孩子

人在成长过程中要经历三种教育：家庭教育、学校教育和社会教育。许多家长认为，教育就是学校里面的事情。学校是专门教育人的场所，它有专门的场地、

快乐是敲出来的

设施、课程等，还有懂教育的老师，因此，把孩子送到学校，只要好好学习，听老师的话就能成才；至于家庭教育无关紧要，或者说关系不大，这种认识是片面的，也是不负责任的。学校教育确实非常重要，但家庭教育也不例外，有许多地方在许多时候对学校教育是一种促进和转化，甚至超过学校教育的效果。因为家庭是孩子的天然学校；父母是孩子的第一位老师，家庭教育对一个人来说是启蒙教育。

可是，对于一个孩子的健康成长来说，仅仅是教育还是远远不够的。各国的教育专家都已达成共识：影响一个人的成长，并给人与人之间造成巨大差异的，有三大因素：遗传、教育和环境影响。有的学者将后两者统称为环境影响，也就是把教育看做是环境因素之一。

◆ 遗传

科学研究已经告诉我们，遗传对于人的生理、心理影响具有举足轻重的作用。观察一下我们自己和周围的家庭，遗传对后代的影响是显而易见的，孩子的容貌、身高、体形乃至神情、气质，总是带着父母亲的痕迹，有些疾病也是遗传所致。遗传真是一个神奇的东西，好像真有一只造物主的手，把有关父母的一些神奇密码在孩子出生时就编定。假如排除后天环境因素的作用，密码就会让孩子按照预定的轨迹发展。

近二三十年来，随着遗传生物学、基因遗传学等学科迅速发展，使得人们从细胞层面开始对遗传有了更深入的认识。欧美有的科学家通过人类迁移引起人种的基因变化的研究发现，基因中的多巴胺与人的好奇心、好动、吸烟酗酒等寻求刺激的行为有很大关系。日本、中国等亚洲人的基因中多巴胺很少，而南非洲一带人的基因中多巴胺竟高达 63%。多巴胺的偏少造成亚洲人安静，善于通过思考来学习，而非洲人爱动，他们在打猎、体育等方面胜于亚洲人，却不擅长思考，他们必须在活动中学习才能学好。

北京大学精神卫生研究所与哈佛大学、都柏林大学的专家在 2002 年合作进行了一项研究，发现黄种和白种的婴儿出生时不仅体质上存在差异，气质上也存在差异。气质是先天因素，具有稳定性，在个体发展过程中，是属于"秉性难移"的部分，不会发生反差很大的改变。这就是说，中国孩子是"天生"比美国和爱尔兰的孩子要乖，在自我安慰能力方面要强。而这个研究结论和 30 年前美国科学家对 1 周岁的亚裔、欧裔婴儿进行的比较式研究的发现不谋而合。这个研究说明，人的个性与遗传相关。因而根据这些研究，科学家们普遍认为：人与人之间的差别一般来自于生物基因决定的遗传，还有一半来自于后天环境的影响，这种环境包含教育。

从 20 世纪 80 年代开始，教育界开始意识到遗传对于人的发展起着基础材质的作用，由遗传带来的个性特质对于环境和教育具有一定的选择性，教育必须以受教育者为本，以受教育者为主题，重视个性化的教育。有专家认为，当前素质教育的实施，实质上就是实现个体遗传素质的社会性开发，以及社会需要对相应个体再创造的过程。以学生为主体、个性化教育等现代教育理念，在很大程度上是以现代基因研究的最新成果作为科学依据的。

◆ 环境因素

这里所讲的环境因素，是和教育尤其是家庭教育割裂开的环境因素。

大千世界中，林林总总的环境都会对人的生长发育形成影响。从出生的那天起，孩子就受到其所处环境的影响，其成长也必然留下环境的烙印。这些环境中，有小环境：家庭、学校、亲戚朋友和邻居等；中等环境指以上几种环境之间的互动；外部环境：地区产业、家长工作环境、大众媒体等；大环境：整个社会形态、统治者的意志。

无论家长们对所生活的社会环境是否满意，都必须正视现状，设法让孩子们在所处环境中尽可能受到良好正面的影响。可以看到，在最直接的生活小范围中，选择与孩子接触的人——成人和同龄伙伴是很重要的，他们会直接影响孩子的个性成长。正所谓"近朱者赤，近墨者黑"。家长们自己的言行更需检点，也要注意日常与什么人来往，尽量以身作则为孩子做出正直的榜样。

而且，那小环境中任一因素对孩子都产生影响，任何一方都不能推卸责任或摆脱干系。在中国的特定环境中，多数人可能没有西方人那样受到教会的影响，但家庭、学校、和邻里之间的影响都不可少。所谓邻里之间的影响，其实中国古人就懂，因此有"孟母三迁"等典故，但现代社会，需要注意的是，除了尽量注意居住环境要适合孩子的成长，更要引导他们不能因环境而产生自卑或自傲等不良心理。

所谓"江南的才子山东的将，陕北的黄土埋皇上"，对于所处环境，家长们要懂得因地制宜，利用现有条件让孩子尽可能地吸收所在环境中的积极因素。

◆ 教育因素

所谓教育，是指有目的的、有组织的、有计划的，以影响人的身心发展为直接目的的社会活动。我国历来都十分重视教育，孔子的学说，已经影响了中国几千年，对我国无论是政治、经济、文化还是整个社会都产生了极其深远的影响。

但是，今天我们这里谈到的是对孩子成长有至关重要作用的教育因素，而且特指家庭教育因素。社会的进步和发展，尤其是现代社会对一个人综合素质的要求，许多家长也逐步认识到家庭教育的重要性和必要性。那么，在家庭教育中影响孩子健康成长的因素有哪些呢？

1. 营造一个温馨、和谐的家庭氛围是孩子健康成长的重要条件

家庭是社会的细胞，更是孩子生活、成长的第一环境，父母是孩子的第一任老师。教会孩子做人是孩子成长的首要条件。在孩子们用询问的眼光注视世界、认识世界的时候，在他的眼中最常见到的是父母。父母的言行正表达着他们自己的人生态度，父母也最先被孩子认可了，于是无意识的模仿就有了对象。因此，作为家长事事必须以身作则，给孩子树立起良好的榜样，以堂堂正正的人的形象，留在孩子心目中。堂堂正正的人应该是一个正直的人、有责任心的人。贪婪、自私、斤斤计较、欺善怕恶、吹牛、违犯法纪、缺乏爱心是最损害形象的，一旦这样的形象映入脑海，就很难被磨灭，而且还是今后和父母产生情感障碍的潜在诱因。同时，又常是导致孩子自悲、自我封闭、自暴自弃等病态心理的原因之一——他因为有这样的父母而感到羞愧，自觉低人一等。

另外，还要敢于在孩子面前认错，那种认为认错就意味着降低威信，于是强词夺理，甚至以打骂手段镇住孩子的做法是最愚蠢的做法，会让孩子瞧不起。因此，要塑造好自己的形象，做好孩子的"启蒙教师"。

2. 目标、步调一致

对于孩子的成长，家庭成员要有统一的目标和部署。因为孩子的性格、兴趣、爱好都有所不同，而全家人的意见可能有偏差。所以，有必要研究当下社会的需要，综合父母的成长经验，在全家人统一认识的基础上，给孩子一个准确且进而有效的"定位"，要真正做到步调一致。思想上的统一尤为重要，尤其是爷爷、奶奶由于经历不一样，对社会的需要不了解，在教育孩子上必须与其他成员保持一致，尽量不要因自己的教育而否定了别人的教育，注意教育的横向联系，使整个家庭教育形成一个合力。

3. 关爱中不失严格

普天之下父母的爱是最无私，最真挚的爱。可是如果把这种爱变成了溺爱，那就成了爱的可悲。让溺爱造成的后果也是令人痛心不已的。家长对孩子的爱，不能只是自己情感表达的需要，自己宣泄了，也就满足了，这种爱，也是一种教育行为，是父辈对孩子成长的情感投资。在很大程度上，还是孩子完成某些任务的动力和监督其执行的外驱力。一个成长中的孩子，他所需的帮助是多方面的，除了要给孩子提供充足的营养，保证其体魄的健康外，孩子内心的塑造、性格的健康发展，情感的滋润以及思想、品德的培养，都应同样予以重视，树立"让孩子全面发展"的意识，给孩子以全面的关注，是体现"严格"的第一方面。

家庭不是学校，做事没有太多程序化的东西。但必须让孩子养成合理安排的好习惯，这种习惯的习得需要进行"严格"地控制和实施，让孩子明确各项任务并加以实施。这种"严格"的操作化过程正是教育的体现，告诉孩子做事情要懂得持之以恒。对于孩子做事的严格要求，就是明智的爱、合理的爱的表达。

最后，为了达到家庭教育的目的，与孩子能够进行心灵的沟通，最重要的就是和孩子交朋友。一位心理学工作者曾说：父母让孩子通过语言把所有的感情——积极的和消极的，都表达出来，是对孩子最大的保护。所以，父母抽出时间来和孩子进行交流，认真倾听孩子内心的想法，在尊重孩子的基础上不断给孩子提出更高的要求，让孩子不断进步，这才是真正有效的家庭教养。

1.4 小学生心理健康问题

随着教育体制改革的不断深入，全社会越来越多的人开始关注孩子的心理健康问题。早已衣食无忧的孩子们为何还是感到"疲惫不堪"。很多中小学生都在埋怨老师和家长管得太严，个别的学生动辄离家出走，甚至有自杀的惨案发生。

据报道，某市一位10岁的小学生晨晨，一天晚上为了完成老师布置的两千字的作文，累的在课桌上睡着好几次，都不敢上床睡觉。为了帮助女儿完成作业，家长甘愿成为"枪手"，挑灯夜战。"现在的孩子可累惨了！家庭作业写两千字作文，还得打印出来！"这位家长抱怨说，孩子下午五点放学，然后开始补课两个小时，晚上七点左右被家长接回来，吃过晚饭八点多，哪里还有时间写两千字论文？

快乐是教出来的

像这样的情况，在全国各地都是屡见不鲜了。生活在大中型城市里的孩子，学业压力非常大。他们除了完成学校必备的课程之外，还要参加各种补习班：绘画、舞蹈、英语、奥数等。沈阳一位小学生的家长张先生说，现在孩子的课外时间基本上都得按家长安排，孩子主动要求报班学习的很少，大多是家长逼着孩子去学。有的家长给小孩既报奥数班，又报英语班，平时再学学绘画、游泳什么的，根本没有给孩子游戏的时间。

我国共有未成年人3亿多，近些年来专家估计，我国至少有3000万到5000万的孩子存在行为或心理问题。心理专家们认为，当前"问题儿童"之所以增加迅猛，其外部的主导因素不能忽视。这主要包括：家庭亲子教育方式不当、学校过分强调应试教育、社会不良风气的影响等三大主要因素。

儿童心理出现问题后，其主要表现的心理和行为异常为，抑郁、焦虑、紧张、恐惧等心理情绪问题，甚至出现程度不同的神经症状，导致注意力不集中、学习困难、离家出走、迷恋网吧、结交不良朋友，甚至自杀、暴力犯罪等。

◆ 儿童心理健康影响因素

1. 儿童心理健康发展规律与父母期望和教育方式之间的矛盾

现代城市家长在亲子教育方面，对孩子的自由活动干预太多，过分地强调智力培养，忽视了对儿童的情商教育；对儿童管得太严，容易限制孩子自由发展，甚至可能造成逆反心理。

"望子成龙，望女成凤"的教育观念在中国社会里根深蒂固。孩子是父母生命的延续，在儿女身上寄托着几代人的希望。加之我国实行计划生育的特殊国情，绝大多数小学生都是独生子女，父母的全部希望都压在了一个孩子的身上。因此，孩子从小就像一只身负重托的蜗牛，在人生成长的道路上艰难地爬行。很多家长对孩子进行培养教育时，并不征求孩子的意见，也没有真正了解孩子的兴趣和爱好。当孩子无法达到预期目标时，他们要么大失所望，撒手不管，要么迁怒于孩子，大打出手。

前不久震惊全国的"徐力杀母事件"就是其中典型的一例。在我们的身边这样的事情天天照样进行着：可怜的父母们，正在为塑造他们自己心目中的音乐家、舞蹈家、画家、书法家、外交家、国际象棋大师……而忙碌着。他们哪里知道在孩子心里深处早已播下了厌倦的种子！如此一厢情愿的家庭教育，怎能不给儿童幼小的心灵蒙上一层挥之不去的阴影？因此家长学习了解一些心理与教育科学知识，能够依据一定的理论指导自己的家教行为，并创造性地运用科学的方法教育子女。既遵循儿童心理发展的一般规律，又能把握住自己孩子的过高期望值，使家庭教育与学校教育互为补充，相辅相成，促使孩子健康成长，这是塑造小学生健康心里的非常重要的一面。

2. 儿童学业适应性发展与学校教育之间存在差异

首先，目前中小学教育过分强调学习成绩，以学分高低来评判一个学生是否优秀。为了提高升学率，学校采用题海战术培养学生解题的能力。这种做法重视学生智力的开发，忽视情商的培养。

其次，对于刚入校的小学低年级学生来说，对教师和同学的陌生感、课程压力、作业负担和正规学校教育的组织纪律约束等，构成了新入学儿童心理适应的严峻挑战。在学前期身心的发展的基础上，小学教育开始向他们提出更高的要求，但儿童所达到的已有心理水平又不能完全适合这些新的要求。这样一来，就使小学教育向儿童提出的新要求和儿童已有的心理水平之间产生矛盾。教师必须注意到这些新矛盾的产生，在教育过程中新矛盾的不断产生和解决将不断推动小学生心理的向前发展。

3. 儿童个性发展与外部社会环境的关系

小学生正处在成长发育的重要阶段。大脑机能尚未发育成熟，人格特征还处于初步的形成过程中，整个心理发展也还处在幼稚和不稳定时期。因此，小学生特别容易受到外界有害刺激的伤害和影响。儿童过度迷恋看电视、上网玩游戏、观看 VCD，可导致学习成绩明显下降、旷课、逃学，甚至出现明显的个性缺陷，如暴躁、嫉妒、任性和狭隘等。央视曾有一个《保护儿童权益公约》：描述的是一个小男孩在一阵车鸣声、传呼声、麻将声、成人吵闹声中，一直不停地在倾诉着什么，但他发出的微弱声音，早已被成人社会的"噪声"淹没了，最后当一切噪声停止，才听清孩子说了一句："你们为什么都不听我说呢？"这则广告将儿童的生活现状表现得淋漓尽致，现在越来越多的孩子表现得比较孤独、寂寞，就是因为生活在这个成人主宰的世界里没有人能理解孩子，尊重孩子的想法和行为。

孩子在学校里受到的是单纯的理想化的教育，一旦他们进入社会，才发现这个社会并非书本里讲的那样美好，他们就产生了困惑，甚至痛苦的思索。当然这个社会化的过程也是一个人格再塑的过程。如果引导不当，会造成儿童个性（人格）发展的严重扭曲或缺陷。现在的小学生是跨世纪的接班人，他们将随着时代潮流，进入成人社会。

快乐是教出来的

◆ 建议和措施

面对错综复杂的各界形势，家长要想方设法让孩子的心灵得到健康的发展。专家建议，家长可以从以下几个方面入手。

1. 培养孩子对挫折的耐受力

人的一生不可能一帆风顺，总是会碰到这样或者那样的困难。因此，父母要设法帮助孩子以正确的方式和心态去对待困难和挫折。首先要摒弃碰到挫折是一件不光彩的事情的错误思想。人们虽然常常将"失败是成功之母"这句话挂在嘴边，实际上却仍以成败论英雄，尤其是在学习成绩上。假如考试成绩好，不但有父母给予的各种奖励，还有教师给予的表扬和青睐。一旦考试成绩不好，不但要挨父母的白眼，还要接受教师毫不留情的批评。这就让孩子建立起这样的概念，只有成功才能受到别人的认可，一旦失败就意味着不可救药。进而发展成对于失败的过度惧怕，经常导致考试焦虑，甚至惧怕考试。不但学习成绩差的学生是如此，即使是学习成绩好的学生也同样深受其苦。曾经有一个学习成绩一向很好的小学生向心理热线诉说自己的苦恼。

他说别看自己因为成绩好而受到教师、父母的宠爱，就以为他过得很开心，其实，他过得也很辛劳，因为在父母和教师的眼里，自己已经是成功的代名词了，失败是不可能发生在他身上的。为此，他必须付出更多的努力来维护自己的形象；如不然，一旦稍有差错，责备就接踵而来。小小年纪就背负着如此沉重的心理包袱，时间一长心理上出现毛病就不足为奇了。对待挫折很重要的一方面是能够对挫折进行正确的归因。有的孩子对于挫折的归因总是倾向于外界或者他人，从来没有意识到自己所应该承担的责任。久而久之，很轻易养成推卸责任、怨天尤人的不良习惯。

2. 学会控制情绪

家长要让孩子学会调节和控制自己的情绪。这样有助于孩子建立良好的人际关系，从而有益于孩子的心理健康。小学生之间发生人际关系的冲突，很大一部分原因都是因为当时控制不住自己的情绪，尤其是那些好冲动的孩子。因此，家长在生活中要及时抓住机会，教会孩子一些简单易行的控制情绪的方法和策略。比如，当自己要冲动的时候，首先选择不说话，或者离开事发现场，等等。在感觉到压力太大的时候，可以通过写日记、谈心的方法来舒缓压力；在情绪低落的时候，可以听听音乐，散散步。小学生把握了一些具体的情绪调控方法，可以大大降低心理问题发生的可能性。

3．学会人际交往

作为社会生活的一个成员，总需要得到别人的关心和帮助。所以人际交往是必不可少的。良好的人际交往也是获得心理健康的重要途径。让小学生学会如何与他人交往是非常必要的。首先，应该让小学生熟悉人际交往过程中彼此的权利和责任，要平等对待对方，要像尊重自己一样尊重他人。其次，要乐于与他人交往，能够与同伴合作，能够与教师和家长沟通、交换意见。同时，在人际交往中不能只考虑自己的需要，还要关心他人的需要，懂得体谅他人。再次，要让小学生有正确的沟通技巧和有效的交往态度，能够宽以待人，真诚地赞美他人，也能够接受善意的批评。最后，要让小学生在人际交往中保持人格的独立和完整。

4．认识、接纳自己

认识自我、接纳自我是建立在客观正确地熟悉自我的基础上的。对于一个不能正确熟悉自我的人来说，很难做到接纳自我的。俗话说，"人无完人，金无足赤"。任何人自身都存在着或多或少、或大或小的缺点，这是很正常的现象，也是人要不断学习、不断提高自我素质的内在需要。容忍自己的不足和缺点，并不意味着对自己的不足和缺点视而不见，任其发展，而是在承认自己存在不足和缺点的前提下，采取积极的行动来弥补自己的不足、克服自己的缺点。不能接纳自我的人容易变得自暴自弃，有的会因为产生自卑感而走上歧途。

要让小学生能够接纳自己，一方面是自身要具备自我反思评价的能力。与他人的比较的目的不是给自己贴上一个像"我是差生""我是一个不受大家喜欢的人"之类的标签。而是要通过比较，熟悉到自己在群体中处于什么样的位置，寻找以后努力的方向。另一方面，家长要正确评价孩子。有的家长在评价孩子时唯成绩论，一好遮百丑。至于其他方面的优点、缺点则被完全忽略。有的家长在教育孩子的时候，总是拿四周诸多人优点的集大成来进行说教，比如说"谁的学习比你好，谁的书法比你好"等。孩子听到这些话后，可能觉得自己简直一无是处，反正努力也没有用，索性放弃算了。而实际情况却并非如此，学习好的那个同学可能体育不如你的孩子，书法好的那个同学可能学习不如你的孩子。每个孩子身上都有自己的闪光点。作为家长，不只是给孩子挑刺，而是给孩子一个熟悉自己的角度，通过这个角度既能够看到闪光点也能够看到不足之处，对于任何方面都不存在盲区，正确认识自我才能正确评价自我，衡量自我，发展自我。

要从根本上提高下一代的综合心理素质，塑造他们健康的人格，就必须净化、优化孩子们的成长环境，给他们提供良好的教育和成长条件，当然也需要家长们的正确引导。

1.5 你可以影响孩子的一生

父母的言传身教会影响孩子的一生。家庭教育的第一步，是父母教育；家庭教育的重心，也是父母教育。要想提高家庭教育的效果，需要真正提高父母的素质。著名家教专家徐国静老师曾说，如果家庭教育仅限于如何培养儿童，而忽略真正需要提高的父母素质，那么这样的家庭教育很难取得预期的效果。父母的素质不高，怎能拥有一个良好的家庭教育氛围，又怎能培养出身心健康的下一代呢？常会听到一些为人父母者发出这样的感叹：孩子越大，就越不了解他。是呀，孩子小的时候，家长处处以一个长者的身份指挥着孩子的一言一行，从没有真正顾及孩子的感受。当孩子渐渐长大了，父母又和孩子离得越来越远，代沟也随之产生，从而难以把正确的思想和经验传递给孩子，导致教育的失败。但如果父母从一开始就能做到和孩子一起成长，用孩子的眼光看孩子，时刻保持一颗童心。那么，随着孩子的成长，你会发现，在孩子慢慢读懂这个世界的同时，你也慢慢地读懂了孩子这本书，走进了孩子的心灵世界。这时，你距离成功的父母也就越来越近了。

据某媒体报道，在重庆，因为被责随地乱扔垃圾，有个十三岁的小姑娘居然用拖鞋狂抽环卫女工的脸，其父不但不加以制止，反而在一旁大呼"打得好"。生活中，类似这样因为一桩小事大打出手的事情不少，但多发生在成人之间，而重庆的这件由小孩子闹起的事儿实在令人咋舌。大家都公认这样一个常理：但凡小孩子的举动，其实就是父母言传身教的结果。孔融三岁便能让梨，感动得让其哥哥们都互相谦让，看似小孩子的懂事行为，实际上是孔家前辈优秀家教的结果。孔家父母平日知书达理、与人为善的表现已深深刻在儿童的心中。相反，如家长向来言行不忌，那小姑娘动手打人事件的发生也不足为奇了。

父母也许不能陪伴孩子的一生，可是父母通过自己的言传身教可以留给孩子受用一生的处事方法和习惯，这些方法和习惯也许千金难求，但它们往往具有换得千金的能力。

1. 节俭

绳锯木断，水滴石穿，靠的都是恒心与持久。节俭更是如此，一日一钱，千日千钱，节俭是累积财富最直接有效的途径之一。应该把这个词用行为做给孩子看，用耐心讲给孩子听。这将使孩子受用一生。

2. 健康

如果没有一个健康的体魄，很多生活梦想终究只能是梦想。健康的身体，健康向上的思想会让人的生命一直保持最佳状态。为人父母要首先在生活细节中培养和发扬健康的观念，让孩子养成科学、健康的生活习惯，这会影响他的一生。

3. 思考

正确的思维方式，准确的思考方向会让人少走弯路，保持迅速的、良性的发展事态。对正在成长的孩子来说，这种正确、准确的思考能力来自父母、老师和社会媒介的正确引导和教育。父母给孩子一个目标，让孩子去模仿。久而久之，便能形成这样的思考习惯，获益终生。

4. 诚信

诚信乃立人之本。成则持久，信必永恒。试想一个商人如没有了诚信，那他的买卖一定不可能做大做强。做人也是如此。诺言也是一样的，想要得到他人的尊重，遵守自己的诺言是一个非常重要的前提条件。让孩子做事诚信是尤为重要的。

5. 理解

人们常说理解万岁。但真正的理解是很难的。但如果你对生活细节用心，你拥有了节俭、健康、敬业、诚实、守信等美德，你才会真正走进理解的深处，从而你才会对朋友、亲人、社会、人生、爱情等司空见惯的"概念"有本质的认识，这会让你更加深刻。作为父母，要为自己的孩子负责。

6. 感激

心存感激，生活必将更美好！父母首先要对生活怀一份感激之情，感谢生活本身的美好，感谢那些给你帮助的人和那些需要你帮助的人，并将这些言传身教给自己的孩子或别人的孩子。

7. 严谨

遵从合理、科学、有效的规则，这是养成严谨作风的捷径之一。无论是工作还是学习，认真、用心、严格要求自己，会让自己的无形价值越来越高，最终成为触手可得的财富！生活作风不严谨的人，信誉度自然不高，相反，严谨的人，可信度会从你的气质与作风上透射出来。

父母是孩子的第一任老师。儿童的成长离不开家庭，一切善良、美好的品质和优良的素质都是首先在家庭中萌芽的。因此，我们可以毫不夸张地说，为了孩子的健康发展，为了家庭的幸福美满，父母应努力追求合理、积极的教养态度，创设良好的家庭心理环境！

1.6 你应当承担的角色

家庭教育是个体教育的基础，也是终生教育。前苏联教育学家苏霍姆林斯基将家庭教育列在对儿童教育的六大因素之首；我国古代的"孟母三迁教幼子"已成为千古流传的佳话。可以看出家庭教育在塑造儿童过程中起到的重要作用。

家庭教育是在家庭这样一个特殊的环境中进行的，施教者主要是孩子的监护人，如父母、养父母和祖父母等。这种教育除了具有早期性、及时性和连续性之外，还有情感性、伴随性等特征。孩子在这种没有时间和空间界限的教育环境中体验着直系亲属之间的情绪和感情。作为一个社会单元，家庭教育都具有其目标性和价值取向。作为孩子的第一任老师，家长有义务和责任搞清楚整个社会的目标和价值取向，要有明确的目标，如果目标不明确或干脆将自己的社会角色、潜意识的生活意愿不假思索地施加在孩子身上，就会产生一些家长都始料未及的后果。

在培养孩子的过程中，家长必须明确自己的角色。很多教育者都十分赞成"和孩子交朋友的观点"。其实，这种认识是片面的。社会学认为，朋友之间是平等、互惠的关系，朋友是在一个水平面上的，可父母与子女之间实质上不具备这样的前提。英国研究者认为，一位严厉的父亲更能使孩子适合未来的社会生活。我们生活的社会是个等级结构体，客观存在着秩序和维护秩序的力量，如果要故意破坏它的秩序性就会造成不堪设想的后果。

在社会中很自然地有老幼、尊卑之分，这种秩序有其存在的合理性、正确性，否则就不必奢谈什么社会的稳定。而家长在某种程度上就是家庭中的尊者，家庭中的代表，孩子需要正视这种存在，并学会与这种存在相适应和协调，这有助于他们适应未来的社会生活。所以家长有必要明确自己的家长角色，家长有创造家庭秩序、建立儿童心理适应能力的义务，而这种角色的明确更多地是从严格的教育中体现出来的。所以，教育专家认为家长应得到孩子应有的尊重。当然，随着社会民主、开放的要求，同样要求家长做一个通情达理、善于沟通、善于自我批评的人。作为家长，过分的严厉和过分的宽容都是不足取的。

那么家长用应该在具体的家庭教育中如何认识和运用自己所扮演的角色呢？

◆ 更新教育观念

教育应该是面向未来、面向世界、面向现代化的。正所谓"行行出状元"。国家经济建设和社会发展，既需要数以千万计的各种专门人才，又需要数以亿计的高素质的劳动者，无论在哪一个行业，从事某一种工作，都能够为社会作出贡献。把人才局限于专业人才的看法是片面的。家长要有终生学习的人才观，任何东西都不可能一劳永逸，人才的成长更是这样的。要想在未来激烈的竞争中站稳脚，就要抛弃"一朝学成，终生受益"的旧观点。

家长要懂得尊重孩子，和孩子平等地进行交流。孩子在成长中，各方面都不成熟，其心理、思维方式和成年人不一样。家长要理解孩子，允许孩子犯错误并对错误有一个逐步认识甚至有所反复的过程。将成年人的想法强加给孩子，逼迫他们按大人的意愿去做，其结果往往与愿望相反。

最后，还要正确认识当代的亲子观。父母与子女之间，是基于亲情的长辈和晚辈的关系，也可以是密切的朋友关系。父母对子女的爱是关心、关怀和指导，但不是溺爱。教育子女时要尊重孩子，对孩子予以足够的信任，说教的同时更要有人文主义的关怀。

◆ 学校教育的辅助者

首先，带着孩子走向正轨。平日生活里，没有一个正常的孩子是一直由家长"扶着走"的，也没有一个正常的孩子是一直来不受家长帮助而自己会走的。事实上，都是在父母的帮助下蹒跚学步开始的，到自己独立行走。在这个过程中，每一位家长都无私地全身心地投入，和善地帮助、指导，勇敢地探索、实践，家长之于孩子，完全是义务的、利他的、牺牲的。这样的孩子就正常地成长、发展了。学校教学过程中使学生由不懂到稍懂到懂得很多，由不会到稍会到会得很多的过程正如孩子学步的过程，也需要老师无私地全身心地投入，和善地帮助、指导，如果孩子还是有困难的话，家长要积极扮演示范者、执行者的角色，让孩子能够快速领悟。

其次，在言传身教、潜移默化的家庭氛围中，孩子们认物、识字、术数、明理，先在家长指导、帮助下进行，后独立自主完成，最终实现自我超越。当然，为促成这一过程的顺利实现，家长们往往各显神通，想尽一切办法，努力寻找指导孩子的好的角度与切入点。哈佛天才卡尔·威特、哈佛女孩刘亦婷等的成长就是最好的例子。时下，父母教育子女的一个关键性内容就是帮助孩子从"学习学会"到"学会学习"，要像帮助孩子学会走路一样，帮助孩子学会正确的学习方法。

最后，家长要成为孩子成长的向导。家庭是孩子接受教育最早最长久的场所，是孩子天然的学校。一个儿童入学时已经在家庭的影响下形成了一定的思想和行为习惯。在学校教育过程中，家庭教育还持续地影响着儿童的成长。良好的家庭教育能对学校教育起协助、补充作用，不良的家庭教育则会抵消学校教育的影响。

◆ 选择教育方法

俗话说："教无定法，贵在得法。"家庭教育的方法多种多样，家长在选择和运用时，要考虑到是否适合孩子的年龄特征、发展水平、个性差异，切合教育内容及当时的教育情境，更要考虑其方式方法是否会行之有效。每个家庭的孩子都是独一无二的；而且孩子的个性随着年龄的增长、环境变化，必然会发生变化；家庭也常常会有新的情况出现。所以，教育方法应因人因时因事弹性地调整，绝不可墨守成规，一成不变。家庭应当树立一个观念：只有你自己才知道什么样的教育方法最适合你的孩子。

西方国家在 20 世纪末期发展起来的各种家庭教育理论，在教育方法上大致可分为三派：一是主张以鼓励和民主的方式，结合自然和逻辑导向的方法，来解决孩子成长期间的种种问题。二是相信唯有以沟通的方式，了解孩子内心的感受，才是管教的正确方法，他们排斥处罚。三是采取行为修正法或赏罚并用方法，奖励良好表现，言行不当时则加以处罚。

一般家庭中也会采取说服、讨论、澄清事实、体罚、谩骂等形式管教孩子。根据教育研究的成果，我们更倾向于积极的管教方式，一个重要的原则：以正面、积极的鼓励表扬为主。

◆ 家长自我教育

提高家长的素质，是提高家庭教育质量和素质的根本保障。社会、学校对家长的教育、指导，也只有通过家长的自我教育，才能真正转化为家长的素质。因此，家长的角色运作，关键在于家长的自我教育。家长自我教育的形式多种多样，主要包括：学习有关教育知识，积极吸取他人成功的教育经验，提高自身文化素质修养等。具体措施可以从培养孩子正确的理想信念，培养子女法律意识、科学精神，树立正确的家庭教养观念，主动配合学校教育、社会教育，支持子女参加学校活动和社会实践等方面入手。

最后，家长在家庭教育中所扮演的角色是多种多样的，并不是我们简单理解中孩子的"后勤部长"这么简单。家长需要在对孩子进行教育的同时，积极关注孩子未来的发展动向，也要不断提高自身的修养，努力创造出和谐的家庭气氛，为孩子未来的健康成长提供有力保障。

第2章

做孩子的同学——快乐学习

走进学校的大门，这时将会有一个全新的视野展现在他们的面前，新的老师、新的同学、新的学习课程以及新的生活环境。面对如此之多的新鲜事物，孩子是否可以快速适应？是否可以融入到集体当中？是否能够排除杂念专心学习？是否找到了适合自己的学习方法？能否从容地面对学习中遇到的困难？这些都是值得我们广大家长去积极关注的。

2.1 环境带来的心理问题：让孩子尽快适应新环境

小马是小学一年级的新生，在家中是爸爸妈妈的"掌上明珠"，父母对他非常宠爱，极少批评他。可是，小马的父母发现，他自上小学以后，话越来越少，而且吃东西也不如以前。从前那个活泼、调皮的孩子像完全变了个人似的，有时无故乱发脾气，有时早上起来，就嘟囔着不愿去学校。父亲有些担心，就去学校向老师了解情况。老师也说不出为什么，只是觉得他似乎比较内向，不太爱说话，与同学们的交往也较少；一天到晚耷拉着脑袋，无精打采，上课时注意力不集中，也不爱回答问题。父亲问他为什么不积极发言，他说怕回答不正确，挨老师批评。

小马的这种表现实际上是学校适应不良。从幼儿园到小学是一个比较大的跨度，孩子适应起来可能会有点困难。虽然在老师和家长的帮助下可以使其尽快地适应新的环境，但仍有很多孩子无法适应，且一直会延续到二年级左右。

孩子进入新的学校，对新的环境很不适应，任课老师比较严格，授课形式与以前的老师也大不相同，因为对课堂内容难以消化，学习有点跟不上。因为学习状态不好，经常被老师批评，甚至还被罚站，因此有点自卑。又由于突然间身边没了朋友，一切都是陌生的，自己又自卑没有主动去交新朋友，下课总是没人跟他玩，他觉得很孤独。这属于典型的新环境适应不良。

在小学阶段，儿童伙伴社会交往倾向日益突出，他们很注重朋友之间所共有的价值观，关注自己在同伴中的威信和地位，尤其重视同伴对自己的评价。当转入一所新学校，进入一个新集体，他还不能很快融入，不能被认可和接纳，由此他产生了被遗弃感，导致情绪低落。

人在被不良情绪困扰，同时又不知该如何疏解的时候，必然会将这种情绪泛化，出现逃避、不敢面对现有境遇的状况。一旦孩子出现对新环境适应不良的现象，一定要引起家长和老师的足够重视。因此，面对这样的问题，老师应与家长一起，找出问题所在并采取有效的手段进行干预。

◆ 学校适应不良现象的原因

学校适应不良现象一般在一年级及转校的小学生身上较为多见。产生适应不良的主要原因有以下几方面。

1. 情感上对父母过分依赖

如今的小学生大多是独生子女，父母在家里对他们过多的溺爱和娇惯，形成了他们对父母强烈的依恋。当他们离开父母进入小学时，面对陌生的环境，自然而然会产生心理紧张和不安，想在教师那儿寻求依赖，而老师却不像父母一样围绕自己转，而是要照顾到所有的学生。所以，他们就想逃避这种陌生的环境，回到从前快乐的时光，躲在父母的保护下，便产生不愿意去学校的情绪。

2. 心理承受力较低

有些小学生，在家里父母事事顺着他们，很少批评，养成了小学生听不进批评的毛病，这样就造成了他们的心理承受力低。而在学校的学习和活动过程中，老师会时常对学生的行为进行评价，或者表扬或者批评。由于他们心理承受力低，受到老师的批评，没有勇气去面对，就采取逃避的态度。上例中的小马就是这样，在家中听惯了表扬，到了学校，因回答问题不正确而受到老师的批评，心里很不舒服。想要避免产生这种不舒服的感觉，就不愿在课堂上主动回答老师的提问，或者干脆不愿去学校。

3．对学校人际环境的不适应

进入小学，小学生的人际关系与幼儿园相比有了较大的变化，同学之间的关系的处理要比幼儿园时复杂得多。有的小学生由于人际交往能力较低，和同学们的交往不是很融洽，再加上得不到老师更多的关注，所以对新环境适应困难。

◆ 家长如何处理孩子学校适应不良的问题

孩子对学校生活不适应，家长不能太心急。在了解孩子具体情况的同时也要积极采取有效措施配合学校老师的各项工作，具体而言可以包括以下几个方面。

1．培养交往技能

作为家长，应该注重培养孩子的社会交往技能、同伴交往策略。指导孩子接纳同伴的缺点，学会让自己被同伴接纳的方法，使孩子集体归属感的心理需要得到满足。孩子赢得了朋友，就赢得了情感上的共鸣，也就赢得了解决问题和困难的力量，不可小视同伴之间感情交流，这种情感的交流不仅增强了日常生活的趣味性，而且也让孩子赢得了情感经验，这种经验的获得对日后情绪情感发展是很有好处的。

2．家长与学校保持沟通

日常生活当中家长往往因为工作忙而忽略与学校老师的沟通，对孩子在校的真正表现并不清楚，导致不能及时发现孩子的适应不良情况。由此看来，家长与老师的沟通是十分必要的。特别是入学伊始，家长应该及时了解孩子在学校的学习生活和行为表现，向老师介绍学生在家或在原学校的学习生活情况、性格特点等，一旦发现问题，就可以及时协同处理。

3．关注孩子的情绪

刚入学的小学生面对陌生的环境和人情绪波动可能比较大，因此父母应在孩子进入新环境初期，密切关注孩子的情绪变化，及时与孩子进行沟通，耐心地倾听他们发自内心的语言，了解他们的心理动态和所要承受的心理压力，及时进行疏导。情绪会直接影响人的生活质量，所以孩子在没有足够自控能力的前提下，家长一定要足够重视孩子情绪的问题。

4．建立学习规范

利用孩子的新奇心理帮助孩子重建学习规范。一些心理学研究表明，未知的事物能激发人的好奇心和上进心，任何人都有在新环境重塑自己形象的心理。家长应和孩子分析原来的长处与短处，对未来的学习生活提出要求与希望。如在开学初期，家长要耐心地协助孩子在学习的环节上下工夫，传授科学的学习方法，比如八步学习法：制订计划—课前预习—专心上课—及时复习—独立作业—解决疑难问题—系统小结—课外学习。

5. 符合实际的目标

期望水平应与孩子的实际条件相当。对孩子的期望过高，会给孩子造成巨大的心理压力，在学习中时时感到焦虑，以致无法顺利适应新的学习生活。家长一定要根据孩子的实际条件来确定适当的期望值，在进入新的学校时，应该把孩子是否适应放在第一位，学习名次放在其次，不能一厢情愿地给孩子提出过高的要求，更不能盲目攀比他人，给孩子增加心理压力。

2.2　心理压力的调节：才三年级，孩子就开始厌学了

小马，男，9岁，小学三年级学生，其父亲是个体户，家境较为富裕。因为父亲有外遇，导致家庭不和睦，夫妻经常吵架，家庭缺乏温暖，这使孩子缺少了父母的关爱，显得自卑、孤僻，学习成绩直线下降，也产生了自卑厌学的情绪。通过家访和了解情况的教师的反映，小马智力水平属中等，在一、二年级时成绩属中等，但是进入三年级第一学期下半学期后，学习成绩有较明显的下降，第二学期期末考试语文不及格，数学只有63分。进入三年级后学习成绩一落千丈，主科两科均不及格。小马性格比较内向，不大爱说话，也很少与陌生人谈话。很难在他口中了解他的结症在哪里，他把学习当做"苦差事"一提起背诵课文，完成作业就头痛，对学习抱着"破罐子破摔"的消极态度，老师多次找其父母谈心，他父母却说："这孩子没出息，随他去吧!"

小马产生自卑厌学的主要原因是受家庭因素影响。当今社会中异常激烈的竞争、紧张、繁忙的气氛逐渐笼罩中小学校园。家长的"望子成龙"、"望女成凤"；教师不科学的教育教学方法，片面追求分数；学生自身能力、水平的限制……致使那些脸上写满稚气的孩子们，背负着成年人的沉重期望，在本该悠闲的双休日，奔波于各种为他们特设的学习场所。

经过了一天的学校生活，疲惫不堪地回到家中，大人们都在悠闲自在地欣赏电视节目，而小小的孩子还要伏案对付那似乎永远也做不完的习题，电视中精彩

快乐是教出来的

26

的节目对他们来说只是周末晚上的奢侈享受，孩子们的负担实在太重了。于是，有些孩子开始厌学，有些孩子因为不堪忍受而逃学拒学，有些孩子甚至以自杀的方式来逃避烦恼。

究竟是什么原因导致了孩子的脆弱？究竟是什么原因导致了孩子的反叛？如今的孩子吃穿不愁、生活优裕，却为什么总是喊苦、喊累？为什么孩子与家长之间的沟通变得如此困难？孩子应该有怎样的生活和学习环境？孩子应该过怎样的学习和娱乐生活？中国青少年研究中心与北师大教育系在全国做过中小学生学习与发展大型调查，因"喜欢学习"而上学的小学生仅有 8.4%、初中生仅有 10.7%，而高中生仅有 4.3%；学生们最喜欢的学习方式依次为实验、用电脑、读课外书，而认为最有效的适合应考的学习方式则依次是听讲、作业练习，这恰恰是造成他们厌学的重要因素。

在这样的压力之下，如果家长在不懂得关心孩子，使孩子缺少关爱，就会让他失去学习信心。在他看来，无论自己怎样努力也难完成学习任务，也得不到家长的肯定，从心理学的角度讲，这是一种对学习的自卑心理，它来源于心理上消极的自我暗示，是一种被人忽视的消极情绪。为此，产生了自卑厌学的心理障碍症。

针对这样的情况，我们可以考虑从以下几个方面进行干预。

1．家庭环境

我们应该从改变家庭环境入手，帮助小马的家长认清教育子女的责任和义务，使家长明白创造宽松的环境氛围是培养子女良好的心理素质的基础。要求家长改善家庭关系，多关心孩子，满足孩子的心理需求，及时帮助孩子调节情绪，使孩子能在温暖的家庭氛围中消除紧张、焦虑、苦闷、疲劳等不良心理情绪，保持积极愉悦的健康心态。

2．家庭教育

家长要教育和帮助孩子消除自卑和厌学心理。家庭教育中家长首先要有耐心和信心。在教育孩子时，家长除了要有良好的行为和道德观念外，一定还要有耐心。孩子在学习上的差距不是一朝一夕所造成的，要赶上去非一日之功，对孩子的要求要逐步提高，切不可操之过急或过早下结论。同时也要充满信心。

3．学校——家庭

学校与家庭要形成合力，加强学校与家庭的联系。引导孩子与父母多沟通，通过家长会、家长学校、家校互访，向家长汇报学生在校学习情况，同时向家长了解学生的性格爱好，在社会上、在家里的活动特点，帮助家长正确了解自己的孩子，确定适当的期望值，对孩子不作过高的要求，也不放任自由任其发展。

4. 方法与引导

另外，教师应该改进教学方法，采取灵活多样的教学手段，力求教学的直观性、生动性和趣味性，培养学生的学习兴趣。教师要教育和引导小学生消除不良的情绪。

总体而言，造成小学生产生厌学情绪的原因是多方面的。如家长和学校的不当引导，家庭作业严重超标导致学生负担太重，孩子缺乏学习兴趣，以及没有找到合适的学习方法等。所以面对这些问题我们应当有针对性的措施。

第一，改变评分标准，营造积极向上的学习环境。教师对学生分数不客观、不正确的态度可能会影响学生的学习积极性和学习态度。因此教师首先要形成正确的评价观，认识评分的意义，对学生获得的分数持积极的态度，切不能对于一些不能达到所谓高分的学生，以挖苦、讽刺、打击对待他们。要彻底清除智育第一、分数第一、升学第一的旧观念，特别是教师，应树立教书更育人的观念，教学生知识，更要重视对学生做人的引导，培养学生德、智、体、美、劳全面发展。家长同时也应正确认识学习的意义，学习成绩的差异主要是非智力因素的差异，人的成功，应从长远看，而不是一日一时的分数。我们会发现：中小学时考分高的人，在成年后，并不是同辈中最成功的人；相反，倒是当年成绩不怎么样的人，反而在成年后有让人咋舌的成就。

第二，减轻学生负担，还孩子一个自由的空间。要培养孩子的各种能力，就必须还他们一个自由成长的空间，必须让孩子从繁重的课业负担中解放出来。作为教师，一方面要提高自身素质，提高自己的教学能力，向课堂四十分钟要质量，提高教学效率，改变以往"填鸭式"、"满堂灌"的死板方法，让学生在课堂上学得轻松。其次，教师要精心设计作业，避免机械重复的题目，让学生有更多的时间参与到社会实践中去。而家长，也要理性地看待孩子的成绩，以平常心看待孩子的分数。孩子成绩不好了，不是送进培训班就能解决问题，要多与孩子交流，多听听孩子的心声，帮助孩子查找成绩不好的原因，和孩子一起探讨学习策略。

第三，培养学习兴趣，激发学习的自信心。良好的学习兴趣是不断追求进步的原动力。有厌学心理的小学生自卑感强烈，心理脆弱，要想激发其学习兴趣，重新燃起对学习的信心，必须帮助学生从思想观念上转变，重新认识自我价值，形成良好的自我意识。教师和家长首先要学会赏识孩子，告诉孩子你是最棒的。

教师和家长要常用"你真行""你是好样的"之类的话多激励孩子，使孩子树立向上的信心，鼓起前进的勇气，大胆地往前走。孩子是在犯错误中长大的，要用放大镜来看孩子，发现孩子的闪光点及时给予表扬和肯定，不要总是抓住缺点不放，让孩子在不断的鼓励和肯定中增强自信心，对学习产生兴趣。其次，创造机会让孩子体验成功。俗话说："失败是成功之母。"而我们认为："成功更是成功之母。"多次失败，会使他们对学习失去兴趣，丧失自信心，产生自卑心理。因此，我们应千方百计地让孩子尝试成功，获得成功，"跳起来就能摘到桃子"。

第四，培养和掌握良好的学习习惯。我国著名教育家叶圣陶曾深刻指出：教育简单一句话，就是要养成良好的习惯。好的习惯成就人的一生。因此要想让孩子学习进入轨道，就必须注意培养其良好的学习习惯：1. 上课认真听讲的好习惯；2. 独立完成作业的好习惯；3. 认真预习的好习惯；4. 课后复习的好习惯。另外，除了习惯之外，掌握正确和适合自己的学习方法也是很重要的。首先，老师和家长可以帮助孩子制订适合自己的学习计划；其次，要学会科学地安排时间，告诉孩子学习讲究效率，要在最佳时间进行学习；第三，心理学上有遗忘曲线，在刚完成记忆的短时间里遗忘是最明显的，所以要根据记忆规律进行学习，合理复习；最后，处在信息爆炸的时代，我们应该告诉孩子如何采取各种手段获取有用的信息以扩宽自己的知识面。

总之，有厌学情绪的孩子更需要关爱，他们的身心发展需要老师和家长付出更多的努力去加以完善。

2.3 逃避心理：孩子怎么又逃学了

问：我的孩子读小学五年级，据老师反映，他上课不专心听讲，对学习毫无兴趣，却对一些课外事物非常热衷。比如，他非常喜欢各种小动物，对它们的感情远远超出了对学习的热情，有时甚至为了小动物而逃学旷课，眼瞅着就要升入六年级了，这样老是缺课逃学可怎么办？

答：孩子对学习兴趣减弱，甚至丧失学习兴趣的行为，在心理学上被称为学习冷漠。您的孩子的行为表现都属于学习冷漠。

小李，男，11岁，小学四年级学生。这位小学生最近连续出现两次逃学现象，这使得其父母非常着急，他们担心孩子逃学形成习惯，受坏人引诱走上邪路。

心理学家们认为，产生学习冷漠、逃学的具体原因是多种多样的，它和每个人的性格有关，也和每个人的生活环境、学习条件有关。有的学生，在刚入学时对学习有着很浓厚的兴趣，但是由于自己在学习中经常遇到困难，总是遭受到挫折和失败，这使孩子渐渐地对学习失去了兴趣；也有的孩子，本身缺乏正确的学习态度，把学习当成一件苦差事，当做沉重的负担，便渐渐对学习冷漠起来；除此之外，随着商品经济的发展，越来越多的人受到经济大潮的冲击，一些孩子也受"读书无用论"的影响，变得不愿学习了。当然，如果家长们教育不得法，也会使孩子对学习产生厌烦情绪。一些家长根本不了解孩子的学习能力和他们的心态，只是一味地给孩子增加学习压力，用严厉的态度来对待孩子，使孩子产生了逆反心理，家长越让好好学就越不好好学，甚至故意不认真听讲，以此来发泄自己心中的不满。

逃学的原因有多种多样，归纳起来大致有以下几点。

第一，学习上压力太大，感到无法承受，于是便以逃学的方式来回避压力。例如，有的孩子原本成绩就不太好，家长不是想办法帮他赶上去，而是不断地给他加压，用奖惩制度来要求孩子，约束孩子。这就易使孩子对学习失去信心，从而走上逃学之路。

第二，因贪玩而逃学。小学阶段的孩子，多比较活泼贪玩，如果遇到有趣的活动，或小朋友一怂恿，就很有可能忘乎所以地走出校园，痛痛快快地玩一场。

第三，学校生活使孩子感到恐惧而逃学。现在，有的老师对孩子不能采取正确的教育方法，而是用罚站、谈话、在同学面前严厉批评等教育方式对待孩子，这种做法易使孩子对学校生活产生恐惧心理，并因此选择了逃学。另外，也有的学生在学校经常受大同学的欺负、打骂，回家后又不敢告诉父母，只好用逃学来躲避某些同学的攻击。

第四，社会上一些不良分子的勾引和教唆，也易使孩子走上逃学之路。这是逃学行为中较难处理的一种，建议家长一定要慎而又慎。刚上小学的孩子，辨别是非的能力是很差的，他们很有可能被几句好话、两本好看的书、一点儿好吃的零食引诱过去。如果家长对孩子的逃学不问青红皂白，就是一顿狠揍，便易使孩子因怕被揍而撒谎，编出一些理由来搪塞家长。再者，如果家长揍得太重了，就会给那些不良分子以可乘之机，使孩子更快地向那些人靠拢，这样做的后果是不堪设想的。

分析了孩子逃学的种种原因之后，您或许对如何教育孩子逃学有了新的认识。

我们认为，打骂不是办法，用棍棒更不可能收回逃学孩子的心。您首先应做的，弄明白您的儿子为什么由一个听话、成绩好的孩子变成了爱逃学的孩子。我想，他的转变一定是有原因的，是因为学习上遇到了困难？还是因为有人教唆引诱？抑或是学校里有人欺负他？弄明白具体原因之后，再对症下药，并选择处理办法，或与他谈心，请学校、老师配合。

基于以上的分析和提示，我们给广大家长提出以下几点建议。

1．要理解孩子

了解孩子的心理特点，不要动不动就施展父亲的权威，孩子越大越要注意这个问题。孩子的成长也需要一个理性的环境，总是一味地强调家长主义，家庭环境中缺乏民主气氛，会更让孩子无法在家庭中畅所欲言。

2．切勿消极强化

切勿把孩子的偶尔逃学挂在嘴上，以防暗示心理和消极强化的负面影响。这种消极的事件，就让它随波逐流吧，重要的是抓住现在孩子的心，总是对陈年旧账的不断追究会在无形中强化了这种消极的心理状态。

3．激发学习动机

与老师加强联系，给孩子以更多的关注与鼓励，激发他的学习热情和成就动机。在日常生活中，关注孩子学习的兴趣，一旦发现有厌学的苗头就要及时予以解决，积极与学校的老师配合起来。小学阶段培养其学习的兴趣，为以后的继续深造是十分有利的。

4．加强体育锻炼

不要小瞧了体育锻炼，小学阶段的孩子处于长身体的一个关键阶段，此时的体育锻炼除了可以增强孩子的体质以外，更重要的是让孩子体验到成功的乐趣。小学阶段孩子兴趣广泛，将孩子的兴趣引导向正确的方向可以有效地防止孩子逃学。

逃学是很复杂的心理异常行为，家长不能不加分析就惩罚孩子，更不能只"惩前"，不"毖后"，还要在问清原因以后，注意引导孩子不再犯。多给孩子些爱和理解，相信您的儿子一定会变成从前那个爱学习的好孩子的。

2.4 竞争心理：让孩子正确地对待学习中的竞争

"物竞天择，适者生存"，达尔文在深入研究物种的进化过程后得出了如此经典的结论。我们的生活、工作、学习中处处存在竞争，能否有一个健康的竞争心理，对我们有着非常重要的影响。竞争当然也存在于学校、班级和学生之间。但是，我们从一线教学的老师那里了解到，在广大的小学生中存在很多不正常的竞争现象，面对这些现象应该引起教师和家长的关注。

以下便是我们在一线教学中了解到的一些不正常的竞争现象。

◆ 嫉妒型竞争心理

在小学阶段，尤其是到了中高年级，许多学生开始不知不觉地受到别人的嫉妒，或自己本身也在不知不觉对别人产生嫉妒之心。心理专家认为，嫉妒是在与他人竞争中害怕己不如人而产生的消极心理，这种人内心极不安全，害怕别人超过自己，所以敏感多疑，甚至走极端，常常是害人害己。比如，有些同学看到别人的成绩超过自己时，不是见贤思齐，而是在背后对别人进行诋毁，这都是嫉妒心理在作祟。

比如，我们曾在一次调查中发现了一件事情：

一次考试前，好几位成绩优秀的同学的钢笔同时"不翼而飞"了，结果这些同学的成绩受到了不同程度的影响。考试结束后，这些同学的钢笔又都"飞"了回来，怎么回事呢？班主任感到事出有因，于是在班会课上进行了调查。

班会课上，老师发现一个女生很是异常，每当走到她身边时，她总是紧张地低下头，但又不时地偷眼看老师。这让人很诧异，因为这是一个成绩不错的孩子！她这次考试得了全班第一名！老师回忆说，考试前她的钢笔没有丢失。这时，老师隐约地感到：丢失的钢笔与她有关，而且可能是她的嫉妒心理惹了祸！为了照顾她的面子，老师当时没有质问她，而是话锋一转，跟学生讲起了故事。当时讲到周瑜心胸狭窄，嫉妒诸葛亮的足智多谋，结果自己反被气死时，学生表示我们应该引以为戒；当讲到廉颇"负荆请罪"从而留下"将相和"的历史佳话时，学生表示应以廉颇为榜样，知错就改。

课后，那个考了"第一名"的女生来到了班主任的办公室，她流着泪对老师说："老师，我不是要偷他们的笔，只是我不想让他们每次都考得比我好……"我们可以推想，是那些故事给了她启发，让她看到了嫉妒的危害，于是，班主任笑着对她说："如果你生活在蔺相如的年代，一定就是廉颇了，老师不但不会批评你，还要表扬你的勇气呢！你能鼓起更大的勇气去向同学'负荆请罪'吗？""我能！"后来，那个女生再也没做过类似的事情了。

当然竞争现象在家庭中可能表现的不是那么明显。

◆ 自卑型竞争心理

每一个学生都希望自己能够取得优秀的成绩，希望自己能在各类竞赛中出类拔萃，而现实中要一直保持杰出却又是非常困难的事情。长此以往，有些学生便会觉得自己不够优秀，即使环境对其评价很高，也难于改变其没有自信的感觉，一旦压抑过久，就容易形成扭曲的自卑的竞争心理。这在家长期望值过高的孩子身上表现得更为突出。此种自卑型的心理在小学生中是较为常见的。

面对这样的问题，我们认为应该从以下两点入手。

1. 恰当评估，坦然面对失败

自卑，就是自己轻视自己，看不起自己。自卑心理严重的人，并不一定就是他本人真的具有某种严重的缺陷或短处，而是他（她）自惭形秽，常把自己放在低人一等的位置，并由此陷入不能自拔的境地。其实，有竞争就有强弱之分，小学生由于心理不成熟，有些人在竞争中一旦被击败就灰心绝望，一蹶不振。作为家长和老师，要及时地矫正这种畸形的竞争心理。首先，我们要培养学生坦然面对失败的心理，树立战胜挫折的坚强意志，要让学生明白：你在这次竞争中失败了，并不说明你在将来的竞争中注定也要失败；你在这方面的竞争失败了，并不说明你事事不如人。其次，教师可以根据学生的实际情况，帮助其设定切实可行的目标，然后超越目标，这样就可以进一步激发斗志，以饱满的学习情绪和旺盛的精力去向更高的目标迈进。

另外，我们还可以用一些名言警句让学生明白：失败并不可怕。如："失败乃成功之母。""胜不骄，败不馁"。"明智的人绝不坐下来为失败而哀号，他们一定乐观地寻找办法来加以挽救。""失败令懦夫沉沦，却使勇士奋起。""承受压力的重荷，喷水池才喷射出银花朵朵。"

2. 扬其所长，重塑自信心理

小学生的起点基本相同，在学习和各种竞赛活动中形成的差距相对而言并不会有太大悬殊，但是周围环境的评价往往给孩子太多的压力，从而增加了孩子的自卑感。因此，老师和家长在孩子的教育过程中，应该对那些暂时落后、有待进步的学生多一份关爱，多一点帮助，并采取具体的措施，帮助指导落后的孩子扬起所长，重塑自信的心理。

"尺有所短，寸有所长"。每一个人都有自己的长处和优势，同时，也有自己的短处和劣势。如果用其所短，而舍其所长，就连天才也会丧失信心，自暴自弃；相反，一个人若能扬长避短，强化自己的长处，就是有残疾的人也能充满信心，享受成功的快乐。因此，消除孩子的自卑心理，要善于发现他们的长处和优势，并为他们提供发挥长处的机会和条件，这也是帮助孩子克服在竞争中产生的自卑心理的关键。在帮助落后者进步的过程中，家长应该充分肯定他们所取得的每一点成绩，更应该用"放大镜"去寻找他们淹没于问题与缺点之中的"闪光点"，有意识地用"你很聪明"、"你一定行"之类的语言为孩子打气。这样就能使他们重新点燃自尊的火种，获得克服缺点、发奋进取的勇气和自信。在消除孩子自卑心理时，为了能让他生活在成功的体验之中，我们还可以为孩子建立成功档案，将每一次哪怕是非常小的成功与进步都记录下来，积少成多，每隔一段时间就拿出来看看，经常重温成功的心情，这样能使他信心百倍地去克服困难。

美国现代著名的心理学家亚伯拉罕·马斯洛认为，及时地发现、充分地肯定一个人所取得的成绩，能使他产生"最佳情绪体验"，即"感到强烈的喜悦、欣慰、幸福……还会对别人、对整个世界产生爱意，甚至会有一种要马上做点事作为报偿的欲望"。对于年幼的小学生来说，教师的表扬与肯定往往有更大的作用。

◆ 攻击型竞争心理

如今的学生多数是独生子女，争强好胜，在竞争中一旦失败就会把过错归为别人，更有甚者会采取一些报复性的手段对对方造成伤害。一次跑步比赛中，张王二人一直不分前后，但是在最后一圈抢道时，张故意将王撞倒在地，自己冲过终点线并获得冠军。事后老师裁决认为张犯规在先取消第一名的成绩。这里的张同学在竞争时有典型的"攻击型竞争心理"。

面对这样的问题，作为家长来说应该及时对孩子进行引导。

1. 强调合作，促进良性竞争

当代社会，虽充满竞争，但更多的是合作。在教育和引导的过程中，这两者是对立统一、相互促进、相互补充的。由于认识上的偏颇，以前对小学生强调竞争多了一点，而忽略了合作的重要性。实际上这正是导致学生产生攻击等不良心理的一个重要因素。其实，竞争既是智慧、才能的比赛，同时也是品德、人格的比赛。在竞争中，竞争者一方面要敢于争强，力求争先；另一方面，又需要善于同他人协作、互助，增长群体情感和合作精神。人生的积极竞争，是在共同幸福、共同进步前提下的友好竞争。不论是家长还是老师都应该用生动活泼的方式引导孩子明白，在许多时候，竞争与合作是相伴而生的。

2. 创造机会，人人都能成功

现如今，有的小学生承受不住别人比自己强而对他人充满敌意，并产生攻击型竞争心理。这实际上往往是由于学校给予他们成为"成功者"的机会太少。作为教育工作者，应肯定每一个人的长处，因材施教，发展个性，使其参与有益竞争，并且在竞争中获得一席之地，从而使得人人都有成功的体验。作为家长，发现了孩子有这方面的倾向时，也应该积极营造一种和谐竞争的环境。与此同时教师为学生创造了一个人人都能施展才智、互相帮助、共同进步的环境，学生就会既把同学当做竞争对手、赶超的目标，又把同学当做志同道合的朋友，从而不断超越一个又一个自我，并为参与更激烈的竞争做好充分的准备。

总而言之，我们应该善于捕捉学生生活、学习中的每一个细节，帮助学生消除竞争中的嫉妒、自卑、攻击等不良心理。引导学生通过良性竞争，培养正确的竞争意识，更培养他们的健康心理，使他们能够更好地迎接新的竞争与挑战。

2.5 专心：一次只做一件事

孩子可能对许多事都有兴趣，但往往很难能够专注于某事——未全身心地投入过去，永远只能在目标的外围徘徊，难达到很高成就。古人云："予人以鱼，不如授人以渔。"教师在传授知识的同时，如能在培养小学生专心听讲的习惯上下工夫，既可提高小学生的学习水平，也可提高自己的教学水平，达到双赢的效果。

法国大作家巴尔扎克一次写作时朋友来访，他很长时间也没有发现。中午仆人送来饭菜，客人以为是给自己送的，就把饭菜吃了，后来客人发现巴尔扎克还是那么忙就走了。天黑了，巴尔扎克觉得该吃午饭了，就来端碗端盘。看到饭菜已被吃光，他责备自己"真是个饭桶，吃完还要吃！"法国昆虫学家法布尔为了解蚂蚁生活习惯，曾连续几小时趴在潮湿、肮脏的地面上，用放大镜观察蚂蚁搬运死苍蝇的活动。当时周围有许多人围观议论，他竟毫不理会。大文学家罗曼·罗兰有一次跟着名雕塑家罗丹去参观他的工作室，欣赏他刚完成的作品。可是来到塑像前，罗丹发现还有几处地方不满意。于是拿起凿子就修改起来，口中念念有词，仿佛那座雕像是他的朋友。两个小时后修改完毕，罗丹满意地瞧了自己的作品一会，然后大摇大摆地离去，差点把他的朋友锁在屋里。事实证明，专心可以集中精力，调动整个大脑神经系统来解决问题，高效率地完成任务；分心就会降低学习效率，甚至对本来可以弄懂的问题感到迷茫。

为什么这些专家会发生这样的事呢？原因很简单。因为他们一心想着自己热爱的事业上的问题，对他们所思考的科学问题反应清晰，对于这些问题之外的事情一点也没考虑，没有在意。这就是他们闹笑话的原因。只有聚其精，会其神，孩子才能取得成功。而孩子能否集中精力则与父母的教育、教养的态度和方法分不开。正所谓，成功孩子的背后总会站着伟大的父母。

因此，要想提高孩子的学习成绩，培养和开发他们的智力，第一步就要注意培养和训练他们的注意力，养成专心致志的习惯。要不然，其他的训练只能是事倍功半，甚至徒劳而无功。我们给父母们的建议如下。

1. 培养孩子善于集中自己的注意力

集中注意力，这对任何一种劳动，尤其是脑力劳动具有很大的意义。能做到注意力集中的儿童，不但完成作业比较快，而且完成得比较好，效率高。那些作业马虎、粗枝大叶的孩子主要是因为注意力不够集中，没能仔细地看准习题的要求和提供的条件。而且，善于集中注意力的孩子学习起来比较省劲，效果比较好，也因此有更多的时间来休息和从事娱乐活动。

在小学阶段，尤其是低年级的孩子学习知识其实并不重要，重要的是养成良好的学习习惯，而稳定持久的注意力是学习习惯中最重要的一方面。老师总要求一年级的孩子坐姿端正，目的就是训练他们集中注意力，那些坐姿懒懒散散、东倒西歪的孩子显然不可能专心致志地听课。

孩子学习的最大"敌人"就是注意力涣散。有的孩子在完成作业时，脑海里想到的是电视机里正在播放他们最感兴趣的动画片。有的孩子做作业时，无意识地东张西望，心猿意马，摆摆这，碰碰那。有的甚至是一边看电视，一边做作业。很多父母向老师抱怨，孩子只需十分钟完成的作业却两个小时还完成不了。

2．给孩子一个安静整洁的学习环境

孩子的书桌上除了文具和书籍外，不应摆放其他物品，以免分散他的注意力，抽屉柜子最好上锁，免得他随时都可能打开，在没完成作业的情况下去清理抽屉，书桌前方除了张贴与学习有关的如地图、公式、拼音表格外，不应张贴其他吸引孩子注意力的东西。女孩的书桌上也不应放镜子，这会使她有时间顾影"自美"或"自怜"。更不能允许孩子一边看电视，一边做作业。对于注意力来说，电视是杀手。因为电视节目的特点就是画面生动活泼，孩子习惯了热闹，到了幼儿园或者学校就不习惯静静地听老师的话。电视虽然也能增进孩子的知识，但是对于孩子来说完全是被动的学习，没有对答，没有互动，不利于创造性思维的培养，语言也容易发展迟滞。美国的科学家经过研究，发现小时候看电视越多的孩子到了上学时，注意力不集中的可能性越大，甚至感觉是电视的刺激强度过大而重新布局了大脑。所以，美国建议两岁内的婴幼儿不要看电视。

3．要求孩子在规定的时间内完成作业

如果作业太多，可以分段完成。有的父母因为孩子的注意力不够集中而在旁边"站岗"，这不是长久而行之有效的办法，因为长期这样，会使孩子产生依赖心理。此外，孩子的注意力跟孩子情绪有很大关系，因此父母应该创造一个平和、安宁、温馨的学习环境。声音嘈杂的环境，杂乱无章的屋子，不正常的家庭生活，所有这一切都严重地影响着孩子注意力。同时，父母应该了解，能否集中注意力也与孩子的年龄有关。研究表明，注意力稳定的时间分别为：5～10岁孩子是20分钟，10～12岁孩子是25分钟，12岁以上孩子是30分钟。因此，如果想让10岁的孩子60分钟坐在那里去专注地完成作业几乎是不可能的。

4．让孩子在一定时间内专心做好一件事

常听有些父母说："我的孩子做事效率低，做作业动作慢，一边写一边玩。"父母要注意培养孩子在某一时间内做好一件事的能力。对于家庭作业父母要帮他们安排一下，做完一门功课可以允许休息一会儿，不要让孩子太疲劳。有些父母觉得孩子动作慢，不允许孩子休息，还唠叨没完，使他们产生抵触心理，效果反而不好。

5．忽视体育运动和精细动作的训练

现在的孩子很多都缺乏体育锻炼，其实运动是最有利于孩子各项能力的培养的。因为在大运动中，孩子的各部肌肉、神经和感官都要相互配合，才能完成想要做的动

作，也就是协调能力和平衡能力要好。如孩子跳绳时，眼要看，手要摇绳，脚要准备什么时候跳起来，这些的配合都要经过大脑的指挥才行。精细动作比如在折纸时，孩子的眼睛和手都要配合起来，才能折好纸。这就叫"感觉统合"。

感觉统合协调的人，大脑的指挥能力很强，控制各部肌肉、神经的能力很强。这样的孩子不论在运动时，还是在长时间静止时，都有极强的自控力。而"感觉统合失调"的孩子，他的大脑的指挥能力和控制能力就很差。除了做事和运动时显得笨手笨脚外，就是在坐着时，也难于长时间地坚持，他会感觉到腰酸背疼，全身难受，只有动来动去才觉得能够舒服一些。而在这个过程中，他的精神有很大部分去注意自己的难受，而不能去参与该做的事情当中，也就是注意力不集中。

6. 过多的课外补习

现在孩子参加的课外训练班过多，其实这些都是家长的意愿，并没有顾及孩子的想法。殊不知这样的做法也恰恰是形成注意力不集中的因素！孩子的天性是玩，您把他课余的时间都占满，他怎么办，只好在训练的课堂上自己想办法玩了。久而久之，注意力不集中的习惯也就形成了。因此还原孩子玩的天性，让他有充分的空间去释放自己，才有足够的精力集中起来完成作业。

2.6 习惯性：把孩子培养成记忆超人

一位家长曾向心理专家询问到："我们家孩子的学习成绩不好是因为记忆力差，为了提高孩子的记忆力，我们也想了很多的方法，但是收效都不是很大。"其实这位家长的孩子还只是一个一年级的学生。"小明并不是一个贪玩的孩子，放学后就马上回家学习温习功课，学习的时间也比较长。"家长补充道，"学习那么认真，尽管成绩不好我们也不忍心教训他。"

小明的班主任也曾表示：小明在班里学习很努力，但是总跟不上其他同学的进度。对自己学习吃力，小明说道："我也不知道怎么回事，反正老师讲的东西我一会儿就忘了。"

面对这样的问题，心理专家是这样分析的：

家长首先要对孩子有信心，要帮助孩子树立起能够增强记忆力的决心，因为记忆力的好坏并不仅仅是上天决定的，通过适当的训练是可以得到改善的。如果孩子一旦对自己的记忆能力失去信心，那就很难提高了。对于一个只有一年级的孩子来说，培养其学习的能力是很重要的，有了信心就会开动脑筋，想方设法来将学习的内容记住。此时，家长切忌打击孩子的记忆信心。如有的家长责骂孩子"你什么都记不住，对你说还有什么用"等话语，这样做除了伤害孩子的自信心和自尊心之外，别无他用。激将法的使用要看时间和对象，学龄早期的儿童还无法体会其激将的意义。这个时候的家长应该耐心帮助孩子，鼓励孩子。

其次，就是要多培养孩子的学习兴趣。成人往往对自己感兴趣的东西就记得比较快，而对不感兴趣的事件就要花大力气去记住。儿童何尝不是如此，学龄早期的儿童注意力往往不能集中，如果不能充分调动起其对学习的兴趣，那么学习的效率肯定不会很高。

家长对孩子的记忆进行指导时，善于运用各种记忆方法提高记忆力。家长要针对孩子的不同年龄阶段，进行记忆方法的指导。一般而言，年幼儿童记忆保持时间短，记忆的主要方法是机械识记，要他们记住某种内容就要不断重复，可教他们背诵一些儿歌、诗歌，记住一些简单的科学常识。即将入学的儿童已会运用意义识记，可以教他们运用顺序记忆、归类记忆、联想记忆等方法。入学后要记住一篇课文，可用整体记忆和分段记忆等方法。

我们都知道，任何学习、工作都离不开记忆。但是有许多学生如上面例子中的小明一样为记忆而发愁。因此，我们在这里总结了几种行之有效的记忆方法。

1. 提纲记忆法

对于需要记忆很长的内容来说，不必一次把它们全都记住。可以先列一个提纲，在提纲中体现出重点和次重点等内容，然后分时段进行记忆。这样不仅容易记住，而且遗忘得比较慢。

2. 组块记忆法

多年前，心理学家们通过研究发现，人们的短时记忆广度为 7+2 或者 7-2 个广度。换句话说，就是在一个较短的时间内给你一段材料去识记，如果把材料分成 7 个左右的小材料块进行记忆的效果最好。根据这个记忆法则，家长可以帮助孩子对需要记忆的内容进行分类，对于类似的记忆材料进行组块式的记忆，这样记忆起来既轻松又准确。

3. 松弛记忆法

我们在记忆时，一定要保持大脑的轻松状态，心理学研究发现，当人们处于过度紧张或者过度松弛的状态时，工作效率都不会很高。但是如果我们能让大脑保持在一个相当轻松的状态，就好比在一个平静的湖面投进一块大石，能溅起久久不能平息的涟漪。同理，我们将记忆的内容投进相对平静的大脑，就会记得更牢。

4. 闭眼记忆法

我们日常生活中，80%的信息都来自眼睛。有些人喜欢在记忆的时候，把眼睛闭上默默回忆，这样做的效果有时候会比较好。其实就是因为眼睛是大量信息的输入器官，所以又可能导致大量的心理能量都消耗在眼睛上，所以将眼睛适时的闭起来，可以有效地减少这种心理能量的损耗，把注意力都集中在记忆上来。

5. 线索记忆法

人们在丢失某件物品后，总是会下意识地回顾最后看到该物品的地方和当时的一些情形。同样的道理，人们想找回以往的某项记忆，也会回想发生该事的场所和一些特点等，这是关键点，也可称其为"记忆键"，一旦激活了记忆键，就能从此找寻线索最后达到目的。比方说在上学的路上，你在车上看书时发现有一段必须熟记的内容，你可马上抬起头，看看四周有没有醒目的东西，将它当做记忆键并与上面的内容一起记下来。隔天早上，当你路过又看到那个醒目的东西时，就会自然而然地想起昨天记的内容，经过几天的重复，你就能记住要记的内容了。这种情景线索式的记忆方法对于大量理解性的记忆内容是很有帮助的。

6. 想象记忆法

想象记忆法适合于记住那些比较抽象、难以理解或者比较固定的内容。如果要对地理知识进行记忆时，需要将不同国家的形状和名称进行记忆，如果将这些形状与现实生活中类似的东西进行类比，记忆起来就比较容易了。例如，中国的版图像公鸡，头是东北三省，胃是福建，尾是新疆；日本的版图像海马，北海道是头，东京是腹，长崎是尾；意大利的版图像靴子，等等。

值得注意的是，记忆的方法其实还有很多，通过一定的方法和步骤将孩子引导进入合理的记忆之门，让他们通过学习和交流选择适合自己的记忆方法才能真正达到提高记忆力的目的。

记忆能力对每个人都很重要，对于正在学习的学生尤为如此。有些学生在学习上不可谓不努力、不可谓不刻苦、不可谓不认真，但成绩就是不理想。这里边除了学习方法可能有问题外，一个很重要的因素可能是他的记忆力较差。表现为学了后面忘了前面，记住今天又忘掉昨天，总也不能将学过的知识连贯起来，致使他们在学习上常常是事倍功半，学习效果自然就好不了。其结果使他们的学习积极性受到打击、自信心受到挫伤，最后就有可能自暴自弃了。作为家长，我们绝不应该让这种情况发生在自己的孩子身上，而做到这一点，需要发挥您的智慧。

2.7 自制力：让孩子自己学会安排学习和玩耍

现如今，越来越多的父母都认识到"时间"的重要性，如何让孩子学会合理安排时间也是一个十分重要的问题。让孩子学会合理安排作息时间，不仅可以保证孩子身心健康的发展，还是对其进行成才教育的一个基本训练。从小学阶段开始就让孩子对昨天、今天、明天建立起充分的认识，让其尽早懂得"一寸光阴一寸金，寸金难买寸光阴"的道理。

从小就应该培养孩子的时间紧迫感，否则，孩子就不能学会合理地安排学习和玩耍的时间。例如，有位刚升入初中的学生的家长就曾这样问道：

> 我们家小梅在小学时成绩一直很好，可是自从上了初中，总觉得她有些恍惚，无所适从，学习还很累，和老师也交流过，老师觉得孩子在学校表现也是这样，特别是自习课的时候，她总是摸摸这，看看那，不知道要做什么，第一次考试，居然两个半小时都做不完一张试卷。为此，我说了她好几次了，可是情况一点儿也没有好转。平时和她说话，觉得孩子也挺有上进心的，可是目前的状况已持续好久了，以前总是爱笑的她现在怎么也笑不起来了。怎么办呢？

根据这样的情况，心理专家分析到：小梅在小学阶段成绩好，但是进入初中后情况有所改变，这是有原因的，应该做好引导工作。从客观上讲，从小学升入初中，是孩子从儿童时期进入少年时期的过渡阶段。小学和初中有很多的不同之处。比如，小学一节课是 40 分钟，初中变成了 45 分钟。虽然只多出来 5 分钟，但孩子如果没有从心理上做好准备，就会觉得"累"。另外，孩子进了初中以后，增加了许多课程，孩子容易觉得很忙，压力也会变大。小学阶段和初中阶段老师的教学方法是不尽相同的，如果只用小学阶段的学习方法来继续初中的学习，就会觉得很吃力。这些都是小梅产生困惑的具体原因。

小梅成绩一直很好，说明她是一个有上进心的孩子，一个有上进心的孩子就会给自己定下一系列的目标，比如在某个阶段要把哪门功课学好。这种目标也无形中给孩子增加了压力。这种压力之下如果没有合理的计划，孩子学起来必然会感觉很累，而且学习效果也不会很好。

面对这样的情况，心理专家给小梅家长的建议是：

（1）建议引导孩子有秩序地做事情，做到忙而不乱。比如说制订一个计划，安排好一天内的学习时间和学习内容、一周内的目标、一个月的目标，等等。哪怕是一节自习课，也要为自己安排好学习任务。开始的时候，家长可以和孩子一起来制订计划，这是很容易做到的。逐步地，要让孩子学着去自己制订计划，作出安排。作出计划之后还要进行检查，到时候能够按计划完成各项计划任务，如果比较吃力的话，应该及时对计划作出调整。

（2）建议要对孩子学会合理安排学习时间加强指导。比如做一些练习、作业时，先考虑各科学习任务完成的先后顺序，做到时间的合理分配，然后专心按计划完成。这样就能做到忙而不乱了。我们也应该引导小梅将这种有计划使用时间的方法应用到生活当中去。这样，慢慢地，小梅的困惑就会逐步获得解决，相信小梅的心情会慢慢变得轻松愉快，微笑又会洋溢在她的脸上。

有一个良好的时间观念，将是受用终身的事情。而这个优良习惯的形成必须从小抓起，使孩子养成惜时、守时的好习惯。具体而言，父母可以从以下几个方面帮助孩子养成自我合理安排时间的习惯。

1. 与孩子一起制订时间表

这种时间表可以制作得比较细致。例如，何时起床、何时上学、何时回家、何时完成作业，等等；还可以将学习的具体时间也进行量化，如学习、预习、复习等需要多长时间。这其中不能缺少玩耍的时间安排。对于这个时间表，需要父母的通盘考虑、合理安排，并要求孩子持之以恒。

2. 时间安排要有张有弛

父母不应该让孩子把时间都安排在学习上，连周末也不能玩，要让他做到有张有弛、劳逸结合；要照顾到孩子爱玩的天性，允许他们较多地安排玩耍的时间，以利于孩子的身心健康发展；让孩子学会在最佳时间学习。孩子的大脑发育尚不完善，比起成人来容易疲劳，他们记忆力好，但不宜进行长时间的学习。一天最佳的学习时间是在上午9：00—11：00和下午3：30—5：30，但在中午应让孩子有两个多小时的休息时间。另外，晚上的学习效率因人而异且做作业、复习功课时间不宜过长，否则会影响孩子的睡眠，也不利于孩子的身心健康。

3．时间是挤出来的

茶余饭后的零碎时间是最容易被人忽视的，不过能让孩子合理充分地利用这些零碎时间记一些单词、诗文是很有益的。放学的路上，边玩边背背课文；帮着妈妈做家务的时候，回忆当天的学习内容。这些琐碎的时间都可以被利用起来。

4．让孩子有责任感

让孩子为自己在什么时间干什么事确定一个明确的目标，并且力争在规定的时间里做好规定的事情，不要拖拖拉拉。

5．及时检查孩子的完成情况

孩子制订了一个时间表，可以让他的时间利用起来更有效率，让其生活、学习更有秩序感。但是有很多孩子缺乏毅力，有时候不能按时完成任务。这时需要父母及时检查孩子的完成情况，督促其完成计划。

每个人都是在时间的长河中开始人生的旅途，每个人的生命都是在时间中发展的，谁能够把握时间，谁就会利用时间，谁就最能接近成功的终点。所有希望孩子成才的父母，都应该培养孩子做时间的主人，这会使他们终身受益。

2.8　认同心理：让孩子喜欢上学习

"孩子不愿意上学怎么办？""孩子不用功读书怎么办？"不少家长整天为这些问题而忧心忡忡。其实，孩子大多是愿意通过学习去了解新的东西的。可是，随着年龄的增长，有些孩子的确会变得讨厌念书、讨厌学习。

虽说爱玩是孩子的天性，但是培养学习的兴趣是小学阶段家长和孩子的一项共同的重要任务。有位家长曾这样抱怨道："我们家小辉一到学习时间就要上厕所，或者拿渴了、饿了之类的借口耽误学习时间。"孩子不爱学习其实真正的责任有时并不在孩子身上。因为对于一个刚刚进入小学阶段的孩子来说，他们对于外界新鲜事物都是怀着好奇心去接触的，而学习并不一定就对他们的好奇心造成了多么大的打击。孩子出现不爱学习、甚至是厌学的情况首先应该从家长自身找找原因。

经过调查发现，有厌学倾向的孩子，其家长也有以下几点不适当的行为。

（1）容易动怒。孩子一旦成绩不好，就拳脚相加，将打骂视为最好的教育手段。表面上孩子可能会屈从于这种家长权威，其实在孩子幼小的内心中已经滋生出了叛逆的心理。

（2）吝啬表扬。在大多数的家庭中，家长总喜欢"贬低""嘲讽"孩子的成绩，尤其是在成绩不理想的时候更是没有好脸色看。其实，孩子成绩不好时，自己内心也不好受，回到家里如果家人还是冷言冷语，那么孩子上进的积极性就会受挫。在助长孩子形成学习兴趣的关键期，作为家长应该带着放大镜去看待孩子取得那么一点点进步，而不要总是对一些过错或者成绩不理想而喋喋不休。

（3）不切合实际的要求。有些家长一到考试时，就要求孩子一定要考第一名或者 100 分。请那些操之过急的家长们静下心来想想，这样的要求现实吗？一次优异成绩的取得其决定因素是多方面的，考不了 100 分就说明孩子学习不好了吗？一次 100 分又能说明什么问题？

（4）玩，是孩子的第一天性。适当的休息和娱乐是必要的。有些家长不给孩子适当的休息时间，只要孩子一打开电视，他们便会问："功课做好了没有？为什么看电视？"

（5）额外的课业负担。很多家长，给孩子还布置了学校作业之外的作业，这样无疑加重了孩子的课业负担。

当然如果存在夫妻感情不和、家庭不和睦的情况，也必将影响到孩子对学习的兴趣。解决这些问题我们可以从这几个方面进行考虑。

◆ 让孩子保持愉快的学习情绪

家长必须了解，孩子心情愉快时会比较喜欢学习，学得更好更起劲，因此家长指导孩子学习时应注意：

1. 不要操之过急

家长应了解孩子自身的学习能力，和孩子共同设计一个可行的学习目标，切忌因操之过急而给孩子造成压力。

2. 要保持自己愉快的心情

家长的心情直接影响到孩子的学习情绪，因此，在帮助孩子学习时，家长一定要保持心情愉快，这种情绪会让孩子感觉到学习本身就是一件愉快的事情。

3. 帮助孩子一起解决问题

家长如果发现孩子能力不及的时候，就要想办法帮助孩子解决问题，否则会使孩子对学习产生畏惧感。

◆ 用游戏性的语言对孩子提出要求

许多家长对孩子提出要求时不注意方式，以为只要孩子明白大人的意思就行了。其实，家长对孩子用游戏性或音乐的语言说话是很有鼓励作用的。

有一次，一个朋友到友人家做客，见友人的孩子玩意正浓。这时，孩子的母亲用微笑的态度，在孩子旁边用儿歌的旋律唱出："乖孩子，要学琴，叔叔婶婶再会吧！"然后轻轻拉了拉孩子的手。孩子果然愉快地放下手中的玩具，向客人打了招呼，跟着妈妈去房间了。这位母亲用游戏性语言成功地唤起了孩子的学习兴趣。

相反地，如果这位母亲用责骂的语气对孩子说："学琴的时间到啦，赶快到房间去！"孩子就算是放下手中的玩具，跟妈妈去学琴，也一定学不好！

◆ 给孩子恰当的关怀和鼓励

家长应为孩子提供一个属于他自己的环境，并适时地关爱、鼓励孩子，让孩子养成自觉的学习习惯。

有一个小学高年级学生伟强。他家居住面积不大，爸爸就在他的床边放置了一张小桌子，在桌子的左上角安装了一盏灯。每天晚上，全家人吃过晚饭，就会各自干自己的事情：爸爸静静地坐在沙发上读报；妈妈轻轻地做家务；伟强也就会自动走到他自己的书桌前，坐在椅子上做功课。

适当的时候，爸爸妈妈会走到伟强面前，对他说："我知道你一定会把功课做好的。你真乖，不用爸妈担心。"在父母默默的鼓励和支持下，伟强养成了自觉学习的习惯。

◆ 帮孩子建立起自信心

家长要指出孩子的优点，让他知道自己的潜能，对自己充满自信心。

一位成功人士，他小时候因入学早，各方面表现都不如意，因此很自卑。有一次他和小朋友在家里玩拍皮球，比其他的小朋友拍得又多又好。他爸爸对他说："孩子，你真行！你是一个很有潜力的孩子。你是班里年纪最小的，如果你晚入学一年就好了。不过，我们一起努力，解决问题，你会赶上别人的。"经过那一次，他对自己恢复了信心，知道自己有潜能，开始努力读书了，很快便成为佼佼者。

◆ 用积极的眼光去评价孩子

如今的很多家长过分看重成绩，其实孩子的功课、成绩是一方面，但更重要的是，要对孩子的整体性表现加以评价和赞扬。如果孩子尽了力，也得不到好成绩，家长应表示理解，不要让他有过分的压力。

2.9 责任心的培养：让孩子不再懒惰

一位具有丰富教学经验的教师曾做过以下两个总结：

现象一：有这样一些孩子，在校除了对学习还有点进取心之外，对其他的事情都是不管不问，应付了事，还总要家长或者其他同学帮他收拾尾巴。

现象二：还有些同学，做事总是那样虎头蛇尾，学习自觉性差，耐劳性差，坚持性不够，成绩好坏他无所谓，对待父母也总是态度恶劣，脾气喜怒无常。

富有爱心和社会责任感，是一个合格的社会成员必备的道德品质。现代社会人们之间的交往越来越广泛，只有人人都富有爱心、人人都勇于承担自己应负的社会责任，人们才能感受到生活的美好。一个自私、不负责任的人，很难与别人共处，更难以在社会上立足。培养孩子的爱心，对社会、对孩子个人的成长，都有无可替代的作用与意义。家长对此要给予足够的重视。

所谓责任心，是指一个人对其所属群体的共同活动、行为规范以及他所承担的任务的自觉和负责的态度。它主要包括责任认识、责任感和负责行为三个方面。如果孩子对责任心认识不清，甚至错误地认为那是家长、老师、同学的事，那么前面出现的那些孩子的现象和产生的问题就在所难免。

那么究竟如何培养孩子的责任心呢？

快乐是教出来的

◆ 帮助孩子明确自己的责任

家长应协同老师让孩子们明确自己的责任，必须把孩子应学习做的事情明确地告诉孩子，如孩子要学会自己的事情自己做，学习扫地、擦桌等简单的家务劳动，学会整理书包，削好铅笔，认真完成作业……

这些小事情的责任是未来大事业责任的基础！

◆ 帮助孩子建立责任感

1. 有意识地交给孩子一些任务，培养孩子独立做事的能力

让孩子收齐作业本，学习扫地，让孩子学习整理书包。

首先，家长要手把手地教，给予正确的示范，在一旁指导，提出不足或教他方法。

再次，鼓励孩子做事有始有终，培养孩子持之以恒的态度，不断地给予表扬，只要有进步就表扬，因为表扬是孩子建立责任心的动力。

最后，孩子学会了一种本领，家长要给予充分的肯定和赞扬，同时可以告诉其老师，使他为自己感到自豪并树立责任心，以让他体会到做一个有责任心的孩子是多么了不起，并在班级里树立榜样，鼓励孩子们向他学习，以达到以点带面的教育效应。

在有意识地交给孩子一些任务，锻炼孩子独立做事的能力时，家长要学会放手让孩子自己动手尝试学习，千万别因为孩子小而让他什么也不干。同时要给予正确的示范指导和帮助。比如让孩子养一种小动物。孩子在养小金鱼的过程中，会懂得：他们付出了爱，是小金鱼健康成长的源泉，正如他们在父母、老师和朋友的爱中快乐地成长一样。这在心理学上称为"共情"。孩子在养小金鱼的过程中，会逐渐地细腻起来、耐心起来，理解父母的爱，也培养出爱父母、爱别人、爱社会的能力。

2. 多和孩子交流，让孩子主动承担责任

有些孩子的自理能力稍微差一点，这种情况可能是老师首先发现的，此时家长要与老师做好沟通，然后以家庭引导入手，然后借助学校环境对自理行为予以巩固和加强。例如，一位班主任曾这样描述到：

"比如班上的李天华，约束力和整理能力极差。每天放学回家他总是最后一个才整理好书包，平时书包总是乱糟糟的。与家长沟通后才发现，在家里都是他妈妈给他整理书包，所以造成自理能力很不行。家长会时，我找他妈妈又谈了一次，希望她能让孩子自己来整理书包、准备学习用品，他妈妈很配合，每天要求孩子自己来整理，看着孩子进步了，我也非常高兴，总在班级里表扬他，他虽然每天整理的速度还不够快，但现在很少见他东西都堆放在抽屉和桌子上。让孩子们找到好孩子的感觉很重要，作为老师我们要抓住孩子的每一个细节，让他能认识到问题，并帮助教育他，使他对自己的行为负责，让孩子拥有主动承担责任的勇气，这一点作为老师、家长都很重要。"

3. 坚持正面教育，多鼓励、表扬，少指责、批评

孩子的责任感的形成是一个循序渐进的过程。另外，因为孩子毕竟年龄小，好奇心较强，注意力容易分散，这些特点往往会妨碍他把一件事自始自终地完成，而当孩子完成一件事后，父母要给予公正、及时的评价，并善于用艺术的语言将孩子的注意力吸引和转移过来，继续完成他应该完成的任务。比如说："我相信你还会把事情做完做好的。"使孩子相信自己有能力、有责任承担，只要努力去做就能做好，同时要教他今后还应该怎样做就更好，既让他看到自己潜在的能力，又看到不足之处，以帮助孩子养成积极、认真、严谨的生活、学习习惯，培养孩子对自己言行负责的意识。

4. 父母是孩子最好的榜样

责任心的培养，是在不知不觉的潜移默化中形成的，父母是孩子的第一任教师，父母对待学习、工作的认真态度，坚持性和责任感将成为孩子良好的学习榜样。

此外，父母可以时常有意识地与孩子谈自己的工作，把自己完成一项任务、克服一个困难后的愉快和成就感传达给孩子，使孩子能具体地感觉责任意识在生活中的重要性，从而主动、积极地养成责任意识。

◆ 自主选择机遇与责任同在

社会学家们的研究指出，责任感在人的成事、成才和成人的过程中有着举足轻重的作用。伟大的生物学家巴斯德曾经说过："机遇只偏爱有准备的头脑。"而

快乐是教出来的

一个没有责任感的人是不会有一个有准备的头脑的，有准备的头脑只会赋予那些有责任感的人，因此我们也可以说成功的机遇只偏爱有责任感的人。

1. 给孩子一定的自主选择的权利，孩子在自主选择的过程中也就学会了承担责任

一个没有选择权利的孩子是不明白什么是责任、什么是义务的，因此父母事事都包办、样样都代替的做法是培养不出有责任感的孩子来的。有位心理学工作者曾经去中小学调查学生的自主性状况，当问到在生活和学习中遇到难题应当怎么办时，180名被调查的学生几乎是异口同声地说遇到难题当然是找父母解决，没有一个学生回答自己先想办法解决，实在解决不了再找父母，当问到今后准备从事什么职业时，竟然有75%的同学回答说要等回家问过父母后才能确定。

由此可见父母包办、代替的现象是非常普遍的，也是非常令人忧虑的。明智的父母应当改掉事事包办、代替的做法，放手让孩子自己选择、自我负责。

2. 培养孩子认真负责的精神。允许犯错，但不允许推卸和逃避责任

要让孩子清楚只有什么事都不干的人，才是什么错误都不犯的人。孩子犯了错误，父母没有必要大惊小怪，更不应该求全责备，只要孩子勇于承认错误，父母就要原谅孩子，就要表扬孩子的负责精神。

知道犯错误也是孩子成长过程中所必需的课程，孩子每一次犯错误，每一次承担责任，都会使其自我完善一步，个性成熟一步。当然，孩子每一次犯错误之后，父母都应当帮助孩子总结教训，而不是事后说风凉话：不听老人言，吃亏在眼前，等等，要使孩子明白聪明人不是不犯错误，而是不在同一点上犯错误。

3. 孩子守信践诺的良好习惯

守信践诺是人类的一种美德，是与人交往的一条基本要求。一个不能守信践诺的人是不能取信于人的，因此也是不会受人欢迎的。所以，父母一定要教育孩子养成守信践诺的好习惯。当然在这方面父母的榜样作用是非常重要的。

总之，教育无小事。作为家长，孩子的责任心得从每一件小事培养，抓住每一个细节，让我们做得更好。

◆ 以身作则，培养孩子的社会责任感

当孩子明白他有为家人的欢乐、幸福出一份力，并能自觉地为维护家庭利益而努力，甚至限制自己的一些需要和愿望时，孩子的家庭责任感已经建立起来了。

家庭责任感是社会责任感的基础。社会责任感是一种高尚的感情，它要求个人处理任何事情都要考虑到对社会、对公共利益的影响，并自觉抵制违反社会公共利益的行为；要求人们互相尊重、关心和帮助，而不能对别人的危难和不幸袖手旁观；要求每个公民都要为社会的稳定与发展作贡献。只有树立强烈的社会责任感，才能成为一个高尚的人和有益于社会的人。

要把孩子的家庭责任感扩大为社会责任感，父母要以身作则给孩子做出榜样。比如父母可以引导孩子关心爷爷、奶奶、外公、外婆、伯父、伯母、堂兄妹、表兄妹等亲属，当知道他们当中有人生病了，带上孩子去探望，当他们求助时，尽自己所能给予帮助。然后引导孩子尊敬老师、友爱同学、邻居，进而关心帮助社会上不相识的人。

2.10　学会变通：培养孩子形成适合自己的学习习惯

教育研究发现，找到适合自己的学习方式是成为优秀学生的第一秘诀。在学习中要更好地把握自己的学习，只注重方法的模仿和学习是远远不够的，必须认识、了解、发展及养成适合自己的学习个性，才能真正使自己的学习过程时时刻刻都处在控制之中，使自己的学习进程步步扎实，使自己的学习和生活充满丰富的思想，使自己的思想深刻、准确。

所以，形成学习个性才是每个人提高学习效果和效率的关键所在，也是锤炼人格和魅力的重要方法和步骤。

其实，如果我们稍加思考就会发现，要想找到适合自己的学习方法首先应该形成良好的学习习惯。因为处于小学阶段的孩子也许还不能充分发掘自己的学习方法，换句话说，他们的学习还缺少策略性。这时，关键就是培养孩子的学习习惯，在形成学习习惯的基础上再去寻找适合自己的学习方法。

科学大师爱因斯坦曾说过这样一句俏皮话："如果人们已经忘记了他们在学校里所学的一切，剩下的就是教育。"这里的教育就是习惯。习惯是一种多么顽强的力量，它可以主宰人的一生。因此，从小就应该养成各种好习惯，世界著名心理学家威廉·詹姆士有段名言：播下一个行动，收获一种习惯；播下一种习惯，收获一种性格；播下一种性格，收获一种命运。

◆　实例分析

习惯不是一天养成的，家长要负最大的责任。孩子做功课会有依赖性，在日常生活或其他方面一定也会有依赖的倾向。

孩子不能独立的实际原因是因为家长觉得孩子自己不能独立，所以是"家长不让孩子自己独立"。为了怕孩子迟到，每天的"妈妈闹钟"准时响起，帮他穿衣服、系鞋带；喂他吃饭，看到孩子动作太慢了就恨不得替孩子吃饭；时时不忘提醒孩子做这帮那，事事为孩子设想周到，为他拟定各种计划，今天学这明天念那的，全然不管孩子的想法、意愿如何，结果是大人精疲力竭，孩子叫苦连天。

事实上，每个孩子都有自己的想法，他也想依照自己的方式行事。这种独立倾向通常是由小学三年级开始萌芽，小学四年级的孩子大抵已具备独立的雏形；虽然还显幼稚，大部分脱离不了父母为他设定的模式，但他并不完全喜欢这个模式，有时也会照自己的喜好行事。所以，如果你觉得孩子自己还不能独立而处处加以保护，孩子能力所及的分内事也都替他做过的话，这样，只会阻碍孩子独立的发展，让孩子丧失处理事情、解决问题的机会与能力，造成孩子的依赖心理和处处以自我为中心的任性脾气，以致无法适应社会的群体生活。

教育孩子独立，需要按部就班，循序渐进。就像婴儿在断奶之后，先喂食稀饭，而后干饭，最后则由孩子自己拿着筷子吃饭。"孩子自己能做的事，让孩子自己做"，不要担心他做不好或动作慢而"越俎代庖"。认清孩子在成长独立的过程中，依照各阶段的体力与智力发展的不同，给予适当的援手，然后慢慢地减少帮助的程度。

1．几代人相互学习，共同成长

我们完全可以说，当代的青少年是历史上最优秀的一代人，是值得信任并且大有作为的一代人。看看飞速崛起的信息产业，大展宏图的主将不正是年轻一代吗？

正如北师大陈会昌教授所说，从历史高度看，当代中小学生的思想品德和个性面貌总的来说是在进步。

第一，青少年是时代精神最紧密的追随者；

第二，现在的青少年独立性、自主性明显增强了；

第三，青少年是当前市场经济社会道德价值体系的探索者和创建者；

第四，人格和人性的复归在现代青少年身上表现得非常明显；

第五，现代青少年个性中的创新性也显然比过去的青少年好；

第六，现在的青少年其实并不是没有理想、抱负，只不过他们的理想不像我们过去那样"远大"、"空洞"；

第七，现在的青少年比过去更加外向，更富于激情，等等。

总而言之，培养良好习惯需要几代人相互学习、共同成长才能完成。培养学习习惯也是如此，不仅需要同学之间的交流，也需要帮助孩子充分认识自己所处的环境，制订适合自己的安排和计划。

2. 培养习惯，警惕非人格化

习惯的养成是需要技能的，但是要想从根本上培养起良好的习惯，单靠技能是远远不够的。譬如，有人提出微笑服务时，要求服务者露出八颗牙齿。大家可以对着镜子试一下，露出八颗牙齿时的笑容确实是灿烂的。应当说，这一要求是有依据的，但是，稍有社会经验的人也非常明白，露出八颗牙齿的笑容未非发自真心。假笑、干笑、傻笑等，都可以露出八颗牙齿，这是人们所需要的吗？

由此，习惯培养需要人格化而不是单纯的技能化。具体而言，就是在习惯培养过程中，应当以健康人格为核心目标，注意观念与情感的培养，对每一个好习惯都知其然知其所以然，从而晓之、信之、践之。所以培养学习习惯时，最需要的是一颗真心，用心投入，发现适合自己的学习习惯。否则只是做做表面文章骗人害己。

3. 尊重规律，讲究方法

一是关键在头三天，决定在一个月。

按照美国科学家的研究，一个习惯的养成需要 21 天。中国习惯研究第一人周士渊先生分析，这 21 天是个平均数，养成的习惯不一样，每一个人的认真程度不一样，刻苦程度不一样，所用的时间肯定也不一样。既然这 21 天是个平均数，那我们用一个月的概念更好记，而且更保险，所以"培养习惯重在一个月，关键在头三天"。同时，周先生还总结出培养习惯的七个秘诀，即：

① 真正懂得重要性；

② 找出可行性分析；

③ 统筹安排，逐一击破；

④ 关键前三天，重在一个月；

⑤ 每天前进一点；

⑥ 借东风；

⑦ 坚持不懈，直到成功。

二是培养习惯的步骤。

培养我们的良好习惯到底有哪些基本的环节和方法呢？可以概括出六大步骤：

快乐是 教 出来的

① 认识习惯的重要性；

② 与同学及相关人员一起讨论、制定适当的行为规范；

③ 进行形象感人的榜样教育；

④ 持之以恒地练习；

⑤ 及时而科学地评估引导；

⑥ 逐步培养良好的集体风气。

在学习习惯的形成上，除了做到以上几点之外，还有一个最为重要的环节就是训练。正确的行为向良好的习惯转化就需要大量的训练。此时的训练必须严格要求自己，反复进行。如每天晚上睡觉前背诵一篇古诗，一旦发现此时的记忆效果比较好，那就一定要坚持。当然内容可以变通，比如可以背诵英文语段、英语单词等。不论识记什么，只要在这个时段将记忆学习的习惯坚持下去，并不断强化，就一定会得到意想不到的结果。

4．家长引导

往往在形成习惯的过程中，是比较枯燥和乏味的。孩子由于缺乏自制力可能会半途而废。这时家长一定要适时地参与其中，主要的原则有：

原则一，先沟通。首先，父母对孩子的需求非常了解，而后让孩子了解每个人都有他应该做和想做的事，父母也有很多事需要时间去做，就像孩子需要时间做功课一样。

原则二，共同制定"合约"。习惯的养成是需要时间的，我们不可能要一个依赖惯了的小孩，在一夜之间就变成一个独立自主的小孩，因此，必须一步一步慢慢地引导，慢慢地放手。父母和孩子沟通之后，就可以以讨论的方式，制定一个共同遵守的约定。

原则三，坚持原则。一旦约定达成之后，父母一定要坚持约定上的决定，执行到底。

原则四，奖励原则。除了约定物质上的酬赏外，父母每天只要感觉到孩子在努力独立自习，就要给予口头上的赞美、支持与鼓励。

2.11　平常心的培养：让孩子从容面对考试

考试又考试，考试何其多。

天天为考试，万事成蹉跎。

学子皆被分数累，春去秋来没快乐。

朝听老师吼，暮闻家长火。

一生考试苦几何？请君听我考试歌——

一看试卷，两眼发呆。

三思不解，四肢无力。

五脏俱焚，六神无主。

七孔流血，八面受敌。

九道试题，十分不懂。

百废待举，千疮百孔。

然则天下万事休矣，

不如归去！

这是在学生中广为流传的一首哀叹考试的校园谣，非常形象具体地道出了同学们对考试的情绪、心态，及其恐惧和拒绝心理。听后心中沉沉的，感受到了作为当代中小学生的苦难和悲哀。大多数教育工作者都是过来人，作为曾经的受教育者也有过类似的感受，但是我们还是希望同学们能够振奋精神、信心百倍地投入到考试当中去，以轻松积极的心态去面对考试。

◆ 案例分析

实例

常听一些同学说，我平时学习还不错，作业也独立完成，可一到考场上就不行了，本来会做的考题也不会做了。在考场上，也常看到有的同学急得满头大汗，还有的同学因紧张、焦虑而晕倒在考场。

解析

考生为什么会出现这样因为过度紧张而导致临场发挥不好的现象呢？有时甚至是昏厥。一般看来，主要有三点原因：

（1）把考试看得太重。如果考生在临考前把考试看成是自己成败的关键，那么临考时心理压力必然加大，在答题时紧张的心绪会使大脑皮层形成一定程度的兴奋，从而造成记忆紊乱，由此导致并加深紧张感，从而出现考场发挥不好或晕场现象。

（2）考生心里没把握。在考试前，如果考生对所考的各门课程掌握得不熟练，临考时往往会出现由于心里没底而心虚的情况，这种情况也会使考生情绪紧张，对于本来熟知的东西也变得陌生起来，会答的也答不上来。考生心里没底说明考生对所学的知识掌握得不够熟练，考试时必然出现紧张感，最终导致考场上心绪紊乱，使仅有的一点把握也丧失了。

（3）缺乏应考经验。对于一些比较重要的考试（例如：高考），一些基本的临场实战经验也是十分必要的，这些经验既包括心理素质方面的，也包括考试技巧方面的。在各门功课掌握得差不多的情况下，临场经验丰富、心理素质好的同学就能充分发挥；而临场经验不足、心理素质差的同学可能就会因一个小的难点而打破处理全局的冷静思绪，从而导致不能很好地发挥已有的优势。

根据以上提出的三点原因，我们也有针对性地给出相应的措施，当然这些措施也是仅供各位家长和同学们参考。

（1）良好的心态。在临近考试的复习时间里，有很多同学都因为长时间的复习而感到身心疲惫不堪。更是有很多同学在考前两三天的时间里抓紧复习，做最后的一搏。这样的做法是十分不妥的。无论考试多么重要，考前的复习是多么的紧张，考前的两三天都应该将自己的这种紧张状态缓解下来，这几天是用来放松精神、好好休息的。此时的"休息"不是睡觉，而是相对于前些日子紧张的背记和做习题，现在的主要任务是静心思考所要考试的内容自己有什么地方还比较薄弱，有哪些地方还需加强，然后利用这个短暂的时间予以攻破，之后轻松上阵。

（2）考试技巧。首先对考卷通读，这个方法是因人而异的。有的学生喜欢对整个卷面有全局性的把握，这是对那些胸有成竹的学生比较合适的。如果对自己的实力没有完全的把握，还要通读试卷的话，则不但浪费了时间，还影响了心绪。其次，做题要有策略性，先是做会做的，不会的直接跳过。因为先把能拿的分数拿到手了之后，心里就会踏实好多，也许经过先前做题的启示，灵感在一瞬间也会光顾自己。最后，对于被跳过去的题目中那些由于暂时出现"忘记"而答不上来的题目，最好不要紧张，因为忘记是暂时的，你可以放到最后解决它。往往当考生把会答的题目都做出来之后，紧张的心情也就得到缓解，这时很可能一下子就想起了那些被暂时遗忘的内容。总之对待暂时遗忘的、想不起来的题目的最好方式是让自己平静。

（3）来一点自我暗示。卷面上出现的题目恰好是自己的薄弱点；由于一时紧张而出现记忆空白，甚至出现情绪紧张，如心率加快、面部充血变红……在此时，考生理智上一定要清楚自己的目标和任务，一定要让自己紧张的心情松弛下来。只有情绪稳定了，大脑的记忆中枢系统才会发挥作用。为了缓解紧张情绪，在考场上考生可以运用自我暗示的方法，可以对自己说："不要着急，稳着点！""要相信自己！""一切都会好的，慢着点，稳着点！"从心理学的角度来看，自我暗示就是向自我发出某种观念暗示自己，使自己的情绪和意志发生作用。在考场上如遇到意外而出现情绪紧张的现象，考生可以不断地向自我发出命令，这样会使情绪渐渐地平静下来。

有一位心理学工作者，他用自己的亲身经历和深切感受提出了关于考试的几点看法，我们在这里分享一下。

◆ 对待考试就像对待家常便饭一样

考试是家常便饭，我们似乎已经离不开它。我要告诉大家：别忘了中国人是喜欢考试的。学校要考，机关要考。就是去当厨师，也要有一个烫金的厨师证，我想以后当保姆，恐怕都要先得到一个保姆证。因此，对待考试，应该像对待家常便饭一样，不要怕它，要树立起信心，确信自己能考好。这样，心里就不会紧张，就会取得好成绩。考试并没有多么可怕，俗话说："真金不怕火炼。"所以只要你平时努力地去学了，那么考试时自然也就不会害怕了。

◆ 工夫在平时，坦然来考试

学习是一项系统工程，是一个漫长的，需要精心策划的，一步都不能忽视的工程。靠的是持之以恒的努力，而不是"拼一拼"就能"拼"出成绩的。所以在平时的学习中，应注意彻底掌握基础知识。这些基本原理和方法技能是分析问题和解决问题的要领和工具。基础越牢固、深刻，在学习新知识、解答问题时就越容易，而且运用越多，掌握越牢。

考试是对每个学生学习成绩的综合检验，同学们既要认真，又不要太紧张。我认为工夫在平时。在考试前几天晚上加班加点，这只是徒劳，因为你这样做不但会睡眠不足，而且脑中记忆的东西太多，就会乱，考试那几天，就会晕头晕脑。所以我觉得大家在平时要抓紧，考试时情绪要稳定，仔细做题就是了。因此，只要平时功夫练到家，关键时刻一击，成功自然是水到渠成的事情。

◆ 考试焦虑死光光

考试是学生的"家常便饭"，可有一部分同学一听说考试或一进考场，就恐惧、紧张、发抖、心惊肉跳、焦虑不安，不是大失水准，就是心乱如麻，还有的甚至晕倒在地，成了"考试焦虑"的牺牲品。期末考试一天天逼近，一部分同学也一天天紧张起来。一想到它就会出现诸如头痛、心跳加快、晚上睡眠不好、上课的时候注意力无法集中、记忆力下降、复习过了的东西很快就忘了等症状，这些都是考试紧张、焦虑的具体表现。那么，大家应如何克服考试焦虑呢？笔者认为应做到以下几点。

首先，端正对考试的认识。考试只是一种手段，并非真正的目的，我们的目的是多学些知识，而考试分数的高低，并不一定能说明我们所学知识的多少，对考试结果要正确对待。一般情况下，考试反映了平时学习的状况，是认识自己学习优劣的好时机。因此，要认真对待，尽力发挥自己的水平。同时，又不要把考试的分数看得过重，因为它不是衡量学习质量的唯一标准。

其次，培养良好的心理素质，树立自信心。人的心理是对客观现实的主观反映，但人绝不是消极被动地接受现实的影响，主观的积极状态可以减弱和消除消极心理的影响。考试中要正确对待考场中的各种因素对自己情绪的影响，树立自信心，不怀疑自己的能力，充分发挥主体优势，消除不必要的顾虑和担忧。

再次，保证充足的睡眠，临考前切勿开夜车。睡眠不足会影响记忆，钝化思维，不利于形成良好的竞技状态。临考前更应坚持文体活动，学习一小时要到室外轻松一下，做深呼吸；因兴奋过度可能无法入眠，可在睡前喝杯牛奶。

最后，充分放松，进行自我调节。在学习的同时，注重劳逸结合。当你不自觉紧张时，不妨伏案闭目休息片刻；也可采用腹式深呼吸20多次，消除紧张状态；也可翻翻夸张、逗趣的漫画作品，使心情开朗，情绪高涨，重新恢复优越感和自信心；还可通过自我暗示，诸如"我能行，我会成功，我不慌"；也可这样想：我紧张，别人也紧张，我有做不出的题目，别人也可能做不出，"两军交战勇者胜"，谁怕谁？若因紧张导致头痛、心悸，不妨双手捂耳，顺时针正揉30次，反揉30次，再用拇指用力揉压太阳穴，会有一种清新感。

◆ 胜不骄，败不馁

当你考试取得胜利时，要保持清醒的头脑，不骄傲，这样才能不断前进，夺取新的胜利。当你考试失败了，应该不灰心，不气馁，不断总结经验教训，就能转败为胜。具体来说，至少包括以下几方面。

首先，正视失败，承认失败。同学们要失败不失志，要有勤奋努力急起直追的勇气和斗志。另外，要勇于承认失败，敢于承认失败，这样，才能从根本上找出失败的原因，才能制订出切实可行的计划，才能反败为胜。

其次，认真找出失败的原因。考试失败的原因是多方面的，如平时学习不够刻苦努力，学习方法欠佳，基础不牢固，试题过深，难度过大，等等。我们要从这些可能导致考试失败的原因中找出失败的真正原因，然后，结合自己的实际，有针对性地制订具体可行的措施，并逐一加以落实。如制订科学合理的复习计划，复习时要劳逸结合，不搞疲劳战术，不搞题海战术，要增加饮食营养，保持旺盛的精力等。

最后，从失败中振作起来。失败并不可怕，怕就怕在经不起失败的打击。怕就怕在甘居落后，不思进取，而一蹶不振。俗话说"失败是成功之母"，我们要认真从失败中吸取教训，重树信心，下定决心，用坚强的意志和顽强的毅力去学习、去拼搏，迎头赶上。一方面，要有"天塌下来当被盖"的气概，要冲破失败的阴影，要有"不到长城非好汉"的斗志。另一方面，要脚踏实地，从基础做起，从点滴做起，夯实基础知识。要虚心请教同学、老师，解决学习中存在的问题。只有这样，最后的胜利才终将是属于你自己的。

学生每一次面对考试，都是面临着一次选择和竞争。在这样一场无声的战争中，不断地锻炼他们的心志和能力。当然我们不能为了考试而考试，应该视考试为形式，它只不过是检验自己学习情况的一个工具，其实还有比考试更为重要的东西。

2.12 学会面对困难：让孩子从容面对挫折

苦难是人生的老师，通过苦难，走向欢乐。

——贝多芬

一个人总是有些拂逆的遭遇才好，不然是会不知不觉地消沉下去的，人只怕自己倒，别人骂不倒。

——郭沫若

人的生命似洪水在奔流，不遇着岛屿、暗礁，难以激起美丽的浪花。

——奥斯特洛夫斯基

种子不落在肥土而落在瓦砾中，有生命力的种子绝不会悲观和叹气，因为有了阻力才有磨炼。

——夏衍

生长在当今世界的孩子们心中是幸福的，同样也是痛苦的。幸福是因为处在知识经济迅速增长的今天，可以在短时间内就使得孩子们快速学习到大量的文化知识经验，痛苦也是因为处在这样一个充满竞争的世界里，时时刻刻都要面临各种各样的挑战。人无完人，更何况是处事未深的孩子们，他们可能会在日常的生活、学习当中面对各种各样的困难和挫折。人们常说一次挫折就是一次历练，处于学龄阶段的小学生，他们可能还不具备足够强大的心志，一旦在前进的道路上受挫，就可能一蹶不振，心灰意冷，对做什么事情都失去了信心。此时，作为父母应该做的是帮助孩子们重拾信心。要让孩子明白困难并不可怕，可怕的是没有战胜困难的信心和决心。

受挫，往往是一种主观感受，它受到个体心理承受能力的制约。以心理学的观点分析：心理承受力强的人，在挫折面前可能向积极的方向发展，直至最后战胜挫折，不断进步；而心理承受力差的人面对挫折束手无策，心理反应趋于消极方面，发展下去会被击败。

一般的心理研究和实证现象都表明，良好的心理承受力都包括以下几个方面。

1. 乐观精神

乐观精神可以使一个人在逆境中保持良好的心态和斗志，已经有许多有关癌症病人因为乐观精神，积极配合治疗，变腐朽为神奇的病例。许多大人也有这样的体验：当心情好时感觉做什么事都特别顺手，心情不好时做事情特别爱出错。一个具有乐观精神的孩子，在遭遇挫折后恢复心态的时间会很短。而且乐观的人有一种最有力的武器，那就是能将压力变为动力，这种优秀的品质也是很多成功人士身上所独具的，正所谓"塞翁失马，焉知非福"。

2. 自信心

自信心是一个人对待自己的积极的评价，如果自己不信任自己，那么遭遇挫折时就会萎靡不振，哪还有去应对挫折、克服困难的勇气和决心。面对同样的困难，经常说"我能行"的孩子与总是觉得"我不行"的孩子处理的力度大不一样，效果也是可想而知的。

3. 意志力

意志力就好比一个弹性极强的牛皮筋，在遭遇挫折时，它能以最大限度的柔韧性承受，在积蓄了力量后，又能以顽强不屈的斗志对抗挫折，百折不挠，生命不息，战斗不止。没有意志力的人空有自信心与乐观精神，充其量只能是一个唐吉诃德，当真正的挫折来临时，他只能对着它咆哮、怒吼，却没有任何有意义的实质性的举动去战胜它。

4. 吃苦精神

"苦"是挫折最突出最本质的特征，如果没有苦也就不能称其为挫折了，吃苦精神是使孩子敢于直面挫折的基本心理素质。当然，吃苦精神应该建立在有对付"苦"的能力上，这就已经不是心理素质的范畴，而是能力培养的领域问题了，我们在后边将要涉及。

5. 独立自主

据说，人可以依赖的时候，就会习惯依赖，一旦失去了依赖，新的办法反而会应运而生，自己的潜力就能发挥出来了。全国十佳少先队员黄思路的父母在她3岁开始学琴时，第一节课就让她单独去老师家，每次去上课时，小思路就得背着一个大枕头（用来放在琴凳上以补充思路身高的不足）独自出门。父母从来不代替思路做她能力所能及的事，两岁学会用筷子，三岁自己洗澡，四岁自己洗头，十二岁时去北京开会，都是她自己买机票，自己整理行李。独立增强了她的自主能力，遇见困难与挫折时思路从不向家长求助或是向困难妥协。

具体而言，家长在家庭教育过程中又应该采取怎样的方式来培养孩子的受挫能力呢？我们可以从这几个方面入手。

◆ 认识自我，完善自我

对于小学生来说，他们的压力莫过于来自家长望子成龙、望女成凤的迫切心理；莫过于学习分数的高低、成绩的好坏；莫过于与同学之间的争吵、意见的分歧；莫过于老师严厉的批评、同学的嘲笑……然而，一个在家被父母娇惯了的"小皇帝"、"小公主"们怎能一下子承受得了这些压力呢？要么与父母调皮；要么与同学打架；要么变得孤僻；要么变得古怪；要么与老师对立等。由此可见，从小养成孩子自我教育是帮助孩子健康成长的关键。

1. 引导孩子正确地认识自我，了解自我

引导孩子正确地认识自我，了解自己的优点、缺点、爱好、性格、习惯等，学会自我调控、自我反思、自觉学习，找出与别人的差距，取人之长，补己之短。只有他们在了解自我、认识自我的基础之上，才能不断地完善自我：正确地对待自己，与他人友好相处，更好地学习，勇敢地面对失败。特别是本来学习成绩不是很好的孩子，他们本身缺乏自信心，导致他们产成自卑感，严重地影响着他们身心活动和学习能力，使原有的聪明才智不能正常地发挥。面对这样的孩子，更加要帮助他们认识自我，了解自我，面对现实，找找原因之所在。在认清自己之后，以清醒的头脑、良好的心态，调节自我，战胜自我，树立信心。要以"失败是成功之母"为动力，迎接新的挑战。

2. 用典型的事例进行自我教育

人无完人，各有所长，各有所好，只要有信心，就会体现自我能行的价值。"相信自己，我并不比别人笨，别人能做到的事，我也能做到。"久而久之，孩子们从小懂得长处要发扬，短处要弥补，这样能促使自己健康成长。

3. 教会孩子内省的方法

在家庭教育中，家长言语难免会伤害学生，在这种情况下，如果孩子没有健康的思想和承受能力，就不能正确面对，就会导致不良后果。特别是一些性格内向型孩子，他们不善言表，更容易造成不良后果。面对这样的孩子，家长要多开导他、启发他，鼓励他们自我检查、反思，使他们了解自己的不足，认识自我的不对，找出与别人的差距和误区以及自己存在的问题。从小进行了解自我、认识自我、完善自我的教育，养成自我反思的良好生存习惯。

◆ 遇到困难，学会解决

有学者曾作过调查，发现 80%以上的小学生上学、放学都是父母或爷爷、奶奶接送，连自己的小书包就是父母或爷爷、奶奶背，这些接送孩子上学的人成了孩子们的书童；有的孩子穿衣、吃饭、洗漱都是父母包办……这样的孩子事事依赖于父母，他们十分娇气，独立生活能力和承受压力的能力差，何谈解决困难、处理问题的能力了。一旦父母不在孩子们身边，遇到困难他们措手不及。借此，家长就应该对孩子进行一些简单的解决困难、处理问题的能力培养。

家庭是孩子们生活的主要场所，父母是孩子的第一任老师，父母的行为、言

谈举止、道德行为，对孩子成长具有决定性的影响，要想让孩子从小健康成长，家长就得对孩子进行一定的受挫能力的培养，不能迁就孩子、惯养孩子、溺爱孩子。要转变教育观念，不要认为孩子只有一个，事事都要顺从；他们人小做不来事，事事都包办。要重视养成教育和习惯教育以及各种能力的培养，要从小抓起，从身边的小事抓起。希望家长随时与教师保持沟通，教育孩子遇到困难不要害怕，要有随时迎接困难的思想准备，学会动脑、用脑，解决身边的小事、小问题，用智慧去战胜困难。

该班的某些学生学习畏难情绪严重，遇到难题家长帮她做，在批改作业时我发现好几次这样的现象。我及时与家长取得联系，让家长意识到这样下去的害处以及帮助孩子解决困难的措施，教育孩子克服困难，要有顽强的意志。要迎难而上，不能遇到困难就退缩。事后我发现这样的情况有所好转了。看来家校坚持配合培养，有利于孩子的健康成长。我相信从小具备健康心理和经受过挫折教育的孩子将来他们会成为生活的强者。

◆ 受到打击，学会面对

人生的致命点就是经受不了挫折的打击，有的人一旦遇到一点小麻烦，遇到一点小挫折，就不能接受，不能正确地对待。有的人是想不通，情绪低落，闷闷不乐，沉默寡言，十分无助的样子；有的人是发泄，性格暴躁，把所有的气都往别人身上发……一个人在生活中总会遇到一些麻烦事、烦心事，总会受到一些大小不同的打击，小学生也不例外。然而多数孩子娇生惯养，在困难和挫折面前哭哭啼啼，依赖家长和老师。如何培养孩子面对家庭、学校、社会各方面带来的打击？这个问题不得不引起我们的关注。

1. 学会面对自己

当自己受到打击以后，要保持清醒的头脑，多想想造成自己受到打击的原因。如果是自己造成的，就要勇敢地面对自己，敢于承担自己的责任，告诉孩子：人无完人，孰能无过。有则改之，无则加勉。知错就改，才是好孩子。

2. 学会面对父母

天下所有的父母都望子成龙，望女成凤。当家长看到孩子学习成绩差时，不懂得教育的父母就会生气地批评孩子，有的孩子不能接受父母的批评教育，对家长产生抵触，甚至向家长示威。这样的孩子思想、行为处于危险的边缘，教师应

快乐是散出来的

加以正确的引导：一是采取开展活动的方式，使孩子在活动中明理，查找自己的不对；二是采取交流的方式与孩子们沟通，理解父母用心的良苦；三是举生活的实例和现象，明辨对错，纠正自己的不良行为。

3. 学会面对孩子

孩子受挫，家长不应该只是指责孩子。孩子的内心在受挫之后也是害怕和无助的，一味的责备并不能解决问题，此时，家长应该与孩子一道分析问题，找出问题的症结所在，帮助孩子重新解决。家长应该以一个发展的眼光看待孩子，不能"一棒子把他打死"，心理学上的"罗森塔尔"效应说的就是这个道理，给孩子足够的信心。

◆ 心中不愉快，学会交流沟通

交流和沟通使矛盾化解；交流和沟通使人愉悦；交流和沟通使人进步；交流和沟通使人健康。只有善于交流和沟通的人，才能做一个真正健康的人。而有的小学生内向，不善于表达和沟通，受点打击，闷在心里，关在屋里，不愿见人。长期下去，思想压力大，包袱重，使其身心不能健康成长。面对这样的孩子，告诉他，要做一个性格开朗的人，心中有什么不愉快的事找伙伴、信赖的人说一说、摆一摆，在交流中对方会帮助你解决疑难、排除困惑。要学会自我排解，学会交流、沟通，争取别人对你的支持、帮助、理解、排扰。切忌有事闷在心中。本班有个孩子，年龄最小，性格十分内向。父母经商，高龄得子，十分惯养这孩子。父母不敢说他的不是，一旦说他不是，他就跟父母大吵大闹，或者当的一声把门关上，哽咽得说不出话来。我知道此事以后，专门找他谈心，开导他，经过开导，他明白；这样下去不但对自己身心健康没有好处，而且不利于自己健康成长；有什么不愉快的事要主动学会与别人交流、沟通，求得别人的宽恕、原谅、理解、帮助。渐渐地孩子懂事了，学会与父母交谈了，父母一见到我就是一席感激的话。事实证明经过挫折教育的孩子，长大后会成为意志坚强的人。

人活着就是要做热爱生活的人。只有那些"热爱丢脸，欢迎挫折，经历痛苦"的人，长大后，才能追求成功，铸造人生的辉煌。

2.13 不要给孩子压力：家长怎么看待孩子的成绩起伏

一般来说，分数能反映孩子的一些情况，父母关心孩子的分数无可厚非。但是，如果父母把学习成绩看得太重，逼着孩子去争高分，殊不知这样会带来许多不良的后果。

其实，考试只是检验孩子学习情况的一种手段，是一项形式单一的检测，这基本上是对孩子学到的书本知识的抽查。分数永远只是个形式和手段。它不能证明孩子真正学到了多少知识，也不能证明一个孩子的品格与才能如何。它不是衡量孩子聪明与否的唯一标准。

为什么说过分看重分数会给孩子造成不良的后果呢？

首先，过于看重分数，会让孩子惧怕考试。有的孩子平时学习成绩很好，但一临近考试就紧张，担心考不好。越害怕越容易出错，也就越考不好。但是父母可能由于工作忙等原因并没有注意到这一点，一味地在考前给孩子施加压力，造成孩子心理上的恶性循环：紧张—考好—更紧张，从而影响了孩子的健康成长。

其次，过于看重分数，有损孩子的自尊心。小学时期的孩子天真纯洁，都有积极向上的愿望。即使学习差的孩子的内心深处也有考第一的愿望。其实，一些平时成绩相当不错的孩子，也不能保证每次都考高分。即使是平常学得很好的功课，如果发挥不佳或者因为某种因素，也可能会考得一塌糊涂。这时如果父母只关心孩子的考试成绩，不问青红皂白，轻则辱骂一番，重则打一通，会使孩子感到委屈，自尊心受到伤害。长此以往，会使孩子自暴自弃，造成孩子厌学。这是每一个家长都不愿意看见的。

最后，过于看重分数，容易造成孩子与家长的对立。特别是低年级的孩子，他不知道父母注重分数是让他好好学习，出发点是好的，他只知道自己没有考高分，会被爸爸妈妈训骂；而得了高分，则会受到父母的表扬和奖励。他也不会觉得父母是爱他，而是容易认为父母喜欢他的高分。这就容易造成父母与孩子间的感情对立。

实例

一所小学地处南方经济发达地区，在校学生的家长基本都是在外做生意。月考刚过很多家长就到学校来了解孩子的学习情况。当得知孩子的成绩非常优秀时，个个都是洋溢着满意的笑容，回家对孩子又亲又爱的；如果知道孩子的成绩不理想的话，不但自己愁眉苦脸，回家对孩子也没有好脸色，甚至是拳脚相加。

快乐是教出来的

其实，这些家长由于不是很了解情况，不分青红皂白地打骂孩子是非常不理智的行为。面对这种情况，应该做的是同孩子一同找出原因。

1. 教育要一如既往

一些家长平时在外地做生意，很少回家。刚到家就赶上月考，于是到学校来了解情况。殊不知，他们的孩子成绩下降其实并不是这次，可能以前就已经下降了，只不过这次才知道而已。家长比较关心的是孩子的学习成绩，注重的是结果，而对于孩子的学习过程就不太关注了。难怪有的学生说，我的爸爸妈妈真正关心我的是成绩单下来的时候。这种忽冷忽热的关心并不能解决根本问题。

2. 家长同孩子一同分析问题

有的家长看到孩子考了高分，当然很高兴了。一旦孩子成绩下降，动辄责怪孩子为什么考了这么低。说实话，孩子又何尝不想考一个令自己、家长和老师都满意的好分数呢？考后的责怪只能增加孩子的心理负担、对考试的焦虑。比较好的做法应该是坐下来和孩子一起分析考试得失的原因，找准病因比治好一次病更重要。

3. 家长应该对孩子进行正确的引导

有的家长得知孩子成绩比上一次下降了才开始紧张起来。其实，平日里应该对孩子做好必要的引导工作。有些孩子经受不住成功的考验，因为几次考试成绩很好，于是乎就骄傲起来，认为自己已经很不错了，就开始放松警惕。正是因为学生自身学习不扎实，导致了成绩的下降。作为家长，当孩子成绩进步时，应该在鼓励的同时提醒孩子学会谦虚，争取不断进步。当孩子学习成绩下降时，也要教育孩子要有正确的心态，迎难而上。

4. 要纵向比较和横向比较相结合

家长让自己的孩子和同学横向比较的时候，往往看不到孩子比以前进步了。将孩子成绩与前几次纵向比较的时候往往看不到孩子超过其他学生的地方。正确地看待成绩，就应该既能进行纵向比较，看孩子的成绩和以前比较是进步了还是落后了；也应该横向比较，虽然孩子这一次分数没有上一次高，但与其他同学比较，排名是前进了还是后退了。

5. 承认孩子存在差距

实际上，上了学的孩子，早已明白学习的重要性和竞争的压力。但每个孩子由于智力的因素，所在学校的教学水平以及自身学习习惯、学习方法和理解能力等的不同，学习成绩总会有差异。父母要做的是认真了解情况，听听孩子的解释，不能武断地得出孩子学习不努力、不用功的结论。要以尊重平等的态度和孩子一起分析、解决学习中遇到的问题，帮助孩子掌握适合的、有效的学习方法，制定适当的目标。

6. 成绩不好时给予鼓励

每个孩子都有不足之处，更不可能每个孩子都考第一名，总有孩子会落在后面。当孩子在考试中没有得到预期的好成绩时，他已经非常难过了。这时候，父母更不要刺激孩子，而要拿出自己的宽容和安慰，一定不要在孩子的伤口上再撒上一把盐。同时也不忘对孩子说"下次努力"，使孩子把目光转向下一次机会。

如果孩子有厌学情绪，成绩非常糟糕，父母也要忍住一时气愤，首先调整好自己的心态，然后给孩子最大的宽容和鼓励，想办法使孩子的目光转向他的长处，增强孩子的自信心。只要有了自信，那么孩子自然而然就会对学习感兴趣，在父母的宽容中找到安慰和继续努力的力量。

当然，我们并不一概反对看重分数，因为分数在一定意义上也能反映出学生掌握知识的程度，反映出学生运用知识解决问题的能力。但是，考试分数高的学生并不表示他们将来走上社会也一定会成才，而考试成绩不好的学生更不表明他们将来会一事无成。

现在社会上，有很多人并没有很高的文凭，但是他们一样有所成就。不是说文化知识不重要，而是说，我们不能忽略了孩子的全面发展。除了分数，孩子的品德修养、性情习惯以及解决问题的能力，都会影响孩子的一生。未来的社会越来越需要有能力的人才，父母一定要注重培养孩子各方面的能力。

2.14　上进心：59与60分的差距有多大

有意无意中，常听到一些父母抱怨孩子不爱学习，没有上进心。的确，上进心对孩子至关重要，有上进心的孩子学习自觉，父母用不着督促，孩子就能很好地完成学习任务。

其实，每个孩子都是求上进的，一个考试得了59分的学生和考试得60分的学生之间的差距又有多大呢？这两个学生的上进心上的差距又是多大呢？答案都是不大，甚至是一样的。60分是一个敏感的数字，因为它是检验学习成绩的重要分水岭，但一次考试，一次不及格并不能说明什么问题。更不能说总是不及格的孩子失去了上进心！殊不知上进心也是需要培养的。

经验告诉我们，许多人智商较高，身体很不错，但却什么也不想学，每天贪玩，有的家长就很失望地下一个结论：朽木不可雕也。实际上，这对于孩子太不公平了，只能说，在这一时期，孩子的上进心比较差而已。

如果一个孩子上进心比较强并且一直保持下去，那么，即使孩子的智商不太高，他也能够持之以恒，取得较好的成绩，将来成为对社会有用之人。如果孩子比较聪明，就是没有上进心，孩子的成绩也不会太理想。因此，培养孩子的上进心是十分重要的。家长要设法培养孩子的上进心。孩子一般都有上进心，但一些孩子因种种原因，受过某种挫折，上进心锐减，最后萎靡不振。有的孩子从来没有领先过，成绩一直平常，没有体验到较多成功的喜悦，从而阻碍了上进心的发展。

家长要分清孩子缺乏上进心的原因，并相应采取一定的方法，从而使孩子成为有上进心的孩子。那么面对培养孩子的上进心这个难题，我们到底应该采取什么样的措施呢？方法可能会有很多，但是宗旨只有一个：认同孩子。

◆ 找到孩子的兴趣点

找到孩子的兴趣点，首先应该放弃家长本身自己的观点。然后观察到孩子的不良行为时，先默念：缺点是特点。然后多点时间与孩子游戏，平等地聊天。尽快取得第一手资料：你的孩子最喜欢什么？

然后，就可以开始测试和培养他的上进心了：对于他感兴趣的事及时进行评价，观察他的反映。孩子一定会对家长的鼓励非常高兴，这便是有上进心的表现了。

◆ 给孩子定一个小目标

对于基础较差而自信心又较差的孩子，为了提高孩子的兴趣，可以先给孩子定一个较小的目标，让孩子尝试一下成功的喜悦，进一步增强自己的自信心，从心理上能够接受这一新的目标。例如，孩子的语文基础不够好，而且对写作文没有上进心，有"破罐子破摔"的想法，上课心不在焉。在这种情况下，家长首先要给孩子讲学习写作的重要性，提高孩子的自信心。在具体学习上，要让孩子多写日记，多积累素材，多练笔，从一个人物，一个场景写起，然后，多给孩子一些鼓励。最后再写老师交给的作业，不断提高写作水平。

◆ 通过事例进行引导

俗话说"事实胜于雄辩"。家长可以给孩子讲科学家等有作为的人物小时候上进心强、从而成才的故事，增强孩子的进取心。事实也确实如此，爱迪生、达尔文、爱因斯坦等小时候学习成绩都不好，长大之后，他们也都取得了不起的成绩，关键是自己的努力。也可以找家长所在单位的事例进行引导，这样，教育就更加有效。

◆ 发现孩子的闪光点

孩子总会有自己的特长，只要耐心地加以寻找，可以从这一特长着手，提高孩子的上进心，让孩子肯定自己的价值。可让孩子讲自己的理想，将来想干些什么，并确定成功的目标。例如，孩子喜欢踢球，就要及时地鼓励孩子，也可以让孩子想象一下成为球星的感受。再让孩子把这种上进心转移到学习上去。

◆ 来点阿 Q 精神，自我欣赏

自我肯定和欣赏是增强自信心的有效途径，例如，回顾自己在一天中值得高兴的事，或数一数过去一个星期的小成就，然后父母向子女祝贺。

帮助孩子培养自信心，方法各异，形式不同。但也有三点要义：一、孩子的不对是有原因的，要善于发现孩子的优点；二、表扬和批评都是必要的手段，但谁都喜欢听赞扬的话语，孩子更不例外；三、贵在持之以恒。

2.15　功利性：父母是否应该对考试设置奖惩制度

为了让孩子好好学习，父母往往会想尽各种办法。他们经常会许诺孩子"如果期末考试分数排名班级前十名，爸爸奖励你一部新款手机、妈妈带你去欧洲旅游……"相信这个暑期会有不少家长忙着兑现对孩子的"许诺"。但是，也有一些家长因为种种原因，无法兑现"许诺"。现在，越来越多地咨询机构接到了数位家长打来的电话，讲述他们"许诺"之后的困扰。究竟应不应该给予孩子物质奖励、如何奖励等问题正在成为家长询问的又一焦点话题。

快乐是敢出来的

实例：智慧的妈妈

一位细心的妈妈发现自己的孩子在学习时喜欢站起来，于是便对好动的孩子说："你是一个聪明的孩子，你能够学得很好。你1小时站起来10回，是不是太多了？能不能让我看到你1个小时只站起来5回？"孩子知道妈妈注意他了，就说："5回就5回。"第二天做作业，果然只站起来了5回。妈妈说："哟，我儿子真了不起，一天就改了一半，进步太大了，我看你站4回也能做到。"孩子说："4回就4回。"慢慢地，孩子做作业时就不站起来了。

这位妈妈还和孩子有了这样的约定：因为孩子特喜欢晚上6点30分看动画片，就给他约定，今天你做作业时站起来在3次以内，你就可以看动画片，超过3次，动画片不能看。 这就是说，达不到某个标准的时候，一定要有所限制，要惩罚，这个惩罚一定要剥夺他最喜欢的事情，这个时候不能心疼孩子，这没关系。但是他达到这个标准之后，你就得奖励他最喜欢的事情。孩子通过这样的调整，慢慢地就习惯了。

上面的实例可以总结出一句话：培养好习惯用加法，改正坏习惯用减法。

心理学上有过一个著名的"雷珀实验"。心理学家雷珀挑选出一些喜欢绘画的孩子，把他们分成两个组进行实验。他对A组的孩子许诺说："如果画得好，就可以得到奖品。"对B组的孩子说："我想看看你们的画。" 两组孩子都高兴地画了起来。结果，A组的孩子得到了奖品，B组的孩子得到了点评。三个星期后，雷珀发现，A组孩子对绘画的兴趣明显降低，大多不愿意再画；而B组的孩子则和以前一样喜欢绘画。

这个实验曾在不同的国家、不同的兴趣组里进行过，实验结果得到了反复的验证。

"雷珀实验"的结果显示，奖品固然能够强化孩子的某种良性行为，但是又存在这样的可能：孩子只对奖品本身感兴趣，而缺乏对被奖行为的兴趣。比如孩子只对金钱、物品感兴趣，而对学习本身没有兴趣。

家长为了激发孩子的学习动机，往往承诺或者直接进行物质奖励，这样反而会阻碍孩子潜能的开发。而且靠物质、许愿等诱发、启动的行为，往往要以不断"升级换代"的新许愿、新物质加以维护。例如，一位家长许诺孩子，考试取得了好成绩就带他去麦当劳吃汉堡，但去了五次之后，孩子再也不愿意去了，对学习也不再热心，家长百思不得其解。实际上，一旦物质奖励维持原状，孩子对奖励目的行为的积极性就会下降。

◆ 家长对孩子要言而有信

小茹是一名三年级的小学生，非常希望家里有台电脑，于是和爸爸约定，只要期末考试能得 95 分以上，家里就给她买台电脑。小茹告诉笔者："这次期末考试我得了 100 分，爸爸真的带我去了电脑城，我们买回了一台 5000 多元的电脑，爸爸讲话言而有信。我也答应爸爸，平时只在周末的时候玩一两个小时的电脑。"

采访中，家长王先生告诉笔者："儿子小鹤上五年级，一直希望有一部手机，我总觉得孩子还小，学校离家又不远，所以一直没满足他的要求。这学期，孩子又提起希望拥有一部手机，于是，我对他说：'只要你期末考试成绩排进班级前十名，就奖励你一部手机。'期末成绩单发下来了，小鹤的成绩进入了班级前五名。为了'兑现'我许下的诺言，一放暑假，我就带儿子去买了一部手机。"

◆ 家长对孩子要慎许诺言

家长王女士是某私企的高级工程师，她说："女儿小媛学习成绩虽然排在班级前列，但常常因为一些粗心的错误影响成绩。为了激励女儿改掉毛病，我提出如果能克服粗心的毛病，在期末考试中取得优异成绩，这个暑假就带你去欧洲旅游。考试复习阶段，女儿粗心大意的毛病有了明显的改善，并且在期末考中取得全班第一的优异成绩。但是，因为我腾不出假期，致使陪女儿欧洲游的承诺落空。女儿从我说出承诺的那一刻起，就一直在期盼着这个诺言能够成为现实。我不知道，女儿的内心深处是怎么想的，我有时担心，这个没有兑现的诺言会不会颠覆女儿对我的信任和尊敬。"

在这里，我们不得不提示一些家长，一诺千金是爱和关怀的表现。在日常生活中，某些父母对孩子的承诺"缩水"，或者有些家长因为一些意外无法对自己的承诺兑现时，一定要对孩子解释原因，讲清道理，直接向孩子道歉。

◆ 履行诺言才能树立威信

家长章爸爸是一所医院的外科医生，他告诉笔者："这学期，儿子的学习成绩进入了年级前十名，我就兑现了自己的承诺，给他买了一部他想要的山地车。每当家里有客人来，孩子都会很自豪地告诉客人，这是自己的'奖品'。我认为物质奖励应有度，家长平时答应孩子的事情，就一定要想尽办法做到。有些家长为了让孩子高兴，常常随便答应孩子的要求，说完后又立刻忘记，这样会在无意中伤害孩子。要知道父母要求孩子诚实的同时，自己首先要做一个诚实、守信的人。家长履行诺言，既能保护孩子的自尊心，也能维护家长在孩子心目中的威信，同时又教育孩子学会诚信。"

◆ 专家建议

一般看来，深受孩子欢迎的奖励有精神奖励、情感奖励、活动奖励和物质奖励等。精神奖励包括对孩子的成长表示鼓励、肯定、满意、赞叹、尊重、佩服和欣赏等；情感奖励包括微笑、拥抱、拍肩、关注、抚摸、鼓掌、眨眼等；活动奖励包括与父母一起去公园、一起玩、听大人讲故事、跟小朋友一起做游戏等；物质奖励包括买冰淇淋、球、书、杂志、特别的零食、玩具、服装等。

采用多种奖励方式，从长远来讲能够更好地达到鼓励孩子的目的。而给孩子主导权，让他们选择一件自己喜欢做的事情，是最受孩子们欢迎的奖励方式。例如，当孩子完成了一件事，需要被奖励时，可以让他选择跟自己喜欢的朋友一起玩、做他们喜欢的游戏或者允许他多看一会儿自己喜欢的电视节目，等等。总之，家长对孩子的奖励要多样化，孩子越大，父母越要注重情感和精神的奖励，一定要尽量避免把奖励局限于"物质"领域。

作为最容易实施的口头鼓励，家长一定不能吝惜。任何奖励都不能代替拥抱孩子这种表示关爱的肢体语言，因为他们对家长的这些举动感受最深。

奖励孩子的三个关键：

（1）奖励要有可见性。孩子只看表面行为，如果父母心里赞扬孩子，脸上非常严肃，在孩子看来就是种"惩罚"，因为他没有能力读懂你的心。

（2）奖励要及时。孩子注意力变化很快，时间一长就会忘了为什么奖励，这样奖励的作用也就失去了。此外，不及时奖励会挫伤他们的积极性和自尊心，因为他们会感到自己在父母心中没有位置。

（3）奖励的目的要明确。父母奖励孩子时，一定要告诉他们原因。如果对为什么得奖不清楚，他就会只关心能否得到奖励和奖励的大小。比如，孩子画一幅画，颜色用得非常丰富、准确，父母奖励了他。如果这时候父母不把原因向孩子讲清，他们会认为是因为画画得了奖励，于是，为了得到奖励，他会大量的画却不会注意画的质量。这样，父母的奖励就没有达到目的。

第3章

做孩子的朋友——快乐交流

法国一位著名的教育家说过：只有环境和教育，才能把牛顿变成科学家，把荷马变成诗人，把拉斐尔变成画家。创造学家史密斯也曾在主张培养创造性的过程中，"教育者的第一作用是设定开发创造性的条件，创造所需的生理、心理、社会及知识环境。"由此可看出，个体的发展是一个非常复杂的生态环境，而家庭则是个体接触到的第一个环境，为了让孩子从一开始就能顺利健康地发展，家庭环境一定要营造出自由、宽松及和谐的成长气氛。让孩子在这种环境中自由驰骋，充分展现他们的天性。在与孩子的交流过程中要允许孩子的固执、执拗甚至是挑剔，因为这些品质都是孩子们创造性的开端。另外，也要允许孩子有争辩。德国心理学家安格利卡·法斯博士曾经证实：两代人之间的争辩，对于下一代来说是走上成人之路的第一步。能够与父母进行真正意义上争辩的孩子往往比较自信、独立和有创造力。

3.1 暗示心理：给孩子一种积极的暗示

儿童非常善于模仿，所以成人的行为就是无声的教育。暗示是教育的一种重要方法，它在培养孩子的性格、学习和生活习惯、品质等方面起着不可低估的作用。作为父母，你注意到暗示对孩子潜移默化的影响吗？你是否采取了正确的暗示方法呢？

实例

1. 一位年轻的母亲去学校接到女儿后，恰巧遇见了买菜回家的同事，孩子的母亲喊女儿跟"阿姨"打招呼。女孩迟疑了一会儿，没有吱声，母亲解释说："这孩子就这样，从小遇事就很害羞、胆怯，怎么教都不会。"同事善意笑笑道："女孩子嘛，都这样。性格比较内向腼腆。"女孩听到后，下意识地闪避在母亲身后，把头埋得更低了。

2. 一对夫妇陪着父母、带着孩子在广场散步。孩子只有几岁大，但非常活泼，趁家长聊天时，从父母手中挣脱后，一个人在旁边玩耍，不小心摔倒在草坪中，父母赶紧跑过去，抱住孩子心疼地问："宝贝，是不是摔得很疼？"孩子的祖辈则当着孩子的面埋怨父母没有照看好孩子。值得注意的是，孩子在摔倒时并没有哭泣，在父母及祖辈采取一系列行动后，"哇"的一声大哭起来，并且越哭越厉害，孩子一会儿说腿痛，一会儿说肚子疼，一直被父母搂在怀里边走边哄。

解析

暗示是指通过语言、手势、表情等施加心理影响的过程，暗示的结果是使接受暗示者的心境、情绪、兴趣、意志方面在潜意识中发生变化。暗示其本质为情感和观念不同程度地受到他人下意识的影响，即心理机制受到外界刺激作用时，在潜意识层面形成一种心理倾向，从而支配个人行为或思想。暗示教育最大的特点就是"暗"，即在潜移默化、不知不觉中影响孩子幼小的心灵。它是一把双刃剑，其作用可以是积极的也可以是消极的。积极的暗示能促进孩子健康成长，培养良好的性格和心态。与说理教育相比，正确的暗示更有利于融洽教育者与被教育者之间的关系，使教育含蓄委婉，无形中培养孩子良好的道德意识和行为举止，以及坚强的情感意志。消极的暗示则是孩子心灵的腐蚀剂，除了让孩子情绪低落、产生自卑和自弃心理外，还可能误导孩子接受某种错误的信息或概念。

具体到上面的案例1，家长以"孩子从小就胆怯、害羞"解释孩子不愿意招呼他人的原因，其实是十分不妥的。不但解决不了任何问题，反而暗示孩子"我本性就是胆怯内向型"，容易让孩子滋生自卑心理，也使孩子默认了对自我性格定型的害羞、胆怯元素，非常不利于孩子人际交往的发展。

案例 2，家长过分担心外界带给孩子的伤害，在表示焦虑不安的状况下，也同时暗示孩子"摔跤一定会很疼痛"、"不应该脱离父母的精心照顾"、"要学会撒娇"等信息，一方面在心理上增加了孩子疼痛的感觉，使孩子变得娇气脆弱，另一方面让孩子滋生了生活中的惰性，丧失面对困难时独立自主的意识，加深对父母的依赖。如果家长能在此时淡淡地说："没关系，自己爬起来吧。"孩子则很有可能若无其事地站起来。

积极的心理暗示带给孩子的是积极的认识和体验。与说理教育相比，暗示教育能融洽教育者与被教育者之间的关系，含蓄而委婉，避免说理教育给孩子带来的压抑感和逆反心理，使孩子于无形中养成良好的道德认识和行为举止，以及坚强的情感意志。据有关调查显示，有接近 90%在品质、意识和智力方面有杰出表现的人，年幼的时期都感受过来自家长的积极暗示。

年纪较小的孩子在心理上具有容易接受暗示的特点，可塑性很强。所以，家长应注意善用积极暗示，避免消极暗示。家长从哪些方面对孩子进行积极的心理暗示呢？

◆ 语言暗示

1. 设喻法

教育孩子时，晓之以"理"，动之以"情"。不一定非要直白地说出来，有时通过设喻、讲故事、做游戏、角色体验等启发孩子，知名人士小时候的成长故事最能起到抛砖引玉的作用。在潜移默化当中为孩子指明了前进的方向。

2. 对比法

在纠正孩子的错误时，家长采用对比的方式，给孩子树立榜样，利用榜样的力量感染孩子，使其不断进步，注意恰当运用暗示性对比，以免伤害孩子的自尊和信心。

3. 激将法

具有较强的好胜心是孩子的天性，生活中家长不妨用暗示性的语言激起孩子的好胜心，也往往能起到事半功倍的效果，促使他很快去完成某项事情或达到某种要求。

◆ 非语言暗示

1. 行为举止

家长是孩子的第一任老师，家长的一举一动、一言一行都时刻影响着孩子，为孩子所效仿。例如，家长自觉排队，用行为暗示孩子，插队的人是不受欢迎的；在公共场所不随地乱丢果皮纸屑，也会让孩子学会自觉把垃圾丢到垃圾桶里。家长良好的行为举止都在无形中暗示孩子正确的道德、行为规范。暗示用得好，就像一阵润物无声的细雨，悄悄滋润着孩子稚嫩的心灵，对于培养孩子规范的举止、优良的品性、良好的习惯具有很重要的意义。

2. 神态表情

神态表情是人的心灵和内在情感的直接表现，家长可借助神态表情给孩子积极的暗示教育。孩子独立完成一件事时，给予孩子赞赏、肯定的眼神，让孩子体会到成功的愉悦；孩子遇到挫折时，给孩子鼓励、安慰、爱抚的目光，让孩子感受到勇气和力量。这些饱含情感和爱的积极暗示，能对孩子产生更大的影响。

另外，大量的实践已经证明：教育儿童时表扬的效果更好，但适当的惩罚也是很有必要的。所以各位家长在表扬与惩罚时，要考虑到儿童的心理发展水平和个性特点。例如：对小学中低年级学生要多采用赞扬方法，对高年级学生应赞扬和批评并用。对自信心不足的孩子应更多地鼓励，对自信心过强的孩子则应及时地提出更高的要求。从性别角度来看，表扬对女孩子作用更大些，批评对男孩子的作用更大些。从学习能力的角度看，表扬对学习成绩差的孩子作用更大，对学习一般的次之，对学习成绩优秀的孩子作用最小；反之，批评对学习优秀者作用最好，对学习差者作用最小。从性格角度讲，对内向的学生采用表扬比批评方法更有效，对外向的儿童正相反，采用批评的方法可更有效地提高学习动机。家长应根据不同孩子的特点，采取不同的方法。

一位成功的教育者必须有一双善于捕捉孩子身上闪光点的"火眼金睛"。给予正面的心理暗示，让儿童乐于接受，改正不良习惯。

3.2 诚实：让孩子学会真诚待人

教育专家们常听到一些家长诉苦说：不知为什么，我的孩子在学校谁也不喜欢，他也不喜欢去上学，成绩也不好，人也变得孤僻、不合群。心理学家告诉我们，任何一个人，只有真诚地待人，建立良好的人际关系，他们的心理才能维持正常发展，性格才能积极、健康，生活才有幸福感。

上面提到的这个孩子，可能是因为不善交朋友，不真诚地待人，在同学中感到孤独，从而对自己没有信心，厌恶学校生活。在这种不良的情绪下，怎能有好的学习成绩呢？因此，让孩子学会怎样待人是必不可少的一种素质要求，它将伴随着他们整个一生，影响他们的成就和幸福，也影响着未来整个社会的文明和进步。

诚然，我们对人要诚，古人云，诚是立人之本，又说："诚之所感，角处皆通。"意思是说，以诚心待人，就会使人感动，所以触及任何地方都会把事情办成。刘备三顾茅庐，终于使得诸葛亮出山，辅佐他创下一片基业，靠的就是一个"诚"字。而如今在孩子的学校和家庭生活中，让孩子学会真诚关心同学、家长和友人是至关重要的。因为希望得到别人的关心和注意是人的心理需要，每一个孩子都应当了解这一点。当孩子感到周围的同学对他十分关心时，他心中便有一种温暖、安全的感觉，就会充满自信和快乐。"投桃报李"，孩子既然受了别人的关心，他同样也会去关心别人，这样，相互间就容易有一种亲密友好的关系了。当然，真诚地关心同学要有同情心，要热情，要设身处地地为他人着想。当班上有同学遇到不幸或困难时，作为家长，要想方设法引导孩子推想：假如我是他，此刻会是怎样的心情呢？让他们站在对方的角度，设想一下他这时的痛苦和烦恼，你就会自然而然地产生出对他的同情和理解。

快乐是散出来的

实例

一位一线工作的教师讲述了这样一个故事：

在我班曾发生了这么一件事，六一儿童节临近了，孩子们都兴高采烈地等待自己节日的到来。但前一周，我们班的徐同学病了。于是，我决定要在孩子们的心灵中唤起对徐同学的同情与担忧。我对他们讲述徐的痛苦：到时候，我们大家围着操场欢歌跳舞，而她一个人躺在家里。我们能不能想点什么办法来减轻一下徐同学的痛苦呢？同学们，让咱们每个人自己亲手制作一张卡片，送给徐同学吧！这个提议立即得到了孩子们的赞成和响应。从孩子们想如何做好这件事的那刻起，我想徐同学已经进入了他们的心中。于是，学生们把自己的事情放在一边，用纸制作兔子，自己亲手画小狗熊等，有的同学为自己没有做好卡片而感到扫兴。总之，每一个孩子都千方百计地使徐同学高兴。结果，徐同学也和其他孩子一样愉快地度过了自己的节日。出乎我的意料的是，这一举动居然产生了良好的效应。这一阵，这位少言寡语，一向不爱交朋友，不喜欢跟人说话的徐同学也能慢慢地主动和其他学生玩，并开始为班级出谋划策了。因此，其他学生都觉得很有成就感。他们在实践中懂得了学会关心别人的巨大魅力。作为培育21世纪建设者的我们，应该教会他们真诚地对待别人，让他们和谐地与人相处，时刻感受到周围人对他们的关心，我深信这点是至关重要的。

如今的家庭的孩子，大多数都是独生子女。他们在家是小皇帝、小公主。由于环境的影响，可能会呈现出自我中心化的意识，不懂得去关心自己身边的人。作为新世纪的接班人，如果没有真诚待人的品质那将是多么可悲的事。作为家长，应该注意培养孩子诚实守信、以礼待人的优秀品质。

因为真诚待人不仅是自身发展的优秀品质，更是未来人际关系友好发展的前提。要做到这些可以从以下几点入手。

（1）真诚待人。尔虞我诈的欺骗和虚伪的敷衍都是对人际关系的亵渎。真诚不是写在脸上的，而是发自内心的。伪装出来的真诚比真正的欺骗更令人讨厌。记住一句话："爱人者，人恒爱之；敬人者，人恒敬之。"

任何人都不会无缘无故地接纳我们、喜欢我们。别人喜欢我们往往是建立在我们喜欢他们、承认他们的价值的前提下的。

（2）你要让别人觉得值得与你交往。要努力提升自己的人格和才能。长期以来，人们最忌讳将人际关系和交换联系起来，认为一谈交换，就亵渎了人与人之间的感情。其实，我们在交往中总是在交换着某种东西，或者是物质，或者是情感，或者是其他。

所以，家长应该教育孩子，在人际交往中无论怎样亲密的关系，都应该注意从物质、感情等各方面"投资"。但在其中，应该注意的是不怕吃亏，不要急于获得回报。

（3）维护别人就是维护自己。让孩子明白维护别人的自尊心，就能够得到别人的友谊。简单地说，就是尊重他人，当与同学发展争执时，要在不伤害他人自尊心的情况下，陈述与对方不同的意见，或者委婉地指出对方的不足，是不会影响人际交往的。

最后，创造一种自由的气氛，让人感觉与你接触轻松愉快，不需戒备，就能够打破人际隔阂，化解矛盾，建立友谊。

3.3 标签原理：避免给孩子贴上标签

一位很有育儿经验的家长曾在自己的博客中这样写到："童年里我们最需要给孩子的是什么？答案是快乐！给孩子一个快乐的童年对孩子的一生都很重要，一个快乐的童年直接关系到一个人成年后的内心是否真正积极健康，一个童年不快乐的人的一生很难真正快乐。给孩子一个快乐的童年是我们做父母的责任；孩子需要一个快乐的童年，但是孩子还需要成长，让孩子更好地成长也是我们做父母的责任。这两种责任是矛盾的，是纠缠在一起的，这是很难回避的一个问题。"

在孩子的成长过程中我们要教会孩子很多东西，加上教育的过程中又不可能一帆风顺，所以长此以往很容易形成本末倒置，我们很多时候是为了教育而教育，而我们的理由是一切都为了孩子。

其实孩子最需要的不是纯粹的教育，而是需要我们在他成长过程中遇到困难的时候协助他一下而已，就是需要一种顺势教育。所以我们不能因为她需要成长与进步就忽略她对快乐的需求。在教育的过程中不能做比较，不要给孩子贴上标签，因为这种行为的本身就是营造孩子快乐童年的大敌。

央视《心理访谈》栏目的心理咨询专家李子勋曾这样说过："孩子的内心与行为我们可能无法全部理解。在我们成人眼里他们太小了，所以对大多数事物根本无法理解。其实这样的认知就等于给孩子贴上了标签。当我们给他们贴上了一种标签的时候，我们就往往会以一种方式看待他们，因而对他们的了解永远无法全面。"

李子勋还举过一个例子，从我们自身来看，我们通常以为白天夜晚是一先一后的两种自然现象。这是一种标签，没有什么不对的地方。其实从地球来看，这只是地球的一个特点，因为太阳照在地球上，必然会有一部分没有照到阳光，这两种现象其实是同时存在的。这又是一种标签，也没有什么不对的地方。还有一个角度，其实从宇宙来看地球的白天与夜晚根本就不算什么了。这还是一种标签，更没有什么不对的地方。

一件事情我们就给贴了三个标签，我们用任何一种标签来看待事物都显得那么片面与绝对。这是人类的惯性思维，我们通常习惯用一种思维来思考，其实是限制了我们对世界的观察与了解。

成人看世界尚且如此，何况对孩子的教育呢？现实生活中，大多数人都太习惯于给孩子贴上标签，殊不知这种贴标签的行为就是以一种方式蒙上了我们的眼睛，因而我们无法正确、全面地去认识和了解孩子的内心世界。

因而在教育孩子的路上万万不可给孩子贴标签。

实例

一位四年级的学生拿着数学考卷回家给妈妈看，妈妈看到孩子算错的题都很简单，就责备孩子："这样简单的题目也会算错，太不应该了。"但是，有的母亲却故意说些带污辱性的话，以刺激自己的孩子，如："你是白吃饭了！这些题连一年级的学生都会做！"

不仅母亲会这样说，在大人的社会里，上级对部下有时也会说，"你当处长几年了？还出这种错误？像个新来的！"这些说法对成人来说，也许能激发人们发愤图强，产生好的效果。但对孩子幼稚的失误，用"真像一年级的学生"、"你还是个婴儿"等言词来加以讽刺，除了给孩子以消极的暗示和伤害自尊心之外没有任何的意义。

一位老人讲述他的亲身经历，这个例子非常好地说明了父母之言对孩子的影响之大。这位老人有两个孩子，女儿今年50岁，儿子今年46岁。老人从青年时代起就非常喜欢画画，并一心想将孩子培养成为职业画家。女儿读小学二年级时便开始学习画画，可是学了一年半却进展不大。某天父亲生气地说："你的智商和一年级的学生一样。"女儿听了就说："那就算了。"以后，无论父亲怎么劝说，女儿再也不学画画了。

当他教尚在幼儿园的儿子学画画时，就改变了方法，每次儿子画完画，他总是称赞儿子："画得好！你是画画的天才。"有了这些激励的话语，儿子很快便热衷于学画画，而且进步很快，小学六年级时还参加了县一级的比赛。以后，儿子上了美术类大学，并成为职业画家。

他们是同样环境中长大的姐弟俩，应该说他们的聪明和智慧不会有很大的差别。可是，父亲的一句评语却产生了完全相反的效果。一个孩子在画画上卓有成就，而另一个孩子对画画却毫无兴趣。

解析

每一个孩子都有成长的欲望，"想成为大人"，"想快快长大"。换言之，孩子在大人、高班生面前，有一种自愧不如的感觉，感到个儿小、力气弱、知识少……

如果我们无视孩子的这种欲望，说孩子的智商像一年级学生、像婴儿，指责他比实际年龄更幼稚，只能增加他的自愧不如的感觉，使他无法从幼稚之中摆脱出来。

现在再来分析一下说四年级学生的智商"像一年级学生"这个例子，这与说"你退步了"是一样的，只会使孩子感到悲观和失望。而且，说四年级学生的智商如同一年级学生，也就意味着给孩子贴上了消极的标签。

本来，当老师、其他人批评自己的孩子"你……都不会"时，作为家长就应鼓励孩子："妈妈绝不这样想，只要你肯干一定能成功。我相信你。"哪怕十个人、二十个人都说不好，只要父母加以肯定，孩子就会信心百倍地去努力。父母否定了被人贴上的消极标签，等于帮孩子卸掉了心理负担。

假如家长首先给自己的孩子贴上消极标签，那么只能使孩子失去自信和干劲儿，受到很大的打击，以致于无立足之地。

孩子处于这种心理状态是最不好的，这不仅影响他的成长，而且使他总在幼稚阶段徘徊不前。即家长说的话从两方面刺伤了孩子，一个是词汇本身的负面效应，另一个是出自孩子最信赖的父母之口的负面效应。

有时大人为了逗孩子笑，就说"你像个婴儿"，从上述情况来看，这种说法也不值得提倡。

3.4 权威效应：教孩子学会和老师相处

在校园里，有很多同学一听到"老师"这个词时最先想到的不是去沟通，而是要如何才能躲远点，尽量不进办公室。在多数同学的心中，老师只喜欢那些成绩好的同学，而成绩落后的好像处在班级的角落中，会被老师遗忘。

事实真的是这样的吗？一位任教多年的小学老师就这样说过：

其实，我也是从学生时期走过来的，在学生时代，在我的心中老师的形象非常地高大，是那么遥不可及，别说交流就算是下课时多把老师看一眼，也会觉得害怕！但是，在我当了老师后我才真正地体会到，为人师其实是多么希望与学生交流与互动，那些批评与指责无非是"恨铁不成钢"的表现，每一位老师都希望自己所有的学生都飞黄腾达。其实世界上除了你们的父母，老师对你们的爱是最无私的，他们毫无保留地把知道的一切告诉你们，只希望你们在人生旅途中走得更加顺利，在老师的眼里只有"学生"这个概念，并没有好坏学生之分，有谁愿意承认自己不可救药了？那么给自己也给老师一个机会，多沟通，多交流。师生之间往往在一些善意的批评和被批评中产生了摩擦，产生了误解，你们觉得老师太严厉，老伤害你们的自尊心，而老师们又觉得你们太不懂事，怎么就是不明白呢？

上面教师的一席话，是真真切切地反映了广大老师们的心声。

作为家长，应该帮孩子建立起对老师的这种印象：老师所做的一切都是为你们好，没有哪个老师是要害自己的学生的！同时要对老师有信心，当遇到解决不了的难题，无论是学习上还是生活上的都可以找老师交流。

老师也是人嘛，只要是真诚的交流谁会排斥呢？比如，你觉得哪位老师讲课时出现了什么问题就可以直接去提出意见，大多数老师是愿意接受学生意见并改正的，这样不但有利于师生关系还有利于你们的学习，何乐而不为？有很多事情可怕在你不试，试试也许你会发现并不是想象的那么难。"长大后我就成了你，才知道那间教室放飞的是希望，守巢的总是你……"

解析

小学生与教师的关系是人际关系中的一种重要关系。与幼儿园的教师相比，小学教师更为严格，既引导学生学习，掌握各种科学知识与社会技能，又监督和评价学生的作业和品行。与中学教师相比，小学教师的关心和帮助更加具体而细致，也更具有权威性。

几乎每一个刚跨进小学校门的儿童都对教师充满了崇拜和敬畏，教师的要求甚至比家长的话更有权威。对小学低年级学生来说，教师的话是无可置疑的，这种绝对服从心理有助于他们很快学习、掌握学校生活的基本要求。但是，随着年龄增长，小学生的独立性和评价能力也随之增长起来。从三年级开始，小学生的道德判断进入可逆阶段，学生不再无条件地服从、信任教师了。他们对教师的态度开始发生变化，开始对教师作出评价，对不同的教师表现出不同的喜好。心理学研究发现，小学生最喜欢的教师往往是讲课有趣、喜欢体育运动、严格、耐心、公正、知识丰富、能为同学着想的教师。

小学生对教师的评价还影响着小学生对教师的反应，他们对自己喜欢的教师往往报以积极的反应，而对自己不喜欢的教师往往报以消极的反应。例如，同样是批评，如果来自于小学生所喜欢的教师，他们就会感到内疚、羞愧；如果来自于小学生所不喜欢的教师，他们就会反感和不满。因此，教师努力保持与学生的良好关系有助于其教育思想的有效实施。

影响小学生与教师关系的一个重要因素是教师的期望。心理学研究表明，教师期望对小学生的成长具有广泛的影响，学生的学习能力、阅读能力和行为表现等都会不同程度地受到教师期望的影响。教师一般是根据学生的性别、身体特征、社会经济地位、家庭状况、兴趣爱好等信息来对学生形成期望的；当教师对小学生有高期望时，就会对学生表现出更和蔼、更愉快，更经常表现友好的行为，如点头，注视学生，谈话更多，提问更多，等待学生回答的时间更长，更经常地赞扬学生。教师对学生的不同对待方式传递着不同的信息，如认为高期望学生的失败是因为没有好好努力，而低期望学生的失败是因为缺乏能力。

由此可以看出，小学生同老师的互动交流是双向的，老师处在绝对的主导地位，但是由于学生数量较多，作为老师可能不能顾及所有的学生，因而家长应该帮助孩子，使孩子能积极地参与到与老师的交流中去。作为家长又应该如何去做呢？

1. 调教好自己的孩子

让孩子积极参与课堂教学活动；理解教师暗示；上课时不乱接下茬、不取笑答错问题的同学；不打断教师教学；回答问题口齿清楚、声音洪亮；干脆利落；学习认真，不马虎；按时作业、认真作业；对教师有礼貌；对老师交代的任务认真完成；干净、讲卫生；有童真；文雅乐观；能管住自己；不狡辩、能作自我批评；上课时不随便说话、不影响老师讲课；无说谎、偷拿等行为；活泼但不放肆；嘴甜、脚勤；助人为乐、人缘好；在老师面前和背后一个样；关心体谅老师；热爱集体、关心他人；不自私自利。

2. 学会与老师合作

全面关注孩子的健康发展；敦促检查孩子的作业；不以繁忙为借口推卸教育责任；不企望教师过度照顾自己的孩子；不将孩子的错误归咎为自己的不是；父母的受教育程度不一定高，但必须讲理；父母有正确的儿童观、发展观；不是对自己的孩子关爱过度；不对自己的孩子自以为是；不自恃高人一等；宽容别人的孩子；与教师对孩子的要求一致；对教师交代的事情积极完成；理解教师暗示及时反馈；配合教师对孩子的教育；不一味责备别的孩子的不是而不作自我检讨；不动辄以向学校报告而向教师施压；不听片面之词而对老师偏激；教师面前和背后一致；不当着老师的面冲孩子发火；不当着孩子的面评价老师；不对教师工作横加指责等。

3.5　害羞：孩子不敢和陌生人说话怎么办

在我们这个社会里，40%的人都存在害羞心理，害羞不能成为一生的负担。心理学家认为，害羞的人可以尝试着融入一个新的社交环境，逐渐克服害羞心理。

孩子的未来80%取决于情商，只有20%取决于智商！

害羞是种很常见的心理反应，是太在乎别人对自己的看法的一种心理。有人将害羞阐释为"孤僻"、"谨慎"、"多疑"。害羞的孩子倾向逃避社交场合，很少主动与人相交。过分害羞更会引起一连串的问题，妨碍孩子正常社会交往的发展。时间长了，害羞的孩子还会表现出内向、沉默、胆小、缺乏自信、没有主见等，害羞的孩子通常会神经过敏、疑惑不安、孤单、沮丧及难交朋友，他们的确需要父母的帮助。因此在孩子性格形成的关键期，爸爸妈妈应该鼓励孩子跨过害羞这道影响人际交往的障碍。

实例

华很小的时候，由于父母两地分居，一直和姥姥在一起生活，直到上学的年龄才回到父母身边（这时父母已经调到一起）。因为华在农村长大，也许是没见过世面，也许是因为教育方法问题，她非常胆小，见人不敢说话。上了学不敢回答问题，不好意思和大家一起玩。华还特别怕到人多的地方去，为此她总是受父母的责怪，致使她很自卑，怕见人，见人不知说点什么好。当家里来客人时，母亲常以"她不会说话"为由为她开脱，以后由中学直到大学，华的社交能力极差。如今华工作已经六七年了，可还是见人没什么话题可谈，经常脸红，前言不搭后语，手不知该往哪放，非常紧张。有时干脆不想说话，华出门时总是像明星一样戴着墨镜，是因为不想被熟人认出。

解析

从表现上来看，华的症状属于典型的"社交恐惧症"。许多人或多或少对跟陌生人接触有些害怕，但是，社交恐惧症患者总是处于焦虑状态。他们害怕自己在别人面前出洋相，害怕被别人观察。与人交往，甚至在公共场所出现，对他们来说都是一件极其恐怖的事情。社交恐惧症患者总是担心会在别人面前出丑，在参加任何聚会之前，他们会想象自己如何在别人面前出丑。当他们真的和别人在一起的时候，他们会感到更加不自然，甚至说不出一句话。当聚会结束以后，他们会一遍一遍地在脑子里重温刚才的镜头，回顾自己是如何处理每一个细节的，自己应该怎么做才正确。

总体而言，华的这种社交恐惧表现就是从小害羞，不愿意与陌生人讲话，一步步发展起来的。一旦一个人存在这样的情况，必将影响其在社会上的适应和工作。因而从小解决孩子的害羞现象是十分重要的。

◆ 耐心教育打开心房

如果发现孩子有害羞、怕生的现象，作为家长切不可急躁，应该从细处着手，慢慢引导。

大人不要要求孩子去做做不到的事，当孩子遇到挫折退缩时，给予正确引导。做到了，给予鼓励及赞美，加强其自信心。

家长可以带孩子参与社交活动。当然在开始阶段尽量避免让孩子接触态度不佳或讲话很大声的长辈，以免吓到孩子，更加退缩。

引导孩子与其他小朋友交往，刚开始大人可随时守在一旁，待孩子打开心房、融入活动时再离开。孩子有害羞、怕生行为表现时，切勿当场给予难堪和指责，增加其挫折和退缩。如果发现自己的孩子在陌生人面前或躲躲闪闪、或惊慌失措、或红脸语塞、或嚎啕大哭……这些都是孩子怕生的表现。

孩子怕生的原因有很多，应根据孩子不同的特点给予帮助，使其尽快转变。

第一，由于现在的孩子大多是独生子女，在家里备受家人宠爱，整天束缚在家庭的小圈子中，与外界没有太多接触，因此在遇到陌生人时会产生恐惧心理，导致"怕生"。他们往往在家中有说有笑，是个"小淘气"，可一出门就成了安静的"小乖乖"。对于这样的孩子，家长应经常陪同外出走走，体验家庭以外的人和事，让孩子不断了解并适应周围环境。久而久之，就会缓解惧怕心理。

其二，遇到陌生人不知如何交际，也是孩子"怕生"的原因之一。年幼的孩子往往缺乏交际经验，面对陌生人，不知说些什么、做些什么，只好保持沉默地躲藏在家人身后，或硬拉着家长离开。遇到这种情况时，家长可传授孩子交际方法。如向对方问好，欢迎他到家中做客。当有陌生的小朋友时，还可以和他握握手，谈谈听过的故事、玩过的玩具、喜欢的卡通。从而使孩子由被动变为主动，逐渐乐于与人交往。

其三，孩子的个性孤僻，不爱与人打交道。这种性格的形成与家庭环境休戚相关，因此家长要从自身找原因。首先，使自己不再沉默寡言、不善交际。而后，可让自己的一些朋友（最好带着孩子）来家中做客。让孩子在熟悉的环境中学习待人接物，与陌生人交往的方法。最后，等孩子适应之后，再外出接触其他人。

◆ 勇敢地找陌生人谈话

哈佛大学心理学家杰罗姆·卡格恩建议，远离害羞，先从跟陌生人交谈开始。研究人员提出，招待酒会和聚会是结识陌生人最好的场所，期间，要尽量多和不熟悉的人坐在一起，并找机会与之交谈。卡格恩说："当我们同陌生人在一起时，害羞要比正常紧张或半信半疑的焦虑状态更强烈。"试想一下，当你能克服这种超常的紧张时，和熟悉的人在一起就更不成问题了。

另外，跟陌生人交谈更能培养独立性，从而帮助克服羞怯。我们都知道，熟人之间存在一定的既定关系，如朋友、亲人、爱人等，面对他们，害羞的人内心会产生一种依赖感、亲切感，自然会感到放松。而同陌生人交谈，彼此之间是独立的个体，这种对等的关系会培养人的独立性。同时，跟陌生人说话要更讲究技巧，锻炼人的交流沟通能力。当独立性和交流技巧提高时，羞怯感也就相应降低了。

羞怯的人如何和陌生人交流呢？和陌生人说话时，你可以先看着对方的某个部位，如手表，然后慢慢地将视线转移到对方的脸上。最后，要理性地看待别人的评价，不要以为别人都在注意自己。除了跟陌生人说话外，还可以进行一些跟陌生人交流的模拟训练。例如，把眼睛闭起来，把空椅子当做陌生人，想象跟他们交流的情景，这样反复锻炼一段时间，你就能意识到，已经在向勇敢迈进了。

研究同样发现，造成孩子害羞、怕生的原因主要有以下几种。

1. 遗传的因素

遗传是导致害羞的间接而非决定性的因素。从婴儿时期开始，就可明显看到有些孩子的确比较敏感，这可能是由母亲怀胎时的身体与心理压力造成的。如果父母本身天生个性属于内向、害羞，又缺少与其邻居、朋友联系的机会，相对的，也会造成孩子害羞、怕生的个性。

2. 不愉快的童年

童年时期的经历，往往会对孩子造成巨大的影响。有些孩子在童年时，因搬迁、父母离婚、家人去世、转换学校、朋友的伤害等种种不愉快的经历，使他们失去较多的社会鼓励，以致变成畏缩、逃避，没有勇气与陌生人相交。

3. 缺乏社会经验

有些孩子因家庭背景或父母忽略，在孤立、隔离或拘束的环境中成长，很怕与别的孩子接触，无形之中也减少了孩子与同伴互动的机会，从而有严重害羞、怕生的倾向。也有些家长过于爱护孩子，事事为他代劳，使孩子在成长过程中，很难有和大家接触的机会，自然也会产生害羞心理。

4. 缺乏自信心

因为孩子本身沟通或接触社会的技巧不佳，或者有些孩子对自己某些缺点羞愧不满，不敢与他人交往。这些都导致孩子缺乏表现自我的信心，而选择以退缩及逃避的行为来掩饰自己的缺点。

5. 父母教养态度

还有一种害羞在心理学上称做"交往退缩"，比如孩子小时候，受到过父母或外人的吓唬；或者孩子有问题来问父母时，不是被奚落一顿，就是要他离开，这些都会造成孩子日后遇事害羞、怕生的情结。

如何解决孩子害羞问题？

1. 增加孩子社交机会

如果孩子害羞是因为从小没有社交机会，父母就应当特别关注他们在这方面的需要。领孩子到亲友家中，或者请邻居或同班较熟悉的小朋友到家里玩，积极创造一种轻松、欢快的氛围，让他们有机会接触人，主要是让他们学习如何与别人交往。也可以让孩子参加一些社会团体活动，为孩子拓展人际关系及社交天地，增加孩子的交往机会。

2.给予孩子适当的引导

当孩子有害羞、怕生情结时，父母应给孩子引导，使孩子有正确的观念，但避免勉强地要求孩子。反之，父母若未能及时给予引导，孩子可能会因为这次经历，而误以为逃避便能解决问题。

3.适时给予孩子鼓励

父母的态度对于孩子消除害羞是很重要的。如果孩子有怕生、害羞的情况时，父母切勿当场给予难堪和指责，事后也要不时为孩子打气，找出孩子怕生、害羞的潜在原因，耐心教导。只要孩子有进步，我们就要给他真诚的鼓励，在的反复鼓励中，孩子的自信心会逐渐增强，会产生被认可、被接受的感觉，有助于消除害羞心理。

4.切忌强迫及否定孩子

有些孩子会因自身的沟通能力或社交技巧不佳，而对某些事情采取逃避的方式。此时，父母千万不要给孩子"贴标签"，例如：对家人和朋友解释说你的孩子是害羞的，会造成孩子的一种自我定义：我是一个害羞的人，这也会成为他将来更加害羞的理由。即使面对孩子的害羞感到很焦急，父母也不要强迫孩子，更不要惩罚或指责孩子，这些只会更加打击他社交的信心。

5.通过童话故事书启发孩子

对于三岁左右的孩子，父母可以通过故事书内容，开启孩子的心扉，以富有趣味的教育让孩子摆脱害羞、怕生的阴影。

6.通过游戏了解孩子并建立自信

玩是孩子的天性，害羞的孩子也爱玩，父母应该注意孩子平时更喜欢玩什么游戏。让孩子参与角色游戏，从游戏中理解自己在日常生活中所能扮演的角色，因势利导，避免用枯燥乏味的说教。父母也可以从游戏中了解孩子的心理，并建立其自信心。同时多让孩子在户外和小伙伴们一起玩游戏。对害羞的孩子来说，尝试玩沙子、抓虫子、拍皮球等"脏脏"的游戏，在台阶上跳上跳下、相互追逐、抢皮球等"危险"的游戏都需要一点勇气。

3.6 顺从：让孩子学会控制自己的情绪

一位儿童心理医生将孩子分为非常敏感型、专顾自己型、好斗型、漫不经心型、灵敏型五种类型。他认为，每一种都可能是健全个性发展的一部分，但是，发展到了极端，就是种挑战。因此家长有必要弄清楚你孩子的类型，才会把挑战转化为力量。

孩子在发怒时，父母应该告诉孩子，你可以生气，但是不可以伤害别人或者拿别人的东西，把孩子带出那种"一触即发"的环境，并试着分散他的注意力。如果在这样的交谈后，孩子还是要发脾气，建议暂时不要理睬孩子，站在孩子附近，但是不要介入，让你的孩子明白你不会被他的怒气所控制。

家长也可以教孩子一些消除压力和怒气的办法。比如到操场去打篮球、扔东西和小狗小猫玩、或者画一幅孩子生气时模样的画给他看转移他的注意力。

专家建议，父母要具备幽默感，放弃那种想要全面控制孩子的冲动，当然，也可以制定一些条规。比如不许大喊大叫、不许用暴力、不许说侮辱人的话等。若违反条规，则作出相应的惩罚。比如取消星期天去公园的安排，减少孩子的零花钱等。帮助孩子学会控制自己的情绪，不是一件容易的事情，父母一定要有耐心和毅力进行下去，因为这对孩子今后的发展非常有益处。

实例

亮亮聪明开朗，就是脾气坏，做什么事都得由着他的性子，稍不顺心他就找茬发脾气。有的时候明明是他不对，但大人还不能说，越说他，他火气越大。看着人小脾气不小的亮亮，家长真不知该顺着他好，还是给他硬扳过来好。

解析

依据这样的情况，我们可以断定的是亮亮是个十分任性的孩子。

其实，每个孩子与生俱来都有着不同的个性特点，但不管哪一种个性的形成都是一个渐变的过程。可能我们都碰到过，在马路上，孩子因为自己的需求没有得到满足就大哭大闹，甚至躺在地上哭叫着打滚。这种情况下，多数家长总是以无奈地顺从，来维护自己在公众场合的尊严，而孩子却从中获得了以哭闹来"要挟"成人就能够"胜利"的经验。

可见，正是我们平时把对孩子的爱都转化成了对孩子的百依百顺、有求必应，才会导致孩子的任性。突然有一天，孩子的一个愿望没有得到满足，他们就会有心理上极大的不适应，表现为以上情感的冲动和行为的失控，并会用已有的经验让大人屈服。日久天长，孩子越来越任性。

但是，如果家长经常用指责训斥的粗暴方法压制孩子，容易使孩子产生逆反心理，他们会以执拗来对抗粗暴、发泄不满，同样不利于孩子控制情感和自己的行为，也会使孩子形成任性。

专家建议

对于孩子的不合理要求绝对不能满足，迁就和顺从孩子的不合理要求，实际上是助长他们的"以自我为中心"。这种自我意识的无限膨胀，容易使孩子变得自私自利，完全不懂得对父母的感激，认为一切是理所当然的。因此，父母要拒绝孩子的不合理要求，让孩子明白，这个世界并非可以为所欲为，应该学会控制自己的欲望。一个不曾被拒绝的孩子长大后是经不住挫折考验的，为了孩子的幸福，父母应施以理智的爱，学会对孩子说"不"。

孩子成长变化得很快，假如只是一味事事顺从孩子，孩子以为父母会满足他的所有要求，认为父母可能有些怕他，所以他想怎样就怎样，有时甚至会根本无视父母的存在。他会以自我为中心，变得自私、无理，想干什么就干什么，不懂得与他人合作。

1. 降温处理

当孩子一意孤行时，我们可以暂时不予理睬，避免在气头上把本想制止孩子不听话的行为变为"不信我就管不你了"的较量和在孩子身上发泄怒气，也不给孩子因"火上加油"造成继续发作的机会。我们对孩子当时的行为不作出反应，给孩子造成一个孤立的环境，让他体验不讲道理是无助的，发脾气是行不通的，让孩子从家长平日的热情关怀和对他发脾气的冷漠态度的变化中受到心理的惩罚。这种心理惩罚会使孩子的情绪慢慢缓解，待他情绪稳定之后引导他自己说一说大人为什么不理他了，从中明白为什么不对的道理，帮助他提高自我制约能力。

2. 曲线帮助

在家里营造民主的气氛，给幼儿提供协商家事的机会，如商量周末的安排、外出去哪里等。父母可以有意识地说出不同的想法，并在尊重孩子合理意见的同时放弃自己的想法，让孩子体验到自己的意见是对的就自然会被接受。

3. 言出必践

父母对孩子承诺的一定要兑现，对孩子禁止的一定要坚持。不能因为自己情绪好或者事情小而迁就孩子，这样才能建立父母的威信以及和孩子相处的规则，让孩子明确地感到父母言出必践。孩子所以耍赖，是因为他认为这样可以左右大人，如果父母让他确信耍赖无效，他以后就不会耍赖了。

4. 真挚关爱

在拒绝孩子的不合理要求的时候，一定要兼顾两点：其一，让孩子明白为什么不能这么做；其二，让孩子感到父母对孩子的爱意。比如，不买奢侈品或者多余的玩具，是因为要保证孩子上学和全家的支出，是因为"虚荣"、"奢侈"对人是有害的。满足孩子所有合理的需要是父母的爱和责任，拒绝不合理的要求也是父母的爱和责任。

5. 一致教育

孩子常看父母"脸色"行事，一旦父母表现不一致的时候，孩子会趁机再次放纵自己，因此，父母应该依据孩子可接受的是非观、行为准则、道德规范进行晓之以理的教育，并重在表扬与鼓励。

另外，家长尤其要注意，坚持两个原则。

一是绝对不要斥责或打骂孩子。二是紧紧拖住孩子，不要让孩子撒野毁物和自毁。在这里，第一个原则是十分重要的。因为斥责等于火上加油，适得其反。特别是家长火冒三丈，怒不可遏的样子，等于是孩子发脾气的"榜样"。须知，柔能克刚，而刚却克不了柔。

第二个原则的着眼点，在于用骨肉之情和善良的愿望，帮助孩子控制难以自制的情绪，让他一动不动地待上五分钟，爆发的情绪就会平息下来。待孩子发过脾气后，应同孩子谈心，教育孩子认识发脾气的危害，学会以理智控制感情。平时，对孩子提出的合理要求应主动地给予满足，不合理的要求坚决不能满足，怎么撒野也不行，让孩子明白：凡事必须讲道理，无理寸步难行。

对人小脾气大的孩子，除及时接受感觉统合训练外，父母教育口径必须一致，切忌南辕北辙；教育务必坚持，坚持一段时间，情况就会好转。

3.7 孤僻：让孩子勇敢面对挫折

所谓挫折，是指人们为满足自己的某种需要，在追求达到特定目标的活动中，遇到了无法克服或自以为无法克服的障碍和干扰，使其需要不能获得满足时所产生的紧张状态和消极的情绪反应。一般而言，容易受挫的儿童往往或多或少地表现出以下的一些特点：如追求不切实际的目标；对追求目标过程中可能遇到的困难缺乏心理准备；能力不足，遇到困难不知如何应付；缺乏自信，把困难夸大成不可逾越的障碍等。

实例

河北石家庄的一位家长曾打电话询问儿童成长热线：我女儿今年上二年级。我发现她面对困难时的态度有点问题。只要是她觉得解决不了的问题，她就逃避；稍微有点儿难度的题目她就放着不做；学校里的手工作业带回家，她说太难了，爸爸帮我做吧。搞得我们都很无奈。

解析

如今，在优越环境中长大的孩子，可能存在一些对他们今后发展极为不利的心理因素。例如，害怕困难、害怕挫折以及缺乏承受挫折的能力。这些问题已经逐步引起了广大家长和教育者的关注。

因此，在平时的家庭教育中，家长应努力帮助孩子为应对生活中的挫折做好准备，在教育中注意遵循以下原则：

1．给孩子合理的期望，培养孩子正确地评价自我的能力

每个孩子都有自己的长处与不足，家长应有客观的评价，并据此对孩子的成长提出切合实际的期望，激励孩子向恰当的发展目标努力。如果家长只看到孩子的优点而无视他的缺点，孩子就会对自身的不足缺乏认识而骄傲自满，不能接受失败；如果家长对孩子抱有不切合实际的过高期望，就会增加孩子的心理压力，使孩子不敢面对失败；当然，家长如果总是挑孩子的毛病，动辄就是贬低孩子，对孩子不抱期望，也同样会伤害孩子的自尊。这样，孩子也会缺乏自信，逃避困难以求避免挫折。总之，家长对孩子不合理的期望，无论是过高还是过低，都会阻碍孩子对自我进行客观的评价，使原本不应引发挫折感的事件如正常的失败或稍加努力就可以克服的困难，都可能让儿童产生挫折感。

2. 给孩子树立榜样，培养孩子克服困难的信心

大量的心理学研究表明，榜样学习对儿童行为的形成和改变有显著的影响。给孩子树立不畏困难、战胜挫折的榜样，不仅有助于增强儿童勇敢面对挫折的信心，还可以向儿童揭示出这样的道理：对任何成功者不应仅仅羡慕而更应敬佩和学习，世上没有唾手可得的成功，只有在挫折中不断进取的人，才能摘取成功的桂冠。在日常生活中，家长应在有意无意中向孩子讲述一些名人在挫折中成长并获得成功的事例，并让孩子以这些名人为榜样，不畏挫折。儿童生活中最好的直接榜样就是家长。"身教胜于言传"。家长对待挫折的态度和行为也会在潜移默化之中影响孩子的态度和行为。孩子也可以成为自己的榜样。比如，对孩子战胜挫折的经历，家长应指导儿童将其记录下来。这样，当孩子以后又面临挫折时，可以提醒他看看这些记录，向自己学习。

3. 做孩子的"顾问"，培养孩子的自立精神

能力有限的孩子，一遇困难就无力应付，时常会被挫折压得垂头丧气。能力强的孩子，善于解决问题，不易受挫，而且即使受了挫折，他们也能积极地从其他途径寻求解决问题的方法或补偿措施。儿童的许多能力是在解决问题的过程中形成的。当儿童面对问题时，父母不应以"决策者"的身份越俎代庖，替孩子做决定、执行决定。而应以"顾问"的身份向他们提供建议，对他们的选择提供咨询，教给孩子一些克服困难的方法，最后由儿童自己做决定并实施。这种教育过程不仅可以培养儿童的能力，而且还能培养儿童对自己行为负责的精神。

当然，培养孩子自立的能力和精神并非一朝一夕之事，家长应当重视在日常生活中，通过让孩子独立处理与自己生活有关的各种"小事"来丰富孩子的处事经验，使孩子从这些经验中获取自立的能力和精神。那种缺乏独立应对生活经验，"衣来伸手、饭来张口"的孩子，往往是不敢面对困难、易受挫折的。一个来自四川的少年大学生，因为没有父母的照顾就无法独立生活而休学回家。当接到学校要他返校学习的通知时，他不敢面对即将来临的独自生活而跳楼自尽。面对这样的悲剧，我们应当惊醒。尽管这是一个极端的事例，但它确实提醒我们，不能轻视那些洗自己的衣服、整理房间等日常"小事"。因为这些小事正是培养孩子自立的能力和精神，提高孩子应对挫折的能力的一个重要途径。

4. 给孩子锻炼的机会，培养孩子战胜挫折的勇气

人这一辈子不遇到点困难和挫折是不可能的。为了让孩子在今后的生活中少

吃苦，在孩子成长过程中，家长要做的是要精心设计一个有益的教育环境，使孩子在成长过程中适当地吃些苦头，培养他战胜挫折的勇气。有了这样的准备，孩子才可能在今后少吃苦。不少家长也懂得这个道理，也教育孩子要不畏艰险、勇敢坚强，但这种教育往往只是停留在口头上，家长既不忍也不敢将孩子置于困难之中。然而，面对挫折能够坚韧不拔的性格仅靠说教是无法培养的，儿童必须经历挫折才有可能战胜挫折。所以作为家长，应该在平时适时地创造一点困难让孩子去面对，其实现实生活中对于孩子来说的困难有很多。比如，学校里孩子参加有挑战性的体育项目，家里对孩子来说力所能及的各项家务，等等。采取这些方式远比通过简单的说教来培养孩子的受挫能力要好很多。

3.8 愤怒：孩子老是跟小朋友有冲突，怎么办

小学阶段的孩子，"爱"和"憎"都是赤裸裸的。他们可能因为没有分到好吃的糖果而与小朋友争吵或者打闹；也可能因为一块橡皮而大动肝火。所以面对这些冲突事件，孩子头脑发热了，家长可不能发热，采取一些极端的、不必要的报复行为；更不能让冲突升级，将孩子之间的小打小闹升级为家长之间的喋喋不休！注意，孩子可能正在旁边看着呢！

因此，孩子之间出现了冲突和矛盾，家长切勿感情用事，一定要采取有效的措施予以解决。

1．家长要了解孩子容易出现冲突的原因

小学阶段的孩子之间发生冲突，一般都是普通事件，并没有孩子会蓄意伤人。而且孩子之间的打闹也不会造成什么样的伤害。发生冲突的原因可能有：

（1）同学之间不与人分享；

（2）莫名奇妙地乱抓、乱打；

（3）自私、孤僻的孩子可能会引起其他的孩子的试探性接触而引起的冲突。

所以，孩子之间的冲突大多数是因为不合群而造成的，家长大可不必将其视为暴力事件。

2．家长也要了解冲突背后孩子的心理世界

如果自己的孩子总是会引起冲突，家长则应该从冲突背后可能存在的原因寻找突破点，实践中发现，常常发生冲突的孩子总是集中在那几个人身上。

（1）社交能力不足。有些孩子总是和别人发生冲突，可能是自身处事能力不

足造成的。如与其他小朋友一起玩耍时过于利己，不懂得分享，这样必然导致其他小朋友的不满，从而导致冲突。此时，家长应该教会孩子合适的处事方式，让孩子懂得给予和得到的道理。

（2）借麻烦引起父母的注意。现在有很多妈妈是职业妇女，晚上一家人相聚，孩子总是会迫不及待地把白天的见闻讲诉给父母。有时，为了博取父母的心疼、焦急，孩子会夸大发生的事。因此，父母在听完孩子的抱怨之后，最好能再和老师求证一下。如果孩子所言属实，就得和老师商量处理的方法。如果发现这只是孩子用来引人关注的方式，家长可以充耳不闻，表示不感兴趣。

3. 家长可以从以下几方面来培养孩子的能力

（1）了解事情的原委。在了解事情的前因后果，同孩子一道找出发生冲突的原因。孩子在向家长讲述时，家长要冷静地进行判断，然后安抚孩子的情绪。并且帮助孩子分析自己的过失。

（2）培养孩子的交际能力。家长平日里要多鼓励孩子交朋友。与此同时，家长不要过多地干涉孩子交朋友的自由，放手让孩子去面对自己做的事情，和小朋友友善相处。也不必害怕自己的孩子吃亏。孩子在学校里朋友越多，自己就会变得越开朗，也不会遭人欺负。

（3）培养自信勇敢的性格。一位家长说："女儿经常被小朋友欺负，说欺负可能严重了点，不过是被谁碰撞一下或者被人抢了东西，这可能与她胆小、内向的性格有关。今年以来，我开始有意识地带她参加一些活动，见见世面。她的性格变得活泼和大胆了，也因此很少被同学欺负了。我认为，孩子会不会被欺负，自身的性格很重要。自信勇敢的孩子，即便遭遇冲突事件，他也有能力自行解决。"

（4）尊重和关心别人。要让小学生成为一个受人欢迎的人，就要教育他们去尊重别人。尊重一个人就要努力去发现他人身上的优点，用欣赏的态度去关注别人。要认真并且用心听别人讲话，关心别人，当别人有困难时，主动伸出援助之手。

（5）要有包容之心。在与同学交往时，不但要热情诚恳，谦虚友善，也要有一颗包容之心。同学之间，由于性格、生活等条件迥异，相处时难免有矛盾冲突，这就要教育孩子们要有宽容的胸怀，善于化解与同伴之间的冲突。别人成功时，为他鼓掌，别人失败时，给他安慰，做一个真心的朋友，同样你也能赢得更多的友谊，拥有更多的好朋友。

快乐是敖出来的

94

3.9 暴力：孩子爱打人，怎么办

实例

辽宁锦州的家长向心理专家咨询：我的儿子与学校的同学关系不好，经常和他们打架，为此我和爱人没少操心，老师和同学家长也找过我多次，我试过好多办法但是不管用。

河北邯郸的王女士曾这样说道：我儿子已经上二年级了，小时候他不太和其他的小朋友玩，性格有些孤僻，也可能是在家里我们大家都宠着他的缘故吧。前天我下班还没等到家，我儿子就趴在窗户上大声地告诉我："妈妈，今天我把××同学给打了！"

看他的样子还很得意。我随即很严肃地训斥了他一顿，告诉他要和同学团结。但他根本不认为打人是不好的做法，他还强词夺理说，谁让他不借我文具盒呢？这种情况在校外补习班的时候也经常发生，我现在都不好意思去开家长会了。

解析

从上面的例子当中我们可以看出，有些孩子有喜欢打人的坏习惯。只要他们有空，他就会找各种各样的理由、借口，任何方法，随时与人打架。我们可能会认为这样的孩子具有攻击行为。所谓的攻击行为就是当欲望得不到满足的情况下，采取有害于他人、毁坏物品的行为。常见的儿童攻击行为有：

（1）好胜心强，喜欢与人争执。这类孩子见不得别人比自己强，事事好与人争第一，一旦同学在某个方面超过自己他就会表现出反常行为，与人争执、打斗，发泄内心的不满。

（2）爱惹事，自控力差。这类孩子平时管不住自己的手脚，言行举止不分时间、场合，课堂上坐不住，爱惹是生非，影响其他同学，课间常因自控力差而与同学发生摩擦，导致出现攻击性行为。

（3）情绪不稳定，好冲动，时常乱发脾气。这类孩子往往在家中娇生惯养，家长拿他没办法，稍有不顺，便要性子，自我意识强，容不得别人的批评。

综上所述，可以判断此学生还不具有攻击性行为，而是一般的打闹行为，他通过有效的心理咨询教育是可以逐步改变的，能够改好的。

◆ 教养方式

孩子爱打人行为除了上面提到的几种之外，可能还有很多。比如，有的是对曾伤害或激恼过他的行为的"捍卫自我"的反射行为；有的是对电视中英雄主角形象的模仿；有的是因受到父母或周围人的冷落而为引起大家对他的注意和关注。不论原因如何，作为家长都要对此有正确的处置之道。

1. 尊重孩子的独立人格

家长要尊重孩子的独立人格，在充分肯定孩子长处的同时，也要接纳孩子的缺陷和不足。当孩子犯错时，作为家长要以宽容的气度与孩子进行交流，才能达到较好的教育效果。苏霍林斯基说过："赞美差生极其微小的进步，比嘲笑其显著的劣迹更文明。"

2. 改进教育方法和态度

要避免对孩子过分溺爱或放任，及时惩罚孩子的打人行为，使孩子迅速得到关于打人的反馈，且要让孩子知道错在哪里，应该怎么去做。

3. 莫让矛盾升级

小朋友之间出现这样或那样的矛盾是不可避免的，在矛盾发生时，当事人与肇事者情绪处在极度亢奋或对立的状态，作为家长，首先应该保持头脑清醒，还要科学分析事件，作出慎重的处理，教育孩子时，必须以理服人、言之有理、言之有据、言之有情，切勿高声责骂，或者在事件清楚之前做出定论。

4. 鼓励孩子良好的行为

其实，养成良好习惯最快速有效的方法，是建立在既有的良好行为模式上，所以，对孩子偶尔表现出来的友善行为及时给予肯定，培养友善行为的积极性，正面引导孩子的行为。避免负面的过多影响。

5. 批评要有技巧

当孩子和小朋友之间发生冲突后，惩罚与批评要就事论事，切勿出现类似"我看就是你！"的话语，以免影响孩子的自我评价。惩罚过于严厉的话，会挫伤孩子的积极性和创造性，甚至产生逆反心理。可以采取取消孩子权利的方式，如一天不能出去玩，或者不能吃冷饮等。也可采取"冷处理"的方式，给他充分的时间思考自己的行为。

6. 情绪宣泄法

按照精神分析的观点，攻击行为是本能的一种表现方式，如果不向外表现出攻击性，就可能向内表现为自残行为。因此，家长可以适时地组织一些消耗能量的游戏，如体育游戏，让孩子参加一些丰富多彩的活动，帮助孩子减少内心的消极情绪积聚，适当允许孩子大哭或大叫。

第4章

做孩子的玩伴——快乐游戏

　　游戏是学龄期儿童的一项重要活动。在游戏过程中儿童逐步发展出自己的各项生理和心理功能。例如，小学低年级儿童在互相追逐和打闹中逐步完善各项运动协调能力，使身体的各部分肌肉的紧张和舒展自动化、协调化；三、四年级的儿童在与同伴的游戏过程中逐步形成自己的交际圈，开始有了较为明确的交流对象，有了集体归属感，进而形成班级荣誉感；小学高年级的孩子在游戏中逐步形成较为稳定的友谊，体验信任和责任，使得其情感的发展逐步向更高级迈进。除了这些方面之外，更重要的是儿童在游戏过程中体验到的失败、沮丧、成功、挫折、互助等心理体验，为儿童今后各种优秀心理品质、人格特征的建立和发展奠定了坚实的实践基础。

4.1　好强心理：让孩子觉得自己能做得比别人更强

　　争胜之心，人皆有之，成人与儿童概莫能免。好胜心太强，被严重扭曲，就会成为嫉妒心的重要成因。嫉妒心的形成很复杂，既有先天遗传，也有外在环境影响。嫉妒心是典型的小人型的人格，会给个体生命带来痛苦。

实例

　　一位家长描述自己女儿的好胜心：

孩子考试成绩发下后，家长都会打听其他人考得如何。女儿过去总是把成绩低的同学的情况说给我，我总说她，要向好同学学习，不要和差的比。她默然。上了四、五年级后，成绩下来后，我和妻子对于成绩情况不太刻意打听，她告诉我们时，顺便问一下其他人的成绩，很少发表评论。久之，女儿成绩考得差时，她会低落地说，这次没考好。我们很少给予责备。有时成绩差时，她有时会抱怨，为什么不给她报名参加课外辅导班。我听了，暗笑，女儿还是有好胜心的，好胜心会激发学习动力，这时因势利导，参加课外辅导班，才会有成效。

女儿和我们几乎是无话不谈的，从她那里，我知道了其他家长的一些做法。每次成绩公布后，家长们总是询问其他人的成绩，碰到孩子成绩不太突出时，会严厉批评，时间久了，孩子只会告诉成绩比自己低的同学的情况，成绩高的同学的情况，则谎称不知。其实，每次考试，第一名只能有一个，如果太强调孩子成绩的排名，如果孩子的资质平庸，后天又不刻苦，只能是徒增烦恼，片面加大孩子的压力。这样的结果，就会异化儿童的争胜心，甚至形成嫉妒心，这对儿童的未来成长很不利。

解析

家长应该注重对于孩子人格的培养和塑造，是培养一个争强好胜、功利至上的人格，还是培养一个宽容厚道、品性善良的人格。其实，无论选择哪种人格类型都是可以的，关键是看孩子适合哪种类型。联系本实例，作为一般的家长都会选择宽容厚道的人格品质，因为要想有一个真正幸福的生活就不应该偏重物欲。不偏重物欲并不代表没有一颗争强好胜的心。

小学生的天性就是好强、好胜、不服输，具有较高成就动机的孩子就有获得优异成绩的强烈欲望。具有强烈成就动机者，精力充沛，探新求异，全力以赴地欲求成功。一般地说，孩子越自信，好胜心越强，其成就动机也就越强烈。反之，越自卑，缺乏好胜心，则其成就动机就越弱。

成就动机是个体在社会学习中逐步形成的。对年幼儿童（低年级）来讲，培养成就动机主要就是培养其好胜心。好胜心是指敢于竞争、力求取胜的、积极向上的心理品质。家长应根据儿童心理发展特点，设法使其体验成功的乐趣，并采用儿童能够接受的方法，不断引发他们的好胜心。

对儿童好胜心的培养要从小入手，当然在这中间也要注意以下几点问题。

1. 自信、明确目标

成人应经常向儿童提出明确的目标，让他经过自己努力去达到。这个目标不能太高，必须是儿童经过自己一番努力能够达到的。这对激发儿童的好胜心，增强自信是很重要的。应该让儿童懂得任何事情必须样样靠自己，事事做到底，才能展现一个人的本领。如让孩子玩积木，成人只需提出一个目标："搭一座大桥。"然后，让他自己动手，直到搭好为止。当他完成任务，达到了目标，就及时表扬，让他获得成功体验。同时，还应激励他进一步学习新知识，解决新问题。

2. 竞争意识、尽力争取

在游戏活动中组织各种类型的比赛，鼓励儿童敢于竞争，争取优胜成绩，不甘心落在别人的后面。当儿童能较好地完成一些较难任务时，应及时赞扬，乃至奖励。使他获得完成较难任务的体验，从而逐渐转化为好胜心。

要允许儿童在完成一项任务时失败、犯错误，使他不断解除对失败的恐惧心理。为了培养儿童的好胜心，大人应对孩子说："只要自己尽了最大努力，就是失败了也没有关系。"家长应要求孩子尽量不说"我不如别人"、"我学不会"、"我不会做"之类的话。因为这只能使孩子失去探求新事物的勇气和力量，对培养好胜心是极为不利的。

3. 创造条件、循循善诱

父母应有较强的成就动机，这样才能对其子女产生积极影响。因为父母的成就动机可为孩子的好胜心提供样板，同时也为孩子提供良好的家庭气氛，这种气氛能强烈地诱导儿童的好胜心。

如玛格丽特·撒切尔夫人本是一位默默无闻的小杂货商的女儿，可是她竟成为英国历史上第一位女首相。她的崛起引起了世界各国的瞩目，被称为当今"世界第一女强人"。她的成功与她的父亲是分不开的。正如她当选首相时所说的："我父亲的教诲是我信仰的基础，我在那个十分一般的家庭里学到的教诲，正是我赢得这次大选的武器，这次获胜归功于我的父亲。"

撒切尔夫人的父亲罗伯茨是一个白手起家的杂货商，他对女儿寄予厚望，希望她能在社会上有所作为。为此，当撒切尔夫人 5 岁开始上学时，父亲特地把她送到条件较好的学校，从不允许她说："我不会"或"太难了"之类的话，父亲经常鼓励她读有用的书，有时还带她去听演讲和音乐会，给她讲各种有用的知识。她父亲从小就教她不要迎合别人，常对他说："千万不要人云亦云，你自己要有主见，而且还要设法让别人跟着你干。"父亲的话在撒切尔夫人的幼小心灵里深深扎下了根。同时，父亲的严厉、好强的性格对她的影响也很大。

从撒切尔夫人成长为一个杰出政治家的过程中，我们清楚地看到她父亲的成就动机对撒切尔夫人的终身影响。

4。2 成就感：鼓励孩子，让他们觉得自己做得很好

美国心理学家罗森塔尔做了一项实验，研究教师的期望对学生成绩的影响作用。

> 他来到一所乡村小学，给各年级的学生做语言能力和推理能力的测验。测完之后，他并没有看测验结果，而是随机选出 20%的学生，告诉他们的老师说这些孩子很有潜力，将来可能比其他学生更有出息。8 个月后，罗森塔尔再次来到这所学校。奇迹出现了，他随机指定的那 20%的学生成绩果然有了显著提高，他们的成绩非常优秀，成绩远远高于其他学生。

为什么会出现这种情况呢？答案是老师的期望起了关键作用。老师们相信专家的结论，相信那些被指定的孩子更有前途，于是对他们寄予了更高的期望，投入了更大的热情，更加信任、鼓励他们。这些孩子感受到教师对自己的信任和期望，自信心得到增强，因而比其他学生更努力，进步得更快。罗森塔尔把这种期望产生的效应称为"皮格马利翁效应"。皮格马利翁是希腊神话中的一位雕刻师，他耗尽心血雕刻了一位美丽的姑娘，并倾注了全部的爱给她。上帝被雕刻师的真诚打动了，使姑娘的雕像获得了生命。

科学家爱因斯坦说过："最重要的教育方法就是鼓励孩子去实际行动。"日本教育家铃木镇一认为，对于孩子的教育，父母首先要以爱心和热情去努力培养他各方面的能力，要鼓励和赏识他，而不是一味地用责备和打击逼迫他去"听话"，因为在威逼和恐惧中长大的孩子只能变成怯懦和虚伪的人！

当已故世界著名歌唱家帕瓦罗蒂还是孩子时，祖母常把他抱在膝上对他说："你将会成为一个了不起的人物，你将来一定会成名的。"他的母亲想让他当个银

行家，后来他却当了小学老师，而且只是偶尔唱唱歌。但父亲不断地激励他，并说他唱歌很有潜力。帕瓦罗蒂终于在22岁那年下定决心弃教从事保险业，因为这样，可以争取到比较充裕的时间发展唱歌的天赋。后来帕瓦罗蒂说："如果不是父亲鼓励的话，我现在可能还是一位小学老师，不可能站在舞台上。我的老师培养训练了我，但没有一位老师对我说我会成名。只有我的祖母，只有祖母那句话一直激励着我。"

那么作为家长又应该如何鼓励孩子呢？

1. 及时鼓励孩子不断进步

"妈妈，今天跑步我得了第一名。"乐乐高兴地对妈妈说。

"和谁跑步啊？为什么跑步啊？"妈妈淡淡地问了一句。

"今天上体育课，老师让我们比赛跑步，我是跑得最快的，老师夸我很有运动才能呢。"乐乐的脸上带着得意的笑容。

"噢，知道了，今天留作业了吗？快去做作业吧！"妈妈好像没有听到乐乐说的话。

听到妈妈这么说，乐乐觉得非常失望，闷闷不乐地到一边去了。他不明白为什么自己跑了第一名，妈妈却一点都不高兴，也不夸奖他。

许多父母总是关心孩子的学习成绩，除此之外对什么都漠不关心，因而失去了鼓励孩子的最佳时机。

上例中的乐乐，因为没有及时得到妈妈的鼓励，心里非常失落。如果妈妈再对他说："你要好好学习，在考试上取得第一名。"这时在乐乐心里还认为第一对他很重要吗？因为妈妈对第一都漠不关心，他即便得了第一给谁去看？于是，乐乐的心理就会表现出对什么都无所谓的心态。

朱永新在《新教育之梦》中说："理想的父母是永不对孩子失望，绝不吝啬自己的表现和鼓励，绝不使用侮辱性语言的父母。"明智的父母应该重视孩子的每一个进步，及时鼓励孩子。

在上例中，如果妈妈说："是吗？真了不起，我家乐乐就是能干！"这时，孩子必然会荡漾起高兴的情绪，于是，妈妈趁机鼓励道："乐乐，你在学习上也要努力，如果也能得第一，那就更厉害了！"孩子必然会从成就感中激发斗志，这样的鼓励才是积极的鼓励。

2. 鼓励孩子坚持自己的信念和方向

父母鼓励孩子坚持自己的志向，孩子就会充分发挥自身的潜能，努力不让父母失望。但是，如果父母强迫孩子做某件事情，孩子则往往会与父母唱反调，这是因为孩子认为自己的思想没有得到尊重。

我国科学家钱三强的父亲是五四新文化运动的风云人物钱玄同。钱玄同并没有因为自己是搞文学的而叫儿子接自己的班。在钱三强上中学的时候，钱玄同就对儿子说："你将来学什么，我不包办代替你的主意，由你自己去选择。但是，一个人应当有科学的头脑，对于一切事情，应当用自己的理智去分析，研求其真相，判定其是非。"

后来，钱三强决定考南洋大学（现在的上海交通大学）。南洋大学用的是英文课本，但钱三强的英文水平很差。于是，钱三强决定先考北大理科的预科班，把英语补上去。在学习的过程中，钱玄同一直鼓励儿子，他对儿子说："目标既然确定了，就应当用艰苦的劳动去实现自己的理想。你是属牛的，克服困难要有一股牛劲！"

钱三强总是对父亲说："爸爸，你放心，我会把牛劲使出来的。"

果然，父亲的鼓励奏效了。半年后，钱三强的英语成绩得了65分。只是后来钱三强没有去南洋大学读书，因为他爱上了原子物理，所以进入清华大学攻读物理。大学毕业时，他又考取了公费留学，出国到巴黎大学镭学研究所居里实验室学习镭学，指导老师正是镭的发现者居里夫人的女儿和女婿。父亲又写信鼓励儿子："你有了很好的指导老师，要努力攀登科学高峰，振兴中华！"在父亲的不断鼓励下，钱三强终于成为我国著名的原子能专家。

台湾作家罗兰说："父亲的教育方法是鼓励，而不是逼迫和苛求；是随我们的个性发展，而绝不强迫把我们铸成固定的模式。父亲是个教育家，他给了我们充分的自由去决定自己的前途，他只是从旁略加指引，用鼓励代替打击与责罚。"

可见，鼓励孩子自己去发展的父母，才能与孩子保持良好的亲子关系。

3. 犯错误的孩子更需要鼓励

在成长过程中，孩子必然会犯错误，做错事，这时父母往往会生气地责骂孩子。其实，孩子也不愿意犯错误、做错事，他们本来已经有内疚感了，如果父母再不断地责骂孩子，孩子就会觉得非常委屈，进而对父母产生不满，也会影响到亲子关系。

比如，每个孩子都会在成长的过程中帮父母洗碗，当孩子不小心打破碗的时候，大部分父母往往会说下面这些话：

叫你不要洗，你偏不听，这碗很贵的！（埋怨）

你怎么这么笨？洗碗都不会！（责骂）

太不小心了！你做事总是那么粗心！（呵斥）

走开，走开！我自己来洗！（不耐烦）

这些话对于建立良好的亲子关系都是不利的。正确的做法应该是下面这样的，我给各位家长不妨来描述一下厨房里的情景：

厨房里，妈妈正在洗碗。这时，4岁的蒙蒙走过了厨房，他看到妈妈在洗碗，觉得很好玩，就缠着妈妈让他洗碗。看着好奇的儿子，妈妈决定让蒙蒙洗碗。经过妈妈的示范，蒙蒙洗得有模有样的。妈妈忍不住夸奖了蒙蒙。当妈妈转身整理冰箱时，突然传来"砰"的一声，蒙蒙叫了起来："哇！妈妈，我打碎碗了！"

妈妈赶紧关心地问道："是吗？让妈妈看看，有没有伤到你的手？"

蒙蒙紧张地看着妈妈，说："没有。可是，碗已经破了！"

妈妈安慰道："没关系，打破了一个碗不要紧。重要的是，我们家蒙蒙学会了洗碗，妈妈为你自豪。每个人要学会做一件事情都很不容易，会遇到各种困难。不要怕，妈妈把碎片收拾一下就好了，你愿意接着洗吗？"

蒙蒙不好意思地说："愿意。"

妈妈夸奖道："你真是个勇敢的孩子。不过，在洗碗的时候，一定要小心，要用手抓紧碗的边沿，就像妈妈这样，知道吗？"

蒙蒙高兴地说："知道了，妈妈。"

在这里，妈妈的鼓励不仅让蒙蒙认识到了应该怎样去正确地洗碗，而且鼓励了蒙蒙遇到困难时要努力克服，做一个勇敢的人。

其实，在生活当中鼓励孩子的机会是非常多的，就是看各位家长如何把握时机。将看似简单的一件事情作为锻炼提高孩子品质的一次历练。鼓励——永远不失为一种良好的教育手段！

4.3　面对挑战：让孩子觉得自己是男子汉，不是胆小鬼

现在，我们经常听到家长抱怨自己的孩子胆小，不敢走夜路，不敢一个人睡觉，上课不敢回答问题，不敢与陌生人说话，不敢接触新鲜的事物，等等。虽然胆小并不是多么大的问题，但如果孩子过分胆小就会引发一系列的问题，妨碍孩子正常社会交往的发展。长此以往，胆小的孩子就可能表现出内向、沉默、缺乏自信和没有主见等性格特点。

我们在探究孩子胆小的原因之前，先来看看外国小朋友是如何做一个男子汉的。

实例

组织和领导完了一次国际夏令营之后，一位夏令营的辅导老师不禁感慨道：美国的孩子胆子真是大啊！参加夏令营的过程中，这位辅导员发现来自西方国家尤其是美国的孩子，他们不怕苦、不怕累，黑夜单独外出都不在话下；经常还喜欢与野兽"做伴"；敢想、敢冲，还特别有干劲。其他国家的孩子和美国的孩子比起来就逊色很多。这到底是为什么呢？

有着丰富儿童辅导和教育经验的日本教育家冈崎喜子曾对 200 多个美国典型家庭进行了调查研究。结果发现，美国家庭十分重视对孩子认识周围事物和自然社会环境影响性教育。这样的教育理念不仅使得孩子们从小就养成了独立自主的好习惯。而且还培养了孩子社交、自我保护和适应环境的能力。

解析

然而我们传统的中国教育方式，很有可能抹杀了孩子认识周围事物的兴趣和创造性。现在看来，造成孩子成为"胆小鬼"的原因可能是：

1. 家长保护过度

有些家长对孩子的保护过多过细，怕磕着、怕摔着、怕有任何闪失，总把孩子带在身边，形影不离，使孩子形成一种强烈的依赖心理和被保护意识。当孩子逐渐长大时，保护的惯性照样持续，没能根据孩子的能力发展适当"放飞"，结

果是孩子离开大人就害怕。

2．孩子曾经被吓唬，心理上留下阴影

在孩子还比较小的时候，有的家长为了不让孩子做某些事，就用大灰狼啊、老虎啊、鬼啊吓唬孩子；大众传媒中的一些画面、一些故事讲了可怕的内容，或者生活中某些偶发事件，如着火、跑水等吓着了孩子……这些经历，在孩子心理上留下可怕的阴影，造成孩子胆小。

3．孩子的交往面太窄

有些孩子从小很少与人交往，除了父母、长辈，极少与同龄小朋友一起玩耍，极少有走亲访友的机会。这样，使孩子交往能力萎缩，怕见生人，怕在众人面前讲话。

小学阶段，是形成孩了性格的关键时期，此时为了帮助孩子克服胆小的毛病，各位家长不妨试试以下几种方法。

1．家长对胆小问题的认识

这方面的认识包括造成孩子胆小的原因、胆小的主要表现。胆小是可以转变的，并树立转变孩子胆小的信心，认真设计具体措施，而不是简单的说教。特别是家长要认识到自己的责任，从转变自己的教育行为开始。

2．"勇敢者"游戏

玩是孩子的天性，胆小的孩子也爱玩，不过，您应该注意他平时更喜欢玩什么游戏。许多胆小的孩子更喜欢玩一些没有伤害性的、安静的游戏，如看书、画画、拼图等，比起和小伙伴们一起玩耍，他可能更喜欢一个人玩。

这时，家长应该鼓励孩子多进行户外运动，多在户外和小伙伴们一起玩游戏。对胆小的孩子来说，尝试玩沙子、抓虫子、拍皮球等"脏脏"的游戏，在台阶上跳上跳下、相互追逐、抢皮球等"危险"的游戏都需要一点勇气。孩子在户外活动中难免磕磕碰碰，家长不要大惊小怪，这些"勇敢者"的游戏可是帮孩子练胆量的好办法。

3．大胆地说出来

孩子胆小，不敢讲话。既有认识问题，更是训练问题！

比如孩子不敢在生人面前或在班级里讲话，要告诉孩子，只要想好了说什么、怎么说，大胆去说，任何人都是欢迎的。别的小朋友能做的事，你必能做到，而且能做得很好。孩子有准备地迈出第一步后，及时肯定，第二步、第三步就好办了。

为了在客人面前说话，可以先教他准备几句话，准备送茶送水，演练一下。当客人到了以后，鼓励他照着去做。客人的表扬，对他的言行就是一种强化。几次之后，就能大胆应酬了。

为了在班级大胆发言，可先请几个与孩子关系较好的小朋友到家里来，练习讲小故事，一人讲一个。事先帮助孩子准备一个简短故事，讲了一次，下次就会勇敢一些。然后跟老师联系，请老师在课堂上提问他，事先让孩子准备好，回答之后，教师会表扬他，而且提出希望，下一次孩子就会跃跃欲试。也可以在孩子预习功课时，让他写出几个不懂的问题上课提问。班上有联欢活动时事先与老师联系，让孩子准备一个小节目，或者参加一个集体节目，得到锻炼机会。

小孩子胆小，说到底还是缺少历练。多给孩子创造机会，在游戏和与人交往中不断锻炼和培养他们的办事能力。起初家长可以陪同孩子去，但事情是由孩子完成，然后逐步增加事情的难度，孩子的勇气和自信就一点点地增加了。

4.4 独立性：让孩子一个人去完成

"世上只有妈妈好，有妈的孩子像块宝"，这首朗朗上口的动人儿歌，唱出了深深的母爱，也唱出了孩子对父母无尽的眷恋。爱，是滋润心灵的雨露，但也可能蜕变为禁锢成长的藩篱。我们赞美父母博大无私的爱的同时，也要看到，如果父母一味用自己爱的羽翼替孩子遮风挡雨，包办代替，那么当孩子迈出家庭这一温暖的港湾时，将会因为缺乏独立性而无法经受社会风浪的考验，这不是任何一个父母所愿意看到的。

在优越家庭中长大的独生子女，身上越来越缺乏这种发挥自身优势去完成任务的心理状态，我们一般习惯将其称为独立性。叶圣陶老先生曾有一句关于教育的至理名言："教是为了不教"。诚然，儿童的成长过程，就是由一个无助的生物体成长成一个独立的社会人的过程。

作为家长，又应当如何培养孩子的独立性？

在培养孩子的独立性之前，首先应该了解孩子的发展过程。我们对儿童独立性的培养，并不是要拔苗助长。与其他动物的成长历程相比，人类的成长要经历较长的依赖期。在婴儿期，孩子甚至还不能将自己和周围的事物分辨开来。一岁左右的孩子，在迈出人生中独立行走的第一步时，心中充满了好奇和喜悦，这是孩子身体独立能力的展示。随着年龄的增加，儿童的自我意识逐渐形成。两岁左右的孩子，开始可以使用第一个人称代词"我"，这标志着孩子独立意识的形成。孩子开始意识到自我的存在，并增进与周围环境的积极互动，是培养孩子独立意识和独立能力的关键时期。这时，家长要主动为孩子营造环境，在父母的监护下，让孩子完成力所能及的任务，例如，自己进食，自己收拾玩具等。

随着孩子自我控制能力和活动协调能力的提高，到了三四岁，就可以锻炼孩子自己穿衣服、鞋子，而后逐渐让孩子学会收拾床铺、饭桌等。如果我们对孩子的要求太高，容易使孩子产生挫败感，反而失去了自信心，如果要求太低，则失去了锻炼的价值。因此，只有了解孩子身心发展的一般规律和自己孩子的特点，父母才能够逐步提高孩子的独立能力，增强孩子的独立意识。

1．示范作用

父母对孩子要给予示范和鼓励，帮助孩子克服畏惧心理，提高自我控制能力。当孩子第一次面对陌生的环境或新的挑战，总会存在一定的畏惧心理，这是很正常的。这时，父母要及时给予适当的示范，鼓励孩子克服困难。

2．鼓励孩子的独立意识

父母要多鼓励孩子表达自己的意愿，学会作出决定的方法。独立的行为其实只是独立意识的外在表现。就独立性而言，独立的思考和分析才是独立能力的根本。在家庭生活中，不少父母都喜欢替代孩子作决定，例如，早上上学前，孩子要穿什么样的衣服，父母已经准备好了，孩子基本上不用动脑想问题。其实，孩子穿什么本身并不重要，重要的是孩子参与到了作出决定的过程之中。当孩子习惯自己思考时，孩子的独立性就上升到了一个新的台阶，这也为孩子今后的独立发展奠定了最牢固的基石。

3．游戏启发独立思考

在和孩子一同游戏的时候，父母可以时不时地提出一些问题，鼓励孩子独立思考的能力，不经意间的问题对于拓展孩子的发散性思维是极为有利的。例如，"为什么公鸡有翅膀却飞不起来？"、"为什么月亮有圆有缺？"等诸如此类的问题，可以教会孩子用自己的眼光去观察世界，发现问题。培养他们的独立思考能力。

4．让孩子自己做主

（1）多给孩子一点作决定的机会。技巧如下：

① 不要给孩子太多的选择（两种选择而不是广泛选择）。

② 不能提供有害、不安全的选择。

③ 孩子作决定时不要给太大的压力。

（2）孩子作决定的机会不可太多，每天做一次。

（3）根据孩子的愿望，运用大人的经验和知识帮助决定（大人与孩子共同作出决定）。

（4）让孩子知道，只要尽力而为，作出比较合格的决定就可以，不一定要十全十美，不能让孩子感觉可以随意作决定，随意犯错误，而是让他明白，作出了决定后还需不断学习，不断提高判断力。

对孩子独立性的培养，是持之以恒的过程，也需要父母双方的共同努力。父母的使命是为孩子塑造一个安全而又富有挑战性的成长环境。在这个环境中，不仅有浓浓的亲情，还有清晰的自我，更重要的是有相互的信任、支持和鼓励，这也就是我们所理解的爱的真谛。

4.5 爱心培养：让孩子学会帮助他人

培养孩子的爱心，让孩子学会关心他人，帮助别人，作为家长应该从小就在孩子心中播下爱的种子。当孩子懂事以后，家长就给孩子讲孔融让梨的故事，要求他对人有礼貌。孩子玩玩具时，让他与别的小朋友一起玩，分享快乐。带孩子坐公共汽车，家长应主动给老人让座，对孩子爱心的培养起到潜移默化的作用。有人认为，现在社会上自私的人太多，孩子太善良容易受欺负。其实这种观念是片面的。孩子的心灵犹如一张纯洁的白纸，而爱心就是五彩的画笔，只有奉献爱心，才能描绘出最美的画图。孩子拥有了爱心，就会发自内心地爱家庭、爱父母、爱他人、爱祖国、爱世界，就会对生活充满信心、感受到人生的快乐和幸福。

温馨的家庭环境对培养孩子的爱心起到至关重要的作用。一个在充满了爱与笑声氛围中长大的孩子，心灵舒展，心境乐观，他必然会懂得自爱且爱别人。我们在这方面是费了一番心思的。比如，在家中挂上"天天快乐"的大字，天天保持好心情；每年圣诞节、元旦、春节把家庭布置一新，使孩子对新生活无限热爱；经常让同学到家中来或让他到同学家中去，让同学之间的爱心和友谊互相传递。

实例

一位家长回忆到：记得儿子上小学三年级时，有一次老师问谁愿意给一个眼睛近视的同学调座位，儿子毫不犹豫地举起了手。事后老师问他为什么这样做？儿子回答："我的眼睛不近视。"还有一次开学后，老师让他发课本，他发现了一本书的书皮破了，就把那本书留给了自己。为此，老师在课堂上表扬了他，还让全班同学以《他真傻》为题目写一篇作文。

有一年圣诞节，儿子考试成绩不理想，又把钥匙和几元钱弄丢了，心情十分低落。他回家敲了敲门，没有人应，再敲，还是没有人。突然门开了，孩子他爸爸头戴圣诞帽出现在他的面前，然后将他带进了精心布置好的房间里面。屋子里面摆满了各种各样的小圣诞老人，还有一棵挂满饰品的圣诞树。孩子高兴极了，完全忘记了刚才心中的不快。

解析

苏霍姆林斯基曾说过："善良的情感是良好行为的肥沃土壤……良好的情感是在童年时期形成的，如果童年失去善良的情感，那么失去的将永远无法弥补。"因而，在家庭生活中培养孩子的爱心就显得尤为重要。

1. 培养爱心，落实到点滴行动中

在孩子还小的时候，当父母、长辈外出回家时，就要让孩子为他们拿拖鞋、搬椅子、端茶水、送报纸、递眼镜等。奶奶生病了，要启发孩子去慰问："您哪里不好服呀？"、"想吃什么呀？"并乐意把自己最爱吃的东西省给爷爷奶奶吃；端上可口的水果、香气扑鼻的鸡鱼肉蛋时，不让孩子独吃独占，要养成"大家分享才快乐"的饮食习惯；知道谁更需要、谁最辛苦、谁有病痛、谁没回来，要给他留下应有的一份。并引导孩子观察他人的表情，理解别人苦恼悲伤的缘由，努力想出办法来减轻别人的痛苦、烦恼，使大家快乐。

2. 培养爱心，要善于创造时机

生活当中的很多事件，都可以成为培养孩子的绝佳时机。例如，给孩子买了新的图书，就要引导他们妥善处理，学会与他人分享。有机会和孩子一同参观名胜古迹时，就要向孩子讲述家乡建设、民族英雄故事，让他们心系祖国，培养良好的民族气节，等等。

3. 培养爱心，从关心他人做起

要鼓励孩子除了"自己的事自己做，不给别人添麻烦"以外，在日常生活中经常以帮助他人为快乐。以会劳动、能负责为荣耀。例如，承担适度的家务，主动帮爷爷浇花、喂鱼；给晾衣服的妈妈递衣架；为邻居老人拿牛奶、传信件、送

书报，并坚持不懈。人类的善良、爱心在关照父母、关照老人甚至关照陌生人身上得到体现。在关照别人的同时，也是付出爱心、显示善良的时刻。

具体而言，可以培养孩子关照三类人。

第一，让孩子学会照顾父母。

生活中的许多场合、许多事情，都有一个对孩子进行关心他人的教育问题。只要父母以自身的行为施以积极影响，善于抓住时机正确引导，孩子的爱心就一定会逐步培养起来。只有让孩子多体验别人的疾苦，才能激起他们的爱心或同情心，从而设身处地为别人着想。父母应该在日常生活中注意培养孩子关照父母，比如当爸爸下班回来时，妈妈应该教孩子说："爸爸，您辛苦了，我给您拿拖鞋。"等爸爸换完拖鞋，再及时提醒孩子给爸爸端杯水；吃饭时爸爸没回来，要提醒孩子给爸爸留饭或耐心等待。父母应经常让孩子参加一些力所能及的劳动，只有在他们有了切身体验时，才能领会父母照顾他们的辛苦，从而知道体谅父母，尽自己的力量帮父母做事，为父母分忧解愁。

第二，让孩子学会照顾老人。

尊老敬贤是中华民族的优良传统，是祖先留给我们的宝贵财富，我们应将这种美德发扬光大，一代一代延续下去。

家长要充分发挥榜样的作用。孩子认识肤浅，判断能力差，缺乏独立性，在他们眼里父母的行为就是一把尺子，认为父母做的他就能做，父母怎样做他就应该怎样做。因此，父母应以身作则，做尊敬老人的带头人。另外，要及时纠正孩子的不良行为，防微杜渐。孩子易冲动、自制力差，他们的行为往往受情绪支配，容易出错，常常做出对老人无礼的举动。一旦发现这些问题，父母一定要舍得管教，严格把关、严肃批评、耐心说服，使孩子认识错误，尤其不放过"第一次"。父母一定要明白，迁就容忍只能招致更多的过错，使孩子养成不良习惯。当然，也要让孩子与老人多交流，增进彼此之间情感的联系。有些孩子不是对老人敬而远之就是漠不关心，这往往是与老人交往甚少、感情不深的缘故。

第三，让孩子学会照顾普通人。

父母要为孩子做出关照他人和真诚待人的榜样，同时教会孩子掌握基本的谈话技能，如介绍自己、询问别人的情况、表达自己的兴趣、接受对方等。

4. 培养爱心，更需要情感的熏陶

当父母和孩子一起在吟诵古诗《游子吟》时，应设法让孩子体会"慈母手中线，游子身上衣。临行密密缝，意恐迟迟归。谁言寸草心，报得三春晖"的深刻

含义。又如讲一些《乌鸦反哺》、《孔融让梨》、《黄香温席》的故事，读一些报刊上少年儿童为父母分忧、立志再艰苦也要完成学习的真人真事，特别要以父母本人爱国敬业、关怀长辈和他人的行为去感染子女，让孩子汲取丰富的精神营养。

4.6 创新：鼓励孩子坚持自己的想法

中国的教育最缺乏的就是创新思维的培养了。诺贝尔奖老是与中国人无缘，大概与此有关吧。我国传统的教育思想里，有一种"随大流"思想，许多孩子也形成了一种人云亦云的习惯，不敢表明自己的观点和见解，不敢否定权威，这就是缺少创新意识。而有些孩子有敢为人先的个性，敢于跳出原有的圈子，对一些疑难问题敢于提出自己独特见解，敢于向权威挑战，这些孩子就是具有创新意识的孩子。

实例

德国数学家高斯，是近代数学奠基者之一。他10岁那年，有一次他的数学老师让全班同学解答一道习题：

计算出 1+2+3+4+5+…+100=？

这个题目在今天已经差不多人人皆知了。可在那个时候，那个场合，对于一群小学生来说，还真不容易。孩子们都想争取第一个算出来，立刻在纸上演算起来。

只有高斯还没有动手，他在想，难道一定要经过这么复杂的计算过程吗？这时候，老师看见了他，走上前来问他为什么还不开始演算。高斯说："我已经知道答案了，是5050。"

老师十分诧异，问他是如何得到答案的。他告诉老师，他通过观察发现这一组数字中 1+100=101，2+99=101，3+98=101……这样的算式总共有50个，因此这道题可以化简为 101×50=5050。

"太精彩了！"老师赞扬他说。

这就是他的创新思维发挥了作用。

美国一所中学的一个物理老师给学生布置了一个课外作业：只给每个学生发一只气压表，让学生求出学校对面的一座摩天大楼的高度。

这个题目和上个案例有相同之处，难度并不大，只是太费时间。大家知道，气压跟高度是有关系的，高度越高，气压越低，二者之间有一个关系公式。绝大多数同学都是利用这个公式，在大楼底部测量一个气压值，再到大楼顶部测量一个气压值，代入公式，求出大楼高度。

而有一个同学却说："大楼门口那个老头是这个大楼的管理员，他肯定知道这个大楼的高度，我把这只气压表送给他，让他告诉我不就行了？"他这样做了，美国的这个老师不仅给了他满分，还充分肯定了他的创新精神。

解析

上面两个案例充分说明了创新思维的含义。高斯不拘一格的思维方式是其以后功成名就的基础。这种令人咋舌的思维表现，离不开从小悉心培养和教导。在生活中，孩子提出问题，解决问题的过程也就是积极思维的过程，儿童的好奇心都很强，家长应该注意保护孩子的好奇心。同时，还要鼓励孩子幻想，幻想是创造想象的一种特殊形式，是一切创新的基础。

家庭是孩子重要的生长环境，从家庭教育入手培养孩子的创造性思维。那么，家庭究竟应该如何培养孩子的创造性思维？

1. 让孩子与大自然多接触

大自然是一本大百科全书，它为孩子的想象提供了广阔的天地。在大自然中，孩子可以大开眼界，增长知识。所以，父母要多让孩子与自然接触。大自然中的许多美好事物会引发孩子丰富的情感，发展他们的注意力、观察力、思考力、想象力，而有趣的自然现象更会使孩子产生无数个为什么，在他们的心中播下探究的种子。

2. 让孩子多动手

苏联著名教育学家苏霍姆林斯基指出："儿童的智慧在他的手指尖上。"这话是说，早期智力开发需要好好训练双手，以促进脑的发育和完善。小孩子对于手工兴致都很高。当他们一旦对手工感兴趣时，就很容易集中注意力，而注意力集中的时候，也是思维最活跃的时候。如捏泥、剪纸、折纸等。手工会促使他们手脑并用，使他们在做做说说的游戏过程中轻松愉快地学到了新知识、新技能，为创造想象与思维的培养和发展提供了可能。

3. 让孩子在游戏中不断发挥

游戏最为孩子所喜爱。游戏可以说是孩子创造性的实践活动。在游戏活动中作为主人的孩子们，他们往往会积极地进行独立思考，主动地探索和创造，依靠自己的想象力，使自己的活动进行得更生动、更有趣。在游戏活动中，角色之间要进行交谈、对话，交流思想、情感，所以游戏是儿童语言发展的有效环境，能有效地促进儿童主动性、创造性的提高。

4. 让孩子多与同伴合作

随着孩子年龄的增长，认识的范围会逐渐扩大。孩子也就很自然地有了与别人交往的要求。这时，家长不要把孩子关在房间里，使他们没有时间，也没有机会与别人交流。应该让孩子多与同伴接触，孩子一旦有了"情投意合"的好朋友，他们会大胆地打开心扉，谈论各种问题，玩各种游戏，并时时变换新的花样。这样，必然会促进孩子思维和语言的发展，"社会经验"也会随之丰富。

总而言之，在家庭环境中培养孩子的创新思维的方法和途径是多样的。最为重要的是，要营造出一个和谐、稳定、民主的家庭气氛。只有在这样的气氛中，孩子才能畅所欲言，充分展示自己的行动和想法，这些对于孩子的创新思维的发展都是必不可少的。

4.7　面对挫折：教孩子面对游戏中的失败

一个人的心理抗挫折能力的强弱往往同一个人的命运紧密相连。借用古人一句话："人生不如意事十有八九。"怎么样克服人生之中这些不如意的事呢，就要看他的抗挫折能力了。一个具有超强的心理抗挫折能力的人，是没有道理失败的。这是因为这种抗挫折能力极大的能动作用，会使他在人生发展中充满辉煌的历程。我们知道爱玩游戏是孩子的天性。所以在游戏中培养儿童的心理承受能力是最为简便可行的方法。现在的孩子大多是独生子女，他们对物品具有强烈的占有欲、对事情的要求是尽善尽美。因此，很多孩子在游戏中的表现是只能赢不能输，一输就要赖，神情沮丧，心灰意懒。

实例

常听很多家长这样抱怨道："每次和孩子一起玩游戏，只要我赢了他，他就会很不开心，闹着不算，硬要重来……"，"我们家的孩子不会交朋友，游戏、比赛只能他赢，不能输，现在没有孩子愿意和他玩……"。

解析

胜败其实乃兵家常事，可一些孩子偏偏不懂这个道理，争强好胜，赢了就满心欢喜，输了就大哭大闹。从儿童心理学的角度来看，孩子的这种"输不起"是一种比较正常的现象，无论什么事情，孩子总是希望自己能做得更好，比别人强，获得周围人的认可。可是因为孩子年龄小，各方面都不成熟，他并不了解自己的强项和弱项，在人前或是在集体活动中，一旦不如人，输于人时，他就会表现出不满，不高兴。

但是家长切不可因为孩子在游戏中的种种不令人满意的表现，就剥夺了孩子游戏的权利。因为游戏对于儿童的心理、生理健康发展都具有极为重要的意义。

◆ 游戏让孩子学会独立

一个 6 岁的小男孩本来已经和妈妈商量好，自己独立参加智力闯关比赛，但是到了现场，孩子变卦了，哭着闹着非要让妈妈陪着自己，说什么都不行。最后，妈妈带着孩子离开了赛场，让孩子慢慢调整情绪。之后，孩子再次来到了赛场，尽管眼神不时地关注门外的妈妈。

对弈游戏开始了，孩子渐渐地将注意力转移到棋盘上，面对对方的局势，孩子紧锁眉头，思考每一步自己的应对方式。在整个游戏过程中，孩子独立思考、独立决定，用自己的方式与对方交往，一个曾经害怕离开妈妈的孩子在游戏中竟有如此大的变化。

或许我们为孩子创设轻松、愉快的氛围，孩子的潜能才能显现。

◆ 游戏让孩子找到自己的位置

游戏本身就是多种角色的综合体。在游戏中，儿童自己就会认识到自己所扮演的角色——他是做什么的，应该完成什么样的任务。儿童意识到这些，就会全身心地投入到游戏中去。比如小女孩喜欢玩的游戏《小护士》，扮演小护士的孩子自然地就会模仿生活中的护士样子，认认真真地照顾他的患者，一会儿嘘寒问暖，一会儿扎针输液。在游戏中他会尽可能地遵照生活中护士的准则来要求自己。她会努力做到一不怕苦，二不怕累，甚至还会去说服那些不听话的孩子去看病就医。就这样，一个可爱稚嫩的小护士诞生了。

◆ 游戏培养孩子的专注力

前苏联心理学家曾做过这样一个实验：让孩子在游戏和单纯完成任务两种不同的活动方式下，将各种颜色的纸分装在与之同色的盒子里，观察孩子注意力集中的时间。

实验发现：在游戏中 4 岁孩子可以持续进行 22 分钟，6 岁孩子可坚持 71 分钟，而且分放纸条的数量比单纯完成任务时多 50%；在单纯完成任务的形式下，4 岁孩子只能坚持 17 分钟，6 岁孩子只能坚持 62 分钟。

结果表明：孩子在游戏活动中，其注意力集中程度和稳定性较强。因此，我们可以让孩子多开展游戏活动，在游戏中培养孩子的专注力。

◆ 游戏帮助孩子直面挫折

一个曾经参加过比赛的女孩，在比赛中失败了，但是女孩并没有伤心流泪，反而高兴，当主持人问到这位小女孩时，她的回答让每个人惊呆了。她认为，这次虽然失败了，但是自己又学会了新的游戏策略，学会了新的本领，可以运用到下一次比赛中。

"挫折"是每个人成长过程中都会遇到的，儿童也是一样。而作为家长应该教育孩子遇到挫折并不可怕，而是要从中学会了什么。因此，家长要引导孩子正确对待挫折，引导时要注意以下三个方面。

（1）孩子学到了哪些本领呢？

（2）孩子能够控制自己的情绪，尽管是一点点进步，也表现了孩子的成长。

（3）家长的态度也要明确，注意自己的言行，切忌情绪化。

家长在孩子游戏受挫时，应当如何正确地引导孩子的心态，因为如果孩子的得失心太重的话，每一次的输赢都会让他耿耿于怀，否则必将会影响到他与人相处的能力。这个时候，家长需要费点心思，帮助孩子排除这种心理障碍，让他逐渐跨越输赢的问题，体会做每件事所带来的各种情感经验。

1．家长平衡自己的心态

在平时的生活中，一些父母往往喜欢将孩子的成功当做自己的"门面"，赢了就夸孩子聪明、能干，输了就指责和埋怨孩子笨，这种教育方式最不可取，这样做很容易让孩子走向两个极端，要么失败了就爬不起来，要么就争强好胜，非赢不可。

作为孩子的启蒙教师，父母在孩子个性形成过程中起着非常重要的作用。引导"输不起"的孩子，父母首先要平衡自己的心态，正确看待孩子的失败。当孩子在学习和游戏中受挫时，父母应该教育他克服沮丧和悲观的思想，帮助孩子分析失败的原因，建立积极的心态对待暂时的受挫。

2．家长绝不吝惜自己的鼓励

就像在前面一些章节中所提到的一样，鼓励永远都不失为教育孩子的好方法。在孩子取得成功的时候，父母要与孩子一道享受成功的喜悦。但是失败在生活中又是不可避免的，让孩子将之视为另一种情感体验，在孩子情绪低落时，父母要积极鼓励，帮助孩子建立自信积极面对挫折。

比如，当孩子在绘画比赛中没有得到老师的表扬，父母就可以善意地告诉他，"我们不可能每次将事情都做得最好，上一次的唱歌比赛，老师就表扬你很棒，虽然这次绘画比赛没有得到老师的表扬，但只要我们努力，一定也能做到最好。"父母这样说，既告诉了孩子失败和受挫是他成长过程中不可避免的事情，同时也鼓励他积极面对。

3．增强孩子受挫时的承受力

虽然要尽可能协助孩子成功，但父母在平时的生活中不要过分刻意地为孩子排除一些在正常环境中可能遭遇到的困难，当孩子遇挫时，父母不要立刻插手，不妨留给孩子自己面对失利的空间和机会。比如，当孩子花费了很多时间即将完成一个拼图游戏的时候，突然图片被打乱了，看着孩子沮丧的表情，父母尽量不要直接替他解决问题，可以和他一起讨论，引导孩子去思考，然后让他自己去寻找解决的办法。孩子克服挫折的能力和动机，常来自于遭遇过的挫折，当他的经验足够丰富时，就可以得到更多的成就感和自信心。

4．集体游戏中的受挫能力

随着孩子年龄的不断增长，与同伴合作的集体游戏将占据游戏活动的大部分时间。在各种各样的集体游戏中孩子会经历一些挫折和失败，这些失败的痛苦经历让他更好地认识自己，发现自己的缺点和别人的长处，发展他的内省智能。他一方面要学会如何欣赏别人，和同伴友好相处，共同合作；另一方面在同伴之间的相互交流和指导中，克服困难、解决问题。

4.8 互助：让孩子明白友情的重要性

人是社会性动物，因此，人需要与他人的合作和相互帮助。如果排除功利因素，维系人与人之间的合作并使之长久化的交情便是"友谊"。人生不能没有友谊，教会孩子懂得友谊、珍惜友谊，是教孩子做人的重要内容。儿童时代，感性认识优于理性认识，形象思维能力强于抽象思维，他们的群体意识要比成年人更为明显。换句话说，孩子之间形成友谊的速度要比成人快得多。

友谊的建立和保持在于语言。鼓励孩子喜欢说话，主动参与谈话，和小朋友一起玩时不能只是静静坐着一句话也不说。孩子可以不是孩子群中最幽默的，也不必妙语连珠，只要适时地和每个孩子都说上那么一两句就行了。语言能使孩子广交朋友。许多孩提时代的友谊之所以破裂，原因很简单，就是孩子们不能解决好一些鸡毛蒜皮的小摩擦。许多这个年龄段的孩子不是把自己想说的话清楚明白地说出来，而是凭感觉鲁莽行事。比如，问也不问就从别人那里一把抓过玩具；小伙伴关系的破裂，原因就在于不善于用语言表达自己的思想。

某些独生子女的家庭环境使他比较喜欢支配别人，因为他在家里称王，父母、祖父母都得依他，使他学会了专横。如果将这个特点带到群体中，就很难被小朋友接纳，因为谁也不喜欢让一个专横的人来向自己发号施令。于是，这个专横的孩子就会产生孤独、寂寞，不敢加入伙伴行列。因此父母要注意孩子在家的言行，不能事事依着孩子；要使孩子学会既能够支配别人，也可以被别人支配。只有这两种角色都能担任的孩子，才容易融入同伴们的集体。

快乐是敲出来的

118

实例

有两个朋友结伴在沙漠中旅行，在旅途中的一个地方，他们因为一件小事吵了起来，最后一个还给了另外一个一记耳光。被打的心里很不是滋味，但是他却一句话也没说，只是默默地伸出了自己的一个手指，在沙子上写下："今天我的好朋友打了我一巴掌。"

之后，他们继续前行，只是总感觉少了点什么东西。经过长途跋涉，他们终于走出了沙漠，结束了沙漠之旅。他们来到了一个湖的边上，好久都没有见过这么大、这么美的湖了，于是，他们就决定下去游泳。不幸的是，挨巴掌的那位由于过度疲劳，差点溺水而亡，幸好被朋友救起来。在说过谢谢救命之恩的话后，他拿起一把小刀，在石头上很小心地刻下："今天我的好朋友救了我一命！"

朋友看到他又刻字了，十分好奇，就问："为什么我打了你以后，你要把字写在沙子上，而现在却要把字刻在石头上呢？"

他笑着回答说："当被一个朋友伤害时，要写在容易忘却的地方，岁月会负责抹去它；相反，如果得到帮助，我们要把它刻在心灵的深处，那里虽然也有岁月的蚕食，但却不能抹灭它的丁点光芒！"

孩子之间的友谊是最为纯真的，因为这个时候他们没有任何的功利心。但是，由于孩子的社交能力还是比较有限的，因而他们在建立友谊时会缺乏方法和信念，这个时候家长可以帮助孩子不断架起友谊的桥梁。

1. 创立交友环境，在交往过程中形成友谊

大多数孩子都很乐意与同龄的小伙伴相处，家长应鼓励孩子多交朋友，有空常带领孩子到亲友、邻居、同事家去做客，让孩子与同龄的伙伴一起游戏玩耍。也可以把孩子的玩伴请到自己家里做客，家长可在家里提供游戏场所，购置一些图书、玩具，组织好他们一起游戏和活动。如果有条件，可以带着孩子参加一些类似于户外俱乐部的活动，让孩子能结识更多的朋友，一起游戏，共同欢乐，互相依恋，密切了关系，也就架起了友谊的桥梁。

2. 家长不要横加干涉孩子的交友活动

孩子在与朋友玩耍时，总有那么几个要好的朋友，也总会出现几个被别人排斥的小伙伴。这时家长应该放手让孩子去结识自己的朋友。当孩子有了新朋友时，家长应该予以鼓励，鼓励他们一起游戏、学习，共同进步，切不可干涉孩子的交友自由，因为这是孩子日后情感发展的一个重要步骤。因为学龄期的儿童感性认识是大于理性的，只有让其感性认识发展到一定阶段后，才会有理性认识的出现。

3. 引导教育孩子珍惜、发展友谊

孩子们在一起斗嘴吵架是难免的，即使是好朋友也不例外。当孩子间发生了争吵，成人要保持冷静的态度，不要为此而杜绝孩子间往来，要采取劝解的办法

加以疏导，切不可袒护一方；要帮助孩子多从自身寻找原因，如果是自己孩子错了，要让孩子主动去赔礼道歉，鼓励孩子与伙伴和好；还要教育孩子多关心帮助伙伴。要让孩子将自己心爱的东西与同伴分享。教育孩子尊重、体谅伙伴，交往中要不怕吃亏不要处处占上风；还可鼓励孩子进行一些有意义的互赠礼品活动，如画一幅美丽的画，自制一个小玩具送给好朋友，从而不断发展孩子之间的友谊。

4. 规范孩子的交友行为，使其喜欢交朋友

一般的小孩子往往大都以自我为中心，不会设身处地替别人着想，交友的标准往往也很简单："谁给我好吃的，我就和谁好"。因而在与同伴交往中常常会"碰壁"。如到邻居家玩，说话不懂礼貌，不听邻居家大人的话，还乱翻抽屉，引起伙伴反感，不愿与其交往。这时家长需要规范孩子的行为，督促他们改正坏毛病，告诉孩子在交友中应该怎样做和不应该怎样做，并加以训练和指导，使其养成良好的行为习惯和形成活泼开朗的性格。这样，他才会受到伙伴的欢迎。

5. 关注孩子建立的友谊，并作出支持

家长要关注孩子建立的友谊，并对这种友谊表示友好，用行动告诉孩子："妈妈觉得你这样做是对的。"当孩子把朋友领到家中时，家长要诚恳地欢迎小客人，平时要多询问孩子："你今天与好朋友怎么玩的？"发现孩子某一点进步时，要及时地鼓励和表扬。如孩子将好吃的食品与朋友一起分享，将图书送给同伴看，就说："这样关心小朋友，你真是个好孩子！"父母的关注、表扬和鼓励，会大大激发孩子与同伴长期友好相处的愿望，促使孩子珍惜和巩固友谊。

无论是孩子还是大人，让友谊地久天长是我们的心愿。缺乏友谊的孩子会深深感到寂寞与孤独，会感到不被团体和同伴接纳是多么痛苦，父母都不希望孩子痛苦，那么就帮帮孩子吧，帮助他们具备交友的能力，帮助他们交几个知心的朋友。这不仅是对小孩子，对他们长大成人后的生活，也很重要。

4.9 成长：让孩子学会放弃

孩子要全面发展，兴趣必须广泛，当孩子迷上了与他先天条件并不相适合的事物时，作为家长有责任和义务帮助孩子走出迷津。现在社会上各种各样的培训机构层出不穷，对孩子的培养并非需要面面俱到，或平均分配力量，进行教育，还必须视环境和条件是否许可，尤其是根据孩子的身心特点、兴趣爱好、发展前景而因材施教。年幼的孩子都很自信，即使面对无法逾越的困难和无数次的失败，

小孩子也会天真地相信只要坚持，最终就能成功，作为家长当然不希望孩子在没有可能成功的路上，白白浪费时间，耗费自己的生命，遇上这种情况，马上抓住机会，教孩子学会现实地思考问题，学习选择，学会放弃。

有时候放弃自己固执、狭隘的想法，眼前突然就会光明一片，放弃其实是为了让你们更好地拥有。比尔·盖茨曾经说过这样一句激动人心的话："人生是一场大火，我们每个人唯一可做的，就是从这场大火中多抢救一点东西出来。"他及时地决定所要放弃的东西和所要选择的东西，不仅改变了自己一生的轨迹，也改变了世界。

实例

古希腊著名哲学家苏格拉底曾教诲人们：心灵的容积承受过大就会让人烦恼和不安，要懂得学会取舍。

他曾讲到：曾经他带着他的学生打开了一座神秘的仓库，这座仓库里装满了令人眼花缭乱的宝贝，学生们都仔细地瞧着，而每件宝贝上都刻着清晰可辨的字纹，分别是：骄傲、嫉妒、痛苦、烦恼、谦虚、正直、快乐，等等。这些宝贝是那样漂亮，那么的迷人，学生们见一样爱一样，抓起来就往自己的口袋里塞。在回来的路上，他们发现装满宝贝的口袋太沉了。没走多远，他们就再也无法挪动脚步了。这时，苏格拉底对他的学生说："孩子们，还是丢掉一些宝贝吧，后面的路还很长呢！"于是，孩子们听从了老师的话，"痛苦"被丢掉了，"骄傲"和"妒嫉"被丢掉了，学生们顿时感到身上轻松了许多，可没走多远，他们还是感到有点沉，于是苏格拉底便对他们说："孩子们，看看还有什么可以丢掉的。"学生们翻出口袋，最后连"烦恼"也给丢掉了，只剩下"谦虚"和"正直"。他便笑着对他的学生说："孩子们，你们终于学会了放弃。"

解析

从苏格拉底带给他学生们的这个故事里，我们发现：人之一生，藏于心灵深处的东西很多很多，由此背上了心灵的重负，所以，需要我们放弃的东西有很多。

命里有时终须有，命里无时莫强求。也许放弃后会得到更好的，古人云：鱼与熊掌不可兼得。如果不是我们应该拥有的，我们要学会放弃，几十年的人生旅途，会有山山水水、风风雨雨，有所得也必然有所失。我们只有学会了放弃，才会拥有一份成熟，才能活得更加充实、坦然和轻松。

孩子的这种取舍意识，应该从小就培养起来，因为它是一种智慧，一种通过后天努力就可以培养起来的处事经验和做人的道理。父母一定要有意识去培养孩子这样的品质。

1. 让孩子把握方向，懂得坚持与放弃

在孩子成长的道路上，要设定切合实际的目标。让孩子明确自己的优势在哪里，放弃自我设置的错误信念和做法，树立远大目标。让孩子学会放弃那些自己明显没优势的领域，让他们明白放弃并不是胆小鬼的做法，而是"以退为进"，争取更具生命力的东西。当然如果选定了适合自己的目标就不能轻言放弃。例如，孩子天生活泼，喜欢跳舞，刚进入舞蹈班时可能充满了好奇与兴奋，但是跳舞也是一件苦差事，压腿、倒立，可能没几天孩子就会打退堂鼓，此时家长就要鼓励孩子不要半途而废，提高受挫能力。

2. 让孩子敢于作出决定

人生的道路充满了抉择和挑战，所以从小培养孩子果断决策的能力是日后成功的必备条件。所以在日常生活中，一些小事情家长完全可以放手让孩子作出决定，避免优柔寡断。当然更要鼓励孩子有冒险的意识，因为风险与机遇是并存的，同样也是锻炼孩子胆量的机会。例如，家长与孩子同游公园，有一个新开通的"鬼屋"项目，这时家长可以让孩子与小伙伴们同行，而不是在家长的带领下进入。勇于冒险，勇于探索，更要勇于承担责任。

3. 让孩子懂得有所为，有所不为

"勿以善小而不为，勿以恶小而为之"，这是古人教育人如何行事。同样，在家长的帮助下孩子设定了自己的目标，接下来就是要辅之以行动，切不可让孩子存在投机取巧的心理，天才=99%的努力+1%的天资。不要为了达到目标采取一些不得当的方式。例如，考试成绩不理想，为了取悦家长，孩子可能擅自修改分数。这修改分数只是一个小事，但它背后隐藏着孩子各种不良的心理储备。家长一定要从小事抓起，引导孩子正确的处事态度和方法。

4．培养孩子好的习惯，放弃不良习惯

常听有些老人讲：成功是有惯性的，失败也是有惯性的。老人所讲的惯性，其实就是处事的风格和方法。这种处事风格需要不断的磨炼才能形成，因此，想要形成成功的惯性首先应该培养孩子正确的行为方式。并将这种方式不断强化，使之成为孩子行事的一种习惯，进而才能有了这样的惯性。具体而言，可以培养孩子做事有计划的习惯，珍惜时间的习惯，热爱运动的习惯，等等。优秀的习惯是未来优秀人才的第一步！

5．知足者常乐，放弃完美心理

古人云："食色性也"，都是人类基本的需求，也可称之为欲望。人没有欲望不行，因为没有了前进的动力，但欲望太大更不行，因为欲望会让人丧失了自我。孩子还是一张白纸，未来无限美丽的图画将在这张白纸上呈现，如果从小就被功名利禄、欲望塞满了大脑，这张白纸就丧失了其应该有的本色。教育孩子不要为富贵所诱惑，不要为金钱而放弃自己的理想，培养孩子事事不必完美的心理，孩子必将终生受益！

4.10 忍让：让孩子避免在游戏中的冲突

现在的孩子懂得忍让的并不多见，究其原因有二：一则大多是独生子女，娇生惯养，在家里谁都让他几分，久而久之便有些霸道。这样的孩子对人不会宽容，更不会忍让，一切以自己为中心，心中无他人，这是不好的现象，不利于孩子的健康成长，应该引起母亲的注意与重视。二则竞争，不能忍让。于是在同龄儿童发生争斗时，一定要自己的孩子获胜，否则回家就会受到   冷落。

忍让是智慧和善良的表现，他并非懦弱，并非无能，而恰恰是自信、坚强和识大体的表现。大家都知道"将相和"的故事，以蔺相如后来"位在廉颇之右"的官职，不一定斗不过廉颇，但是，他深知"两虎相斗，其势不俱生"的道理，于己于国都不利，因而处处忍让，才有最终的"将相和"。对他人的宽容其实是人生的一种豁达，更是一个人有涵养的表现。俗话说：退一步海阔天空。因此，让孩子学会忍让才是正确的教育方法。作为母亲要不时地提醒孩子：不要和别人争强斗胜，给别人让一条路，同时就是给自己留一条路。

陈景润是中国第一代数学家，堪称时代的楷模，世纪的丰碑。这位数学巨星，尽管已经去世多年了，然而，他研究哥德巴赫猜想和其他数论问题的成就，至今仍然在世界上遥遥领先。在陈景润的成长过程中，母亲对他个性发展影响很大。陈景润的母亲是一位典型的农村妇女，勤劳善良，为人宽厚忍让，她认为吃点亏没有关系，从来不与人斤斤计较，也从来不让自己的孩子与人争强斗胜。在母亲的教育下，陈景润学会了宽容忍让。上学后，由于瘦小体弱，陈景润常受人欺负，但他并没有太在意这些事，总是以一颗宽厚的心包容同学的所作所为，最后，同学们都被他的宽容征服了，都和他成了很好的朋友。

在陈景润的人生之路上，继母对他的影响也很大。在他10岁时，母亲突然病逝，少年时代的无忧无虑，很快因为一场突然降临的灾难淹没在苦涩的泪水里。父亲经过慎重的考虑和选择，娶了后妻。未谙世事的陈景润，感到从未有过的迷惘，一个陌生的女人闯进了他的生活，并且要担任管教他、抚养他的角色，他不知怎么办好。陈景润保持沉默，静静地用自己的眼睛观察，然后判断是非。有一次，陈景润带着弟弟去找伙伴们玩，他们玩弹弓打麻雀的游戏。不料一位调皮鬼失了手，从弹弓中飞出的小石块，如子弹般击中了陈景润弟弟的嘴唇，顿时，血肉模糊，惨不忍睹。陈景润吓呆了，陪着弟弟大哭起来。小伙伴们全慌了，连忙把陈景润的弟弟送进了医院，缝了好几针。继母闻讯赶来，她没有责备陈景润和弟弟，也没有责备那个调皮鬼，而是自然而然担当起护理孩子的天职。他的弟弟嘴唇浮肿，不能吃饭，继母噙着泪，用小汤匙一口一口地喂孩子牛奶。这一切，陈景润都看在眼里。他不善言辞，却用温和的目光表达着自己心中深深的感激。在他的内心，已经接受了这位宽厚仁慈的母亲。

继母宽容、善良、忍让的秉性，更加深了母亲对他宽容忍让的教育。温和、宽厚成了陈景润的做人原则。这种做人准则对陈景润这位痴心的学者来说恰恰是必不可少的，他的与世无争、疏于人情世故顺应了他潜心治学的需要，使他能心无旁骛，全身心地在数学王国里耕耘，并最终摘取了哥德巴赫猜想这颗数学皇冠上的明珠。

解析 1

　　在生活中，孩子由于阅历尚浅，处理问题往往急躁、冲动，不能宽容别人，对别人缺乏理解，稍微受点委屈就大发脾气，怨天尤人，造成人际关系不和谐，还将宝贵的时间浪费在这些琐事上。为此，培养孩子的宽容与忍让势在必行，那么，父母要从以下几个方面入手。

1. 良好的家庭环境

　　如同什么样的土壤适合什么样的庄稼生长一样，一个整天吵闹不休的家庭是很难造就出一个具有和蔼品质的孩子的。民主、平等、宽松的家庭环境，无疑利于孩子形成宽容的品质。

2. 处理孩子之间的矛盾

　　孩子不能缺少玩伴，同时，孩子之间又极容易产生矛盾。能否正确对待孩子之间的矛盾，对培养孩子宽容的品质十分重要。正确的做法是，在孩子与别的孩子产生矛盾时，如果过错在自家孩子，应该主动让孩子去给对方认错（如孩子太小，可以由家长陪同）；如果自家孩子吃了亏，过错又在对方身上，也不能表现出过分的激动和不平，更不要轻易地去为孩子"讨个说法"，而是在宽慰孩子的同时，分析矛盾产生的原因，教给孩子避免矛盾的方法和解决矛盾的途径，而不是去争个"高"论个"低"。

3. 教会孩子换位思考

　　学会从别人的角度考虑问题，并且承认对方有表达自己看法的权利。那么孩子不仅可以理解别人，赢得友谊，而且会与别人很好地沟通。还要多给孩子与同伴交往的机会，使之从中得到锻炼，让孩子体味到只有团结、宽容、谦让，才能享受到友谊的快乐。

　　教会孩子忍让固然重要，但忍让并不代表退让。适度的忍让是大度，是宽容，而无原则和一味忍让则是懦弱的表现。因而家长对孩子谦让的教育一定要把握好度，否则不仅会在孩子幼小心灵中留下不可磨灭的痕迹，也会让家长遗憾终生。

实例 2

糖糖六岁，聪明伶俐、热情而善良，不过每每说起她的善良，妈妈心里总不是滋味。

镜头一

当别人动手打糖糖时，她既不跑也不还手，只是愣愣地看着别人。而且碍于大人之间的情面，妈妈也只好违心地说："没关系！"之类的话。有时妈妈也会气恼地对糖糖说："他打你，你也可以打他。"可糖糖可怜兮兮地望着生气的妈妈说："那他妈妈就不高兴了。"女儿的话让妈妈感到心酸。

镜头二

当糖糖第一次伸手打别人时，妈妈说："弟弟小，你要让让他。"或"哥哥大些，你要跟哥哥友好。"假如小朋友来家里玩，要搭糖糖的积木，她不肯给的时候，妈妈就说："她是客人，让她玩吧！"

女儿就问妈妈："妈妈，为什么弟弟小，要我让；哥哥比我大，他却不让我呢？"我不知如何回答，只好说："因为你最懂事。"

解析 2

从这个案例我们可以看出，母亲与女儿之间对"忍让"似乎存在不同的理解。忍让有时是善良、宽容的表现，是一种朴素的修养和美德。当长者容忍幼者在成长过程中无礼冒犯的时候，当强者对弱者的过失宽大为怀的时候，当在理者对无理者一时的挑衅置之一笑的时候，当教者为学者的错误和特立独行提供一个宽阔空间的时候，我们能说他们的忍让不是一种大度的品性，不是一种别样的善良吗？这种修养和美德不是高不可攀的，有时就是人的善良本性的自然流露。

糖糖是一个善良的孩子，但她的做法确实存在一些问题，小女孩的忍让已经过了头，即使本意是善良的，可一味的忍让必然产生消极的后果。

1. 道出"善良"真正的含义

父母，一方面要积极肯定孩子的善举；另一方面，能够引导孩子理解什么是真正的善良，让孩子在为他人着想的同时不光是一味忍让。因为善良不等于懦弱，而且，要让孩子明白，做一个好人，仅有善良是不够的。《东郭先生》和《农夫与蛇》的寓言故事可以很好地启发孩子什么是真正的善良。善良不是一再忍让。当孩子的利益受到侵犯时，父母可以引导孩子用自己的力量去感化别人，让侵犯者感到自身的错误，并向自己道歉，这才是上上之举。

2. 情景思考

父母可以有意识地给孩子展现有关善良与忍让的不同情境。这些情境可以是假设的，更多地应该是父母在日常生活中捕捉的。父母要有发现的眼睛，发掘的意识，捕捉一些稍纵即逝的瞬间，有意识地给孩子点明情境的特点，让孩子对不同情境的特点有感性认识后，更能够对比不同情境下的忍让行为所带来的可能结果，让孩子通过自己的分析和判断，逐渐懂得善良，学会忍让，尤其是要学会有限度地忍让。

3. 学会拒绝忍让

父母要帮助孩子确立这么一种信念："有时候挺身而起，奋力反抗的效果更好，得寸进尺是愚人常用的计策，一再忍让反而助长其嚣张气焰。该出手时就出手，给点厉害瞧瞧也是不得已而为之！"如果你的孩子做到了这一点，那么，他不但能让自己走出再受欺负的困境，而且还可能帮助一个即将犯更大错误的人。

第5章

做孩子的顾问——快乐个性

大家可能会有这样的经验，小时候调皮捣蛋的孩子长大后往往都比较有出息，而那些循规蹈矩的孩子长大了却是默默无闻。为什么会这样呢？心理学的研究发现，童年期的经验对个体日后的成长有至关重要的影响。个体的个性习惯和品行是从小养成的，小时候形成的良好个性习惯有助于长大后更好地适应社会。所以，为了孩子的明天，请从今天做起！

5.1 想象力：学会培养孩子的想象力

爱因斯坦说过："想象力比知识更加重要，因为知识是有限的，而想象力概括着世界上的一切，推动着进步，是知识进化的源泉。"每个人都有想象力，就像每个人都有一把伞一样，如果不张开就没有多大用途，尤其是培养儿童的想象力，对开掘儿童的创造力，对儿童度过快乐的童年，具有十分重要的作用。

想象力是从思维开始的，当孩子开始为自己所做的事情讲理由时，那就是想象力的萌芽，这时作为家长或者监护人不可因为那些理由听起来滑稽可笑就随意抹杀掉孩子的想法。那我们成人是否想过要不是瓦特有了对"蒸汽怎么能将壶盖顶开"的思考，人类又如何迎来蒸汽机时代？只可惜现实生活中成人不经意间的做法对孩子的想象力发展造成了巨大的伤害。

"有这样一个真实的故事，在某个学校的考试中，有这么一个问题：雪化了是什么？"这个问题对于稍微有点常识的人来说，是很简单的，但是老师在后来的阅卷中发现，有一个孩子给出了一个出人意料的答案："雪化了是春天。"然而，这个别出心裁的答案被打上了一个鲜红的"叉"号，至于原因，自然是因为跟标准答案不符。好一个跟标准答案不符！在我们看来，它如同一把坚硬的锉刀，毫不留情地磨掉了孩子们的想象力。但判卷的老师也是言之凿凿：我们这道题目考察的是孩子对于物理知识的掌握，雪化了当然就是水，虽然这个学生的答案非常有想象力，也很有诗意，但是他的答案与标准答案不符，不管他的想象力何等丰富，我们也只能给他判错。

想象力是思维的产物，如今大部分教育都是应试教育。框架式的教学形式限制住了孩子充分想象的空间，而且容易使孩子产生定式思维。

其实，社会上已经有许多有识之士开始着手保护孩子的想象力了，哈尔滨市少儿活动中心就曾经创办了一个想象绘画班，然而最后的结果，却叫主办者哭笑不得。在想象绘画班开办了一段时间后，主办方为家长们开了一个绘画成果展，然而没想到的是，看着孩子们把马画成蓝色、绿色，家长们生气了，这是咋教的？这不是误人子弟吗？尽管校方再三解释这是要给孩子一个想象的创作空间，可80%的家长还是让孩子退了学。

这不由得叫人想起一个故事：世界著名作家歌德小时候，他母亲常给他讲故事，但他母亲讲故事的方法比较独特，总是在讲到中途的时候停下来，留下一个让小歌德想象的余地，让他自己发挥想象力，继续说下去，这就很好地激发和保护了孩子的想象力，使歌德后来成为了举世闻名的大作家。

想象力的产生并非空穴来风，家长与教师要指导孩子多接触事物、多观察事物，加深对事物的理解，丰富知识，增加表象储备，为想象力的发展作好准备。想象的内容尽管可以千奇百怪，但知识的储备必不可少，以已有表象为基础。有人曾做过这样的实验，让幼儿园的孩子想象人类祖先的形象，结果孩子们都把现代老爷爷的样子当成了人类祖先的形象。这就说明缺乏表象储备，是难以有正确的想象力的。

实例

1999 年 4 月 12 日，成都一名女孩几乎同时收到了包括哈佛大学在内的四所美国名牌大学的录取通知书，并以全额奖学金的方式免收每年高达 3 万多美元的学习和生活费用，这个女孩就是当时仅有18岁的哈佛女孩刘亦婷。刘亦婷的成功当然离不开父母从小对她的教育，在谈到对她的教育过程中，刘亦婷的父母专门提到了他们很重视对她联想能力和想象能力的指导和培养。

解析

想象力的培养，其实并不是像我们一般认为的那样是十分抽象和困难的。生活中的点点滴滴小事情都可以作为训练想象力的工具。

1. 一物多用

想象力离不开发散思维，发散思维能力可以结合日常生活培养。例如，用各种废旧物品作为装饰画或手工制作的原料，就是极有趣的创造性活动。让孩子用鸡蛋壳画画，用糖纸折跳舞的女孩，还用旧纱窗和刷子自制喷绘贺卡。有些孩子很喜欢参观工艺品商店和各种美术展览，各地能工巧匠变废为宝的奇思妙想，对孩子思路的拓展也很有用。

日常生活中还有许多问题可以让孩子动脑筋。例如，一个塑料袋、一根铁丝、一根旧自来水管、一张废报纸……你能想出多少新用途？菜刀、吹风机、电话、吸尘器……除了通常的功能，还能拿来干些什么？只要动动脑筋，这样的问题在身边可以找到很多。

2. 寻找事物之间的相关性

世界上任何两个看似风马牛不相及的事物之间，实际上都存在着很多间接的"关系链"。利用这个原理可以搞下面的思维训练：说出任意的两样相隔甚远的事物（如"刮风"和"甲骨文"）让孩子找出它们之间的关系渠道，越多越好。以"刮风"和"甲骨文"为例，它们之间的联系可以是"多风多雨—干旱—掘井—发现文物—甲骨文"，也可以是"刮风—沙尘暴—荒漠化—甲骨文加载"等。这种游戏式的训练，最适合利用三两分钟的零碎时间进行。只要有人陪着玩，再用点激将法，多点鼓励，孩子就有兴趣。

3. 口头辩论少不了

在小学阶段，有的学校可能会组织各种各样的辩论赛，其实这样的辩论在家里也可以进行。因为在"唇枪舌剑"的辩论中，由于好胜心的驱使大脑会搜集一切所知的信息，组合成有力的论点和论据。家庭辩论会虽然听众不多，但是如果父母能够认真听取、真心赏析，同样可以极大地调动孩子的积极性。随着知识和经验的增长，辩论、讲演的话题也可以随之升级，尽量涵盖孩子的知识面，使大脑存储的信息被频繁调用、反复组合。从小常参加这类活动，能使思维活跃，思路宽广，促进联想和想象力发展。

4．拓展知识和兴趣面

想象力与知识面具有密切关系，好似骏马与草原。草原越大，马儿跑得越远。上面案例中的父母曾提到：婷儿四岁时，一个阴天的下午，一位老奶奶牵着两个同龄孩子在田野里散步。老奶奶问："你们看，天上有什么？"那个孩子看了看天空说："天上有烟——炊烟。"小婷儿则滔滔不绝地说："天上有云，云后面有恒星、行星和卫星，卫星在围绕着行星转，行星在……"很显然，受过早教的婷儿"知识草原"更大，对天空的兴趣和想象的空间都大得多。

总而言之，想象力的培养可以不拘一格，对孩子进行想象力的教育，首先家长就要打破常规，因地制宜地利用家庭环境，为孩子创造出有利于想象力自由驰骋的空间。

5.2 好奇心：兴趣是激发孩子创新的动力

人的创造能力的提高始于小学低年级时期。每个孩子都具有潜在的或正在萌发的创造能力，而这种创造能力对促进孩子的全面发展起着重要作用。创造能力是智力活动的一种表现，创造能力越高的人往往具有较好的个性品质和积极的情感体验，表现为自信、自立、兴趣广泛、喜欢探索、情感丰富等。这些品质会对孩子今后的学习、生活、工作产生积极的影响。因此，在家庭教育中如何培养孩子的创造能力，是值得每一个家长思考的问题。

实例

我国古代著名的中医李时珍自幼喜欢大自然，在他的家后院有牡丹、芍药、土茯苓、蒲公英、还有各种昆虫，如蟋蟀、蜻蜓、蜈蚣等，野外山上还有许多奇花异草，各种飞禽走兽，这更加吸引了他，他经常和小朋友们在大自然中去玩。在很小的时候，他就记住了牡丹花的根叫"丹皮"，可以治鼻出血，蒲公英可以治嗓子干痛……大自然中的医药偏方他记得很熟，得到了乡亲们称赞。李时珍自小立下大志，下决心长大当医生，最后终于成了中国名医，并利用大自然这个医学宝库，写出了世界名著《本草纲目》。

伟大发明家爱迪生小时候一次问他妈妈："母鸡把鸡蛋放在屁股底下干什么？"他妈妈告诉他是为了孵小鸡。他出于好奇心，为了模仿母鸡孵小鸡，他就偷偷地藏在一间没有人去的小房子里，也蹲在鸡蛋上孵起了小鸡，连吃饭都忘记了。

爱迪生从小淘气，学习成绩很差，仅上了三个月小学就被除了名，老师认为他是一个低能儿，已经无法教了。又由于家庭贫寒，很小的时候就去当学徒了。爱迪生在他妈妈耐心鼓励下，后来他居然成了世界第一流的伟大的发明家，他发明了电灯、留声机、电影等，他一生中完成了近两千多项科学发明。

钱学森小时候爱做纸飞机。他用纸折成头部尖尖的，还有一对后掠的翅膀的纸飞机，他的飞机比同学们的飞机飞得远，飞得最好，而且能讲出其中的道理，在班上得到了自然课老师的表扬。老师称赞钱学森折叠的飞机里面有科学，一能保持平衡，一能减少阻力；并能巧妙地借助风力、浮力，所以他的纸飞机才能飞得又远又稳。自然老师惊叹：这个小孩真聪明，他似乎懂得某些空气力学的常识，将来也许会成为一名很有名的科学家。

数十年过去了，自然老师的话变成了现实，钱学森成为了世界知名的航天科学家。

快乐是敲出来的

132

解析

上面所述的这些名人轶事我们大多耳熟能详，正是这种好奇心、动手能力、创造性思维的驱使，才铸就了他们日后伟大的基业。那我们又应该如何从小培养孩子的好奇心、创造力呢？

1. 好奇心需要滋生的土壤

19世纪，德国的著名"神童"卡尔·威特的父亲打个比方，说父母不重视孩子的提问，甚至以粗暴的态度对待孩子的提问，就等于是给孩子施行了一种催眠术，使孩子陷入到一种消极的幻觉状态，连眼前的人和物都看不到了。也就是说父母使孩子的探索精神白白枯死，孩子就会坠入蒙昧状态，变得懒惰和愚蠢。良好的家庭环境能使孩子的性格活泼、乐观，孩子容易产生愉快的情绪体验和积极向上的探索精神。在这种环境中成长的孩子往往具有较强的好奇心和求知欲。

孩子有时候会打破砂锅问到底，其执着令人惊讶，有的问题父母也难以回答。家长应热情、耐心地对待孩子的提问，绝不能不耐烦地说"去去去，真麻烦"，或很神秘地说"等你以后长大了就明白了"这类的话。如此种种，其结果必然会使孩子对周围事物的新鲜感慢慢减少，创造的热情也随之降低。作为家长，我们可以经常向孩子提出种种他们能够接受的问题，引导他去思考、去观察。

2．勤奋刻苦和注意力是创造性的基石

数学家华罗庚常说一句名言"天才出于勤奋，聪明在于积累。"他还说过："在中学时，别人花一小时，我就花两小时。而到工作时，别人花一小时解决的问题，我有时就可能用更少的时间去解决了。"他还带出了优秀学生，陈景润就是其中之一。在家庭教养当中一定要注意培养孩子的注意力和刻苦精神，不要让孩子因为一些小小的挫折就打退堂鼓。再伟大的创造和发明也需要踏实肯干的精神支持，要辅之以行动才能获得成效，光是动动嘴那不叫创造性！

3．回归大自然，保护好奇心

自然界是我们人类最好的教师，它具有无比丰富的知识，一切书本的知识都来源于它们，然而又远远不及它们所包含的知识丰富。人们从书本上学到的知识，还要在自然界中加以检验、补充、扩展。因此，要想孩子获得更丰富、更生动的知识，最好是让孩子经常放下书本，到大自然中观察、了解、思考。

4．不可忽视的想象力

但凡伟大的创造发明都离不开不寻常的想象力支撑。有许多父母教育孩子，只是注重灌输各种知识，却忽视了对孩子想象力的培养。大人们对孩子循规蹈矩的教育，往往会扼杀孩子的想象力，把孩子的学习变得呆板、枯燥、乏味。因此，无论是学习还是游戏，家长都可以适时地提供给孩子想象的空间，并通过具体的动手活动，让孩子将想象到的东西创造出来。有研究表明，创造力强的人，小时候一般比较顽皮敢于大胆想象和质疑，富有首创性。而过分的威严和强制，太多的干涉和禁止，则会抵制孩子的独创性和创造性，妨碍孩子创造力的发展。要培养出想象力丰富的孩子，家长就必须开动脑筋，通过各种方式、方法，调动起孩子的学习积极性，激发起孩子想象的兴趣。

5.3 感知心理：让孩子与大自然亲密接触

现如今，对生活在都市里的孩子来讲，因为学习任务的不断增加，家长对他们的要求也不断提高，然而在学习重压之下他们越来越缺乏必要的户外活动了，这对孩子身心健康的发展极为不利。因此，家长要在空闲的时候适时地带孩子到户外去。例如，野炊、郊游等，既锻炼了身体，也给孩子一个与自然界接触的机会。

依据孩子爱玩好动的天性，郊游应该是他们最热爱的活动之一，它可以拉近孩子与自然的距离，让他们领略身边山山水水的美丽和自然的妙趣，可以沐浴明媚的阳光，呼吸清新的空气，缓解学习压力。开阔课外视野，培养热爱大自然的情操和集体主义意识，增进同伴之间的友谊，学到许多课本无法给予的知识，有益于孩子的身心健康和快乐成长。可以使他们获得充足的氧气和日光照射，太阳光可以促进人体的新陈代谢；阳光中的紫外线可促进人体维生素 D 3 的合成，帮助人体吸收钙。新鲜空气有利于保持清醒的头脑，解除疲劳，使精力充沛，增强抵抗疾病的能力。空气中的负离子，能促进人体的新陈代谢，提高各种器官的功能，能使人的精神愉快，有助于体力和智力的开发。

人们常说：生命在于运动。多进行户外运动同样有助于脑细胞潜力的开发。研究发现，人脑右半球主要负责空间关系、音乐认知、艺术等直觉形象思维活动；而左脑则是负责逻辑思维活动。让孩子参加户外活动，或者观赏野外景色，进行各式各样的体育活动，不仅有助于大脑左右脑的开发，还有助于两个半球的协同发展。大量的研究发现，那些聪明的成功人士他们大脑两半球的信息交流量要远比一般人高。

实例

美国华盛顿大学心理学家彼得·卡恩和他的学生在《心理学潮流》杂志上发表文章，对人类与自然接触的深层意义进行了探讨。

卡恩等人的一个实验是比较人与大自然接触以及人在看到电视展示的相同画面时血清水平的高低。结果表明，与大自然相处比通过电视看到大自然的画面更容易缓解人的压力。

另一个关于宠物的试验是，让孩子与机器宠物狗接触，了解他们与机器宠物狗和与真正宠物之间的互动。结果表明，孩子们会把机器宠物狗看成是另外的生物。但是，他们与真正的宠物狗之间会建立更社会化更深层的关系。"机器和电子宠物正开始取代活生生的宠物。这种趋势带来的最大的担心是，虚拟自然会改变人类与真正自然相处的感受，从而造成我们所谓的环境失忆症。"

解析

让孩子与大自然亲密接触，不仅是让孩子的身心得到充分的放松，更重要的是培养孩子探索未知、发现未知的方法和意识。培养孩子在学校课程以外学习、获得科学知识的能力，这种知识的获取是孩子主动出击的结果，与在课堂上被动的接受是大不相同的，因而给孩子留下的印象也比较深刻。

那么面对广阔的自然天地，如何使孩子掌握科学的学习方法，主动探索未知呢？

1. 引导孩子细心观察，认真收集资料

观察现象、收集信息是孩子获得硬性经验的基本途径，也是形成、发展和检验自然科理论的实践基础。现代是信息时代，获得信息方式很多，如让孩子观察云与天气可鼓励孩子直接到户外观看天气的多种云朵，与大自然亲密接触，再按时收看中央电台的天气预报，做好记录，也可在室内上网查询相关天气网站或到气象站找专家采访，并通过写出访谈录等方法收集信息，渠道是多样的。孩子在收集、处理信息的过程中，有了对现有信息的捕捉能力，为把信息转变成自己的知识打下了基础。同时通过信息的收集、筛选，不仅拓宽了知识面，缩短了与大自然的距离，而且与自然更加亲近了。

2. 通过自然现象引发讨论

丰富多彩的自然世界包罗万象。在课堂上，由于条件有限老师只能三言两语地"道破天机"，陈述一个自然现象，学生当时是明白了，可是印象不够深刻。要想让学生真正领会和理解知识，就要引导学生"看"、"做"、"想"，要花时间组织学生去观察、去记录、去大胆实验。一位聪明的老师在教学"声音的传播"一课时，先引导学生说自己怎么知道已经是上课时间呢？学生说：听到上课

的铃声就知道了。然后从生活实际入手，引导学生发现问题，激发了学生的探究情趣，鼓励学生大胆猜想和假设，声音究竟是怎样传播的？它能在哪些物体中传播？请学生们根据日常生活经验提出自己的猜想，学生交流讨论，并进行探究实验：学生们有的将耳朵贴在桌面上，用手敲桌面；有的敲墙壁，顿时课堂欢闹起来。学生的手、眼、耳、脑、嘴被充分调动起来。

3．不仅要学会观察，更要学会动手

自然学科注重于孩子在观察与实践中培养其运用科学规律大胆进行创造的能力。它重在指导孩子自主探究和应用知识，保持和发展他们对周围世界的好奇心与求知欲。

所以，家长可以有意识地引导孩子们运用已有科学知识大胆去设计，去制作。鼓励他们敢于异想天开，不要被一些客观因素束缚自己的手脚，"该出手时就出手！"不妨步子迈得大一些，尽管有时会跌倒。

总而言之，自然界蕴含着无比的财富和力量。不要让往日的高楼大厦遮住了孩子不断探索未知的眼睛。波兰人认为，大自然中的气息、光影和声响，都可使孩子长得更为结实、更为健康，同时还可给孩子营造一个更为和谐、更为宁静的心灵世界，所以他们总是乐意让婴幼儿尽早投入大自然的怀抱。所以，我们今天的家长在教育孩子时，在努力培养孩子各项技能的同时，不要剥夺了孩子亲近大自然的权利。

5.4 观察力与创造力：学会观察对孩子成长很重要

实例1

小荣是个一年级的小学生，聪明活泼，惹人喜爱。但做作业和考试时常出现马虎粗心的错误，比如，汉字拼写能把"江"写成了"红"，把拼音"m"写成"n"等。每次考试，这类错误都让小荣丢掉很多分。在家里，小荣也常表现出类似的问题，有时妈妈让他找样东西，明明就在眼皮底下，可他东张西望老半天也找不到，小荣妈妈觉得他的智力没有问题，可能就是学习习惯不好，是不是这样呢？

小荣所表现的问题与儿童的观察力有直接的关系。观察是孩子认识世界、掌握知识的重要途径。实践教学中发现，孩子观察力的强弱对学习成绩有直接影响。有些拼音、生字的字形和写法只有细微差别，观察力较强的孩子能够识别，而观察力较差的孩子就常把它们认错或写错。

一般而言，引起观察力不足的原因有三个方面：先天遗传因素、自然发展因素和后天训练因素。

先天遗传因素是指儿童的大脑先天发育不足，部分早产儿的观察力较差。注意力维持时间较短，就属于这种情况；有些孩子的母亲在孕期内吸烟、饮酒或服用禁忌药物，也可能造成孩子的大脑发育不良。自然发展因素与儿童的能力发展有关，许多儿童在八九岁之前，视知觉加工能力尚未成熟。儿童在学习过程中，80%以上的信息要通过视觉传递到大脑，如果儿童的视知觉能力落后于实际年龄水平，就有可能出现看错行、抄错数、丢字漏字等粗心马虎的情况。这种原因导致的观察力问题，可随着年龄的增长，至十五六岁时自动消失。

最后，后天训练因素是指孩子的家庭教育环境，有些儿童的观察力较差是由于家庭教育方法不当，导致注意力的分配和维持出现问题所致。比如，有的孩子边吃零食边写作业，或者边听音乐边写作业，注意力不集中，很难对学习内容进行深入思考，从而养成了"一心二用"的不良学习习惯；有些家长不了解培养孩子的科学方法，过度满足孩子的需要，比如，经常更换玩具和各种书籍，使孩子很容易"见异思迁"，对任何一种刺激的注意力维持时间都不长久。研究表明，注意力的分配和维持对儿童观察力的发展具有重要影响。

要培养孩子的观察力，家长可以从以下几个方面入手。

1. 养成良好习惯，学习需要专心

家长要引导孩子将学习和其他活动分离，学习时专心投入，给孩子提供固定的学习场所，学习过程中不应有过多的无关干扰；兴趣是孩子有效学习的前提，在孩子充满渴望的状态下提供学习或游戏用品，才是最有价值的。有些家长觉得现在经济状况好了，给孩子买些吃的玩的或者学习用品，是理所应当的，但却没有考虑到孩子的实际需要。过度满足的最大害处就是：孩子得到一切都太容易，所以没必要劳心费神地自己去争取。对于得到的东西也不懂得珍惜。

2．利用各种环境诱发孩子的观察力

孩子在家里的时间比较多，对家里一切（亲人、物品、家具）比较熟悉。家长可有意识创设各种有利于孩子观察的情境与机会。如电视放不出图像，让孩子亲自看看，插头是否插好？碟带是否放入？客人来了，家里人各自采用怎样的行动招待客人？等等。让孩子不断得到观察的锻炼。大自然是培养儿童观察力的好课堂。孩子如果家居城市，家长应带孩子到公园、广场、动物园、植物园去散步、游玩、欣赏；或带孩子去参观自然博物馆、花木虫鸟展览会等。如果孩子家居郊区、农村，家长可放手让孩子去观察，去动手，并有目的的加以引导。

3．观察需要有的放矢

明确观察目的，有两项功能：一是教育孩子树立有目的的观察意识。了解观察力对智力发展的重要性。家长应明确告诉孩子：一个人是否聪明，不仅包括对问题的反应是否足够快或足够准确，还包括对一件事或一个人的观察是否仔细。让孩子自己重视观察能力的培养，而不是仅将其视为一种"粗心马虎"的小毛病；二是教育孩子在观察任何事物时，都要有明确的目的，即观察什么，为什么观察。孩子对观察任务的了解直接影响到观察的效果。观察目的越明确，孩子的注意力就越集中，观察也就越细致，越深入，观察的效果也就越好。

4．教给孩子具体的观察方法

孩子没有形成好的观察力，可能是因为生活经验的缺乏而没有掌握好的方法，此时家长可以交给孩子正确的观察方法。

（1）观察一个物体。有顺序地进行观察，让孩子根据观察对象的外部特点从整体到局部或从局部到整体，从左到右、从上到下、从外到内，以及一一对应的观察。从不同角度进行观察，家长应引导孩子从远处、近处、正面、侧面等各个角度进行观察。

（2）对两个或两个以上的事物对比观察。家长为了使孩子能更准确地认识事物、提高孩子的观察力，可以让孩子对两种或两种以上的物体或现象进行比较，找出他们不同点和相同点。比如，比较爸爸和妈妈、鹅和鸭、小草和韭菜、日出和日落……

（3）动静结合对比。动态观察指按先后顺序或方向位置观察物体的变化；静态观察指按物体的颜色、形状等进行观察，建立基本数学概念，理解数学法则。孩子学会动静结合的观察方法，可以为以后看图解题打下良好的基础。比较是一个鉴别的过程，也是提高孩子观察力的好方法。比如，让孩子观察其他孩子的绘画作品，并同自己的作品进行比较，指出优点和不足；对于某种复杂动作，可让孩子进行重复观察。这种方法可以强化孩子大脑皮层形成暂时性的联系，并能使各个暂时性联系之间相互贯通，逐步形成动作的连贯一致，反复观察有助于孩子形成对事物的整体认识。

实例2

1. 尽量不限制孩子

我会尝试我父母的做法，花一定的时间陪孩子，和他们一起变着花样玩耍。我弹琴时，欢迎他们也上来按上两下，尽管那声音很难听，但是我依旧会表现出欣赏和快乐。我绝对不会用过高的要求去浇灭他们的热情。 父亲：安德鲁·亚当森

2. 做你最想做的事

在我们家还有个传统：自制生日蛋糕。我通常会按照习惯，用米糕打底，上面铺上香草粉，让孩子们按照自己的意愿放进彩虹豆、小熊软糖、棒棒糖以及他们所爱吃的东西，我们在生日聚会上分享这个充满创意的蛋糕。我总告诉孩子：去做你最想做的事吧！母亲：波比·布朗

3. 要允许孩子犯错

我自己对书籍如饥似渴，几乎无书不读。我会按照自己的成长经历，为孩子提供自由的空间，并且相信他有能力掌控自己的想象力和创造力。我会允许孩子犯错，并且帮助他从错误中学习。我认为，建立在想象基础上的活动，要远胜于那些为孩子设计好每个细节的玩具和游戏。父亲：罗伯特·莎布塔

解析2

如今的父母都知道培养孩子创造力的重要性，可惜的是，大部分的家长都不知道到底怎样培养、激发和保护孩子的创造力。以上的语录都是出自几位大师级人物的父母，他们有的是《怪物史莱克》的编剧，有的是著名彩妆大师，有的是全球最红的纸艺大师，寥寥数语的育儿体会，是否能给您有更多的启发呢？

所谓创造能力，通俗地说就是善于创造和创新的能力。这种能力在人的一生发展中具有极其重要的作用。创造力强的人，勇于弃旧求新，别开生面；不盲从，不轻信，不随便附和他人；他善于创造性思维，好问好想，好探索，能发明创造崭新的成果。孩子的创造力不是凭空而来的，而是通过其平时仔细观察周围事物，先在脑海里留下对事物深刻的印象，再经过自己的思维活动，然后进行实践而获得的。任何心智健全的人，都具有程度不等的创造潜力，这种潜力能不能被开发出来，关键在于教育。如果教育不得法，创造潜力就会被扼杀、被埋没。

那么在家庭环境中如何培养孩子的创造力呢？

1. 营造一个适合创造的心理氛围

孩子天生就有创造性。家长在精神方面要尊重孩子的自主性。让孩子有一定的独立性和自主性，让孩子能自由地想，大胆地发表自己的意见和评论，并做出自由的抉择。家长不应该让孩子屈从自己的意志，应处处使孩子感到进行创造的心理自由。

一般来说，孩子的行为方式、思维方式等往往与众不同，他们的独特思路、想法有时看起来可笑，但却反映出他的创造性。现实中，有的家长硬要强求孩子顺从他们的要求，给孩子设立了很多框框。这样，孩子的创造性得不到赞扬和鼓励，有时还会遭到训斥，他只好处处顺从，不敢越雷池一步，原有的创造性被埋没了。因此，家长应该鼓励孩子把他的独特个性和创造性发挥出来，允许孩子按照自己的意愿去从事自己感兴趣的活动。不要以成人的标准要求孩子，不要过分强调孩子的顺从，更不要讽刺和挖苦孩子那些看上去可笑的想法和举动。只有这样，孩子的创造力才能得到充分的发挥。

2. 想象是创造的基石

创造离不开想象，孩子靠想象力开启幻想世界之门。只有在这种自由幻想世界里，创造性思维才会萌发。对于孩子所表现出的、所谈论的理想及抱负，以及建立于幻想上的自我概念等，不要认为孩子荒唐，异想天开，不切实际，就不屑一顾。反而，要给予支持和指导。同时要耐心地帮助他们，使孩子明白过多、过分夸大的再现是不正确的。引导他们从正确的思路上去想象、去创造，理想要与实际相接近，与实际生活相符。

3. 培养创造性的意识

创造意识是一种独特的心理过程，是产生一些新颖、奇特的看法，或者制作出一些全新产品的思维过程。而儿童在游戏中已经有所显示了。但这种创造性，可能没有被孩子意识到，所以家长要采取有效的手段，使孩子能有意识地建立起这种创造性思维。例如，家长可以给孩子多讲些古今中外科学家孩提时的故事，让孩子看看科学家是怎样创造性地解决问题并获得成功的。给孩子讲述，瓦特看见水开了，壶盖会跳动；牛顿看见苹果从树上掉下来，就认真思考，深入研究，后来都成了世界著名的发明家。同时，家长也要鼓励孩子不拘泥于别人的思路，不重复别人的答案，能开动脑筋，独抒己见。

4．给孩子提供实践的机会

在适当的情况下，家长要给孩子提供创造的场所和环境。给他们安排出合理的创造时间，让他们在自己的"试验田"里辛勤地耕耘，并且要时不时地指导他们的工作，发展他们的求知欲，历练他们的创造精神。当然，任何一项创造发明都是极其艰苦的过程，他需要创造者拥有百折不挠的决心和毅力。因此，动手的过程就是培养孩子知难而进、顽强拼搏的过程，只有有了这样的精神，才能在创造的道路上越走越好。

5．创造性思维

创造性思维是创造力的核心，在创造性思维成分中，发散思维是最重要的成分，其流畅性、变通性和独创性对于创造活动来说是极为关键的。孩子生来具有创造性的萌芽，如果给予正确的训练和培养，就可以发展成为创造性思维。为了发展孩子的创造性思维，家长可以向儿童提出各种有启发性的问题，引导孩子积极思考，从多个角度解决问题。

另外，培养孩子创造性的途径还有很多，例如，扩大孩子的知识面，知识丰富是创造的基础；注重非智力因素的培养；培养孩子的创造性人格等。家长应该懂得，创造才能是教育培养的结果，是有心的家长辛勤扶植的结果。

5.5 坚持：关注孩子的兴趣和爱好

人们常说，兴趣是最好的老师。对孩子兴趣的培养，也就是对孩子进行思想培养的起步。有何种兴趣爱好，孩子日后在社会上就会表达出怎样的个性和修养。一个人对某个事情感兴趣，那就是找到了兴奋点，他会由此不断表达前进的愿望和志向，只有在这个时候他的生命才会显得充满了活力。形成对一种事物的兴趣和爱好固然重在修养，但也有一半因素在于环境的影响。良好的兴趣不只出于才智，也产生于对事物的判断。兴趣可以产生记忆，兴趣也可以产生良知。兴趣衰退会使杰出的人失色，兴趣的淡漠常是走向平庸的开始。兴趣虽然表达在对事物的态度上，反映的却是自己个性品质。兴趣是真实的自我，是自我对外表达的美，是一种个性的张扬。

对孩子进行兴趣培养，其实也是关注了孩子的个性发展。不管是个性还是爱好，它们的建立都是一个漫长的过程，它们的建立离不开家长的支持和鼓励。因为任何事情刚开始的时候孩子可能会比较有兴趣，但是如果时间一长，面对枯燥无味的重复操作，兴趣就会大减，这时就需要家长的支持，特别是到了困难时刻，就要与孩子一道克服各种艰难险阻，渡过难关。

实例

记得儿子上小学三年级的时候，学校有兴趣班可以报名，儿子想报排球班，我和他爸爸都支持他，但我们心里清楚儿子不一定能吃得了那个苦。

果然，两个星期后，儿子苦着脸跟我说："妈妈，打排球没劲。老师整天让我们跑步、学兔子跳、做仰卧起坐，太累了。"

我笑着对儿子说："儿子，老师那是在练你们的耐力和弹跳力，这是打好排球必备的基本功，我相信你是好样的，别人能行的你一定也能行。"

儿子好强的性格我是知道的，我要鼓励他，同时也要帮他。我和他爸爸特意为儿子买回了排球，鼓励他和同学们一起玩，我们去看他的训练、比赛，经常同他谈排球。渐渐的我们发现儿子成了球队的明星，从一名二传手到一名主攻手，再成长为学校排球队队长。通过打排球，我们发现儿子学会了不怕吃苦的精神，做事也有了钻劲，组织协调能力大大提高。也许您会担心：孩子打排球会不会耽误学习。我要告诉您：只要安排合理，引导得当，不但不会影响学习，相反对学习还会有促进作用。

解析

家庭的环境、家长的态度和教育方式，都会对孩子兴趣的养成和成长产生重要的作用。在一个较为民主、和谐的家庭气氛中，能促进孩子健康的成长。

具体而言，家长又应当如何培养孩子的兴趣、爱好呢？

1. 平日多留意孩子的活动，发现兴趣和天赋

孩子刚上小学，接触的人和事就会变多，对很多事情都产生了好奇心，随之而来的就是旺盛的求知欲和爱美欲。由于个体的差异性，不同的孩子对事物的兴趣千差万别，如有的孩子喜欢音乐，小小年纪，对音符有近乎完美的感受，能准确地唱出每个音符；有的孩子爱好美术，不管在什么环境，他们都能随意地画起来，衣服、纸张、地面、墙壁都是他们的画纸；有的孩子记忆力强，对读过的书，看过的画过目不忘；有的孩子对各种昆虫和各种小动物有着特殊的感情，有时会为了死去一只小猫而吃不下饭，等等。但凡此种现象，都是孩子最初表现出来的对某一种事物的兴趣或在某一方面的天赋，做父母的不能熟视无睹或等闲视之，更不能横加指责、盲目否定，而应该细心观察，发现他们的兴趣和天赋，因势利导，因材施教，使孩子的兴趣沿着积极、健康的方向发展。

世界著名数学家高斯小时候是一个非常调皮、淘气的孩子，在一次偶然的机会，老师发现了这位数学天才。那天，老师出了一道算术题：1+2+3+4+…+50＝？不到 5 分钟，高斯就举手说出了问题的答案，他表现出杰出的数学才能。从此，教师专门为高斯制订了培养计划，终于使他走上成功之路。试想，如果当时那位老师对一贯调皮、淘气的高斯置之不理，其结果会怎么样呢？高斯又怎么会有日后的辉煌成就呢？

2. 多与孩子进行情感交流

孩子对于这样一个林林总总的大千世界，都是以自己美妙、奇异的幻想去感受的，与它们同欢共乐，并由此对世上万物发生浓厚的兴趣。如有的孩子对刚买的新衣、新鞋总是非常喜欢，不厌其烦地穿了脱，脱了穿，摸摸这，摸摸那；也有的孩子为了得到自己喜欢的玩具，如变形金刚、芭比娃娃等，宁愿放弃好吃的东西。有一位男孩特别喜欢橡皮泥，他的房间里、桌子上、床头堆满了各式各样用橡皮泥捏的小动物。妈妈嫌他把屋子弄脏、弄乱了，于是在帮他收拾屋子时，把橡皮泥玩具全部扔了，结果使小男孩大哭一场，一连两天都没吃饭。这些说明做父母的不能仅凭自己的爱好，按照自己的主观意愿，对孩子横加干涉，而应该尊重孩子的意愿，经常抽时间陪他们一起游戏、活动，与他们交流感情，走进孩子们的游戏王国，去发现他们的才能和兴趣，并加以正确引导。否则，只会适得其反，欲速不达，扼杀孩子的个性。

一次，一位记者采访悉尼歌剧院的总设计师，问道："是什么让你走上了设计这条路？"这位温和的丹麦人说道："是兴趣。我本来是学医的，可是学了三年之后我发现自己对医学没有任何兴趣，所以在我大三那年毅然转向建筑设计这个学科。"后来，记者在评论中写道"如果没有那次毅然的转变，这个世界上可能会多一个蹩脚的三流医生，而少了一个世界顶级的设计师。"

3. 在生活中培养孩子的兴趣

兴趣的形成并非一朝一夕之事，因此家长对孩子兴趣培养时不能着急，而要在生活中逐步培养孩子的兴趣。

（1）应营造氛围，激发动机。文学巨匠鲁迅曾说："读书人家的孩子熟悉笔墨，木匠的孩子会玩斧凿，兵家儿早识刀枪。"鲁迅先生自己小时候生活的家庭环境，就有一种很好的文学氛围，他从小熟读李白、白居易、陆游等人的诗歌及中国古典名著《西游记》等，为他后来走上文学之路奠定了坚实的基础。铃木是日本著名的小提琴教育家，为了培养孩子学琴的兴趣，他十分注意激发孩子学琴的兴趣。他先让孩子一边玩，一边看别的孩子练琴，当孩子看到别人都有琴，而自己什么也没有时，就产生了一种想要得到琴的愿望，尽管如此，铃木先生并不急于满足孩子的愿望，而是给他一把不出声的琴，让其练习拉琴姿势、指法等。过一段时间后，孩子拉琴的愿望越来越强烈，这时，铃木先生才满足其愿望。所以，营造氛围、激发兴趣是培养孩子兴趣、爱好和特长的准备阶段，做家长的不可忽视。

（2）善于对孩子进行鼓励。任何人都不可能是天生的能手。所以，无论孩子的表现是多么的糟糕，父母都不能对其乱加指责，而应该细心指导，在心理上给孩子以支持和鼓励，继续激发和保持他们的兴趣。如果孩子练钢琴时总是不专心，或者总是合不上调，这时家长不要大发雷霆，而要关心孩子，问问他们今天怎么了？有什么烦心事吗？然后调整心态继续将下面的曲子弹好。

总之，培养孩子兴趣、爱好和特长的方式、方法很多，不能一概而论，每位家长应根据自身不同的条件和孩子的不同表现，因人而异，因材施教，这样才能获得成功。

5.6 执行力：孩子的"巧手"哪里来

1997 年诺贝尔物理学奖得主朱棣文教授认为："中国的学生学习很刻苦，书本成绩很好，但是动手能力差，创新精神明显不足。"传统的教育方式，只注重动脑能力的培养，不注重动手能力的锻炼。但"纸上得来终觉浅，绝知此事要躬行"。

培养小孩子乐于动手的意识和习惯，切实提高孩子的动手能力就必须让孩子深入生活。让孩子多观察、多实践。在学校里，孩子在老师的指导下，观察、演示和动手操作，将抽象的概念、定理和理论等感性认识上升到理性认识层面。这其中动手实践也是非常重要的环节。杨振宁教授曾经指出："中国的小孩在动手兴趣和能力方面不如欧洲和美国的小孩，主要是没有动手的机会。"

实例

有研究者曾做过这样一项调查，随机对小学低年级孩子生活能力进行调查发现：一年级小学生，不会洗脸的占 49%，不会穿衣服的占 37%，而不会整理书包的占 90%以上，这样最基本的自理能力都没得到锻炼，那就更谈不上家务劳动了；另一个调查显示：1/3 的小学生极少参加家务劳动，更谈不上公益劳动了，这是孩子劳动教育严重不足的真实写照。

基于这样的调查结果，专家们将小学生劳动教育进行了如下的分类：

低年级：穿衣服、系鞋带、洗手、洗脚、叠被、洗手帕、洗袜子、整理图书和玩具、擦桌子、扫地、削铅笔、整理书包、作值日。

中年级：洗小件衣服、收拾屋子、倒垃圾、钉纽扣、包书包。

高年级：布置房间、缝补衣服、刷鞋、打扫院子、打扫楼道、积极参加社区和学校组织的活动。

面对这样的情况，家长必须鼓励孩子做些自己力所能及的事，不要越俎代庖，要让孩子在实践活动中不断增强自身的动手能力。必要时要给孩子一些指导，让孩子运用已经学过的知识解决生活中的实际问题。

解析

家长又当如何正确地教育和引导孩子进行劳动实践呢？我们认为可以从以下几个方面入手。

◆ 利用好奇心·培养孩子的参与感

孩子的思维活动常常是凭借事物的形状、颜色、声音和动作来进行的，他们对自己感觉器官所接触到物质材料充满了好奇心。我们利用这一点激发孩子的参与兴趣。生活中选择一些没有危险的、适合孩子自己学着做的事，在处理过程中让孩子参与一起做，虽然他做得还不够好，但从参与当中自己已经会动手了；反复多次的参与之后，他就会越做越好了。另外，孩子的模仿力是很强的，他会偷偷模仿大人做的事。我们利用这一点，故意在他的视觉范围做一些想让他学的事情；如遇枯燥的事情，我们可以以比较幽默的方式激发他的兴趣（比如做事时唱唱山歌小调、摆动一下身子等），让他有兴趣来模仿着做。

◆ 要有创造性，不怕脏和累

动手能力与创造性活动是密不可分的，当孩子想动手干些事情的时候，家长就可以给孩子讲一下简单的道理，并做一些示范，然后，再让孩子进行模仿。例如，让孩子剪一个三角形、正方形、五角星，等等。经过几次动手练习之后，孩子就会剪出比例合适，角度正确的图形。这时，孩子就会产生一种成功的喜悦，激发起更大的动手能力和创造欲。

动手劳动时是要付出代价的，有时候孩子会不小心把手弄破，把衣服弄脏。这时，有的家长就会阻止孩子的活动，不让孩子动手操作。这实际上是一种因噎废食的做法。家长应先告诉孩子可能出现的危险，并做好预防措施，再让孩子动手。这样，一方面锻炼了孩子的动手能力和创造力，又不会出现危险。换句话说，即使衣服脏了点，家长动手洗一下就行了，如果孩子的动手能力差从而影响了孩子的智力水平的提高，孰重孰轻，不就很清楚的吗？

◆ 讲究方法，不断鼓励

我们的家长应该意识到任何一项新的动手技能都需要一定的原有动作基础。例如，孩子学习弹琴，如果孩子本来喜欢在电脑上打字，那么这对弹琴就会很有帮助。所以，培养孩子动手技能时，不要忘记从基本开始；从小培养的各种动手能力，对他们将来的生活、学习和工作都会很有利。

我们成人都有这样的经验：学习某个东西，当达到一定程度后想要再提高就变得很困难。这就是心理学上讲的"高原期"。孩子的动手能力发展到一定阶段也会出现这样的停滞现象，这时就要鼓励孩子不要放弃，继续学习，当达到新的阶段时就会产生质的飞跃。

◆ 处处留心皆"锻炼"

家长应随时随地培养孩子的动手能力。学习电子琴、钢琴、打字等都可以灵活锻炼手指，促进眼、耳、脑、手的配合，既开发了孩子的智力又掌握了一定的技能，我们何乐而不为呢？对于生活不是很富有的工薪阶层，家长可以让孩子练习团纸、折纸、玩橡皮泥。在日常生活中，家长也还可以让孩子自己动手剥鸡蛋，让他先磕一下，再一点点地把鸡蛋皮剥下来，皮上还要尽量不带蛋白。经过多次练习，孩子就会熟练地自己剥鸡蛋了。这对灵活运动孩子的手指、腕部关节，提高动手能力是十分有益的，同时，还能培养孩子的耐心。因此，培养动手能力并不一定需要花很多钱，用家里平常的东西，只要家长肯于动脑，照样能培养出心灵手巧的孩子。

俗话说：授人以鱼，不如授人以渔。知识的记忆是短暂的，方法的掌握是长远的，知识使孩子受益一时，方法将使孩子受益终生。培养孩子的动手能力应贯穿其人生成长全过程中，但其中又以小学阶段尤为重要，这需要我们家长不断努力并与学校老师配合起来，多给孩子学习和锻炼的机会。

5.7 自信心：让孩子自己作出决定

心理学大师弗洛伊德指出："受到母亲无限宠爱的人，一辈子都保持着征服者的感情，也就是保持着对成功的信心，在现实中也经常取得成功。"现代家庭中的孩子，有时候会有缺乏自信心的表现。缺乏自信是与生俱来的个性特点，但我们更应该看到生活经历也是造成孩子缺乏自信心的重要原因。

如果您的孩子有不愿意做比较困难的事、频频要求得到认可、遇到困难犹豫不决、常常消极悲观、祈求帮助、孤僻沉默等现象，那您的孩子可能会对生活或者学习缺乏自信心。这时候，作为家长就应该将培养孩子的自信提上议事日程了。

培养孩子的自信得从父母的爱开始。从小就能给予孩子最慈祥、最纯真的爱是培养孩子自信的最根本的环节。一个人可以被别人歧视，而且有可能由于这种歧视带来发愤图强的效应。但是，任何人都万万不能被自己的父母歧视。一个被父母歧视的人不可能有自信，没有自信的人根本上就是一个病态的人，更谈不上成才了。因而，在家庭教育中想要获得真正的成功，父母就必须付出真爱，用爱的雨露不断滋润孩子的心田。在脉脉的温情当中给孩子创造出成长的适宜环境，让孩子能永远地生活在和谐愉悦、团结奋进的家庭氛围当中。当一切都很顺利的时候，我们需要这样做；当出现困难挫折的时候，更需要如此。为人父母不能因为孩子的冲动和错误而做出了过激的反应和惩罚，这样不仅会伤到孩子的自尊心，甚至会伤及孩子本来就不够强大的自信心。而自尊和自信一时的丧失，可能终身无法挽回。回首很多失败的家庭，都曾有过这样那样类似的痛苦经历，而等到父母真正意识到时为时已晚。

◆ 信任是自信的源泉

当孩子处于小学阶段时，社会性自我高度发展的时期他们的知识、技能尤其是自信主要是通过对他人的观察和模仿而获得的。所以这个时候家长的关心和爱护以及鼓励都可以取得神奇的效果。这时候孩子都很乐意参加各种各样的集体活动，在不同的集体活动中体验着不同的社会角色。小学生由于还未形成完整的自我概念，不能对自己做错的事进行客观、合理的归因，往往认为是自己不行，因而产生一种自卑感，对该活动失去信心，这时候需要站在一边的家长对其投去赞许的目光以表示肯定。这种信任和肯定会让孩子在失意的时候又重拾信心和勇气。

◆ 赏识与鼓励

人需要赏识，孩子也不例外。孩子往往会很看重权威人士对自己的评价。在孩子看来，家长和老师都是权威人士。在学校里，如果老师很赏识孩子，那孩子就会觉得自己会有进步的，能学好，认为自己是老师心中的好学生，因而也就产生了学习的内部动力。在家庭，孩子做些事情得到了父母的肯定，那孩子一定美滋滋的，觉得自己能够独立完成一项任务，觉得自己挺了不起的。诺贝尔化学奖获得者瓦拉赫，在被多数教师判为"不可造就之才"以后，另一位教师从他的"笨拙"之中找到了他的办事认真、谨慎的性格特征并予以赞赏，让瓦拉赫学化学终于使他成了"前程远大的高才生"，获得了诺贝尔化学奖。这就是"瓦拉赫效应"。

现代儿童教育观一直很提倡对孩子的鼓励。要建立孩子的自信心，家长就应该适时、适地并有效地鼓励孩子要有自己的想法，敢想、敢做、敢拼，在拼搏中表现出自己的价值。对孩子在学习和生活中所做的哪怕是一点努力而克服的困难都要给予肯定和表扬，因为成就感是建立自信心最好的动力。

◆ 创造时机展示自我

每个孩子都有自己的优点和长处，看到他们的长处和优势，让孩子形成良好的自我意识，相信自己是一个好学生，对自己充满自信。让他们在一定的公开场合"亮相"。当他们取得成功时，哪怕只是微小的进步，我们都要及时给予肯定和表扬，使他们尝到成功的喜悦。千万别小看表扬的作用，能鼓励孩子更有信心，鞭策孩子向更高的目标不断进取。

培养孩子的自信心，除了以上说到的三点之外，其实还有很多很多。有很多的教育工作者结合多年工作经验总结出了很多培养自信的方法，我们概括起来可以包括以下几点。

一、尊重孩子。任何有关孩子的事，不管是生活方面还是学习方面，都要尽可能听从孩子自己的意见，即使我们认为是不正确的，也要尊重他的想法，讲明理由，给出建议，不要粗暴的否定。

二、让孩子带路。每次出门，不管是拜访亲友还是外出旅游，总是让孩子走在前头，为我们带路。

三、除非对号入座，一律挑最前面的位置坐。无论是开会、听课、看演出，都坚持这样做。

四、经常有意识地与孩子争论问题。自己站在错误的立场上，让孩子在争论中取胜，然后及时予以表扬鼓励。千万不能老是让孩子输，更不能在日常生活的争论中以老压小，使孩子难堪。

五、鼓励孩子当众发言，培养当众辩论的能力。

六、经常练习正视别人，用有力的目光注视对方，并且保持笑容。

七、保持良好的走路姿势，昂首挺胸，两眼向远方看。经常有意识地加快走路速度加快。

八、经常用暗示的方法，使孩子相信自己是个特殊人物，将来必定有出息。这样能使孩子经常保持良好的自我感觉，而且对自己也会有较严格的要求，这对培养孩子的自信心确实有很重要的作用。

九、即使遇到最大的失败，如高考落榜，也不能用严厉教训或惩罚的方式对待孩子。相反，应该加以特别的关怀和安慰，还要用暗示的方法使孩子相信天无绝人之路，并用塞翁失马的故事进行开导，使孩子相信有时坏事会变成好事。我们的孩子在成才的路上也经历过几次山重水复疑无路的时刻，我们就是用这种方法助他们渡过难关，赢来柳暗花明又一村的境界。

十、尽量找出优点及时给予鼓励，这不仅对一般孩子有效果，即使是优秀的孩子也很需要鼓励，天才也需要从自己的成果中获取进一步发展的动力，如果自己的成果得不到及时的承认，天才也会因为缺乏动力而枯萎。对那些成绩较差的孩子来说，更需要用这种方法来培养他的自尊和自信。

归根结底，用真爱去培养孩子的自信和自尊，才能让孩子一生都保持着获胜者的优越感，保持着对胜利的渴望和自信！

5.8 学会尊重：从尊重孩子的隐私权做起

孩子有了隐私，许多做父母的总是千方百计地去侦察，如翻抽屉、看日记、拆信件，甚至打骂训斥。殊不知这种做法会伤害孩子的自尊心，造成孩子沉重的精神压力，甚至产生敌意和反抗，采取全方位的信息封锁和防备措施，导致父母与孩子关系的恶化。中国的教育由于受封建意识的影响，存在着许多封建专制色彩，存在着许多不平等和不民主的东西。学校、老师、家长往往以所谓的正常教育为名，以关心学生成长为名，做出一些不平等、不民主、伤害学生人格和自尊的事。

实例

据某报报道，江西某市一位中学女生回到家，就遭到父亲怒不可遏的一顿训斥。原来，父亲偷看了一位男生写给女儿的信以及女儿的日记。女儿指出父亲的做法是"违法"的，父亲以一记耳光回答了女儿的"不敬"。第二天，女儿失踪了。四天后，在离家50多里的河湾处找到了女儿的尸体。这是一起家长不尊重孩子隐私而造成的悲剧。隐私是每个人心中不愿告诉他人的秘密。应该说人人都有自己的隐私，孩子们也不例外。

解析

心理学的很多研究发现，一次错误的教育往往会影响人的一生。有很多人在其成年以后都有很深的自卑感和不好的懦弱感，有的人甚至会产生反社会性行为，这些不正常的反应往往都是源于童年期痛苦的经历，那些心灵的创伤是难以愈合的。有些家长以教育为名侵犯孩子的隐私，其实是非常可怕的。因为他们严重地伤害到了孩子的人格等重要内容，如果引导不当的话就会发生上面实例中的悲剧。而这也是我们每一位家长、老师和同学都不愿看到的。

在美国，当孩子回到家闷闷不乐，然后花费一个小时在电话中与同学朋友耳语时，父母从来不去干涉，因为他们认为，孩子与大人一样，应该有自己的隐私。美国著名儿童心理学家维基贝克曾说道：家长的角色是帮助孩子从一个完全依赖父母的个体成长为一个独立的个体，在这个过程中家长要起到很好的引导作用，应该允许孩子有自己的空间，有自己的隐私。美国许多家长也认为，没有隐私的孩子是长不大的。对隐私的欲望，不同年龄的孩子有不同的表现。

孩子的秘密也是孩子生活的一部分，没有秘密的孩子长不大。对孩子来讲，拥有隐私不一定非要拥有自己的房间，但必须要有单独活动的空间。当然，为孩子提供拥有隐私的机会，尊重孩子的隐私，并不意味对孩子放任不管，毫不干预。孩子对隐私要求也不会延伸到生活的每一方面。家长只要在某些方面给他们某种程度的隐私权，他们就会满足了。孩子的秘密中有着成功的喜悦，失败的痛苦，有对人生的困惑和对理想的追求，有着独立解决一些人生遇到的问题，当父母不尊重孩子的秘密时，其结果肯定是孩子对父母反感，不信任父母，一旦双方形成隔阂，彼此就难以沟通，父母就无法了解孩子。所以父母在对待孩子隐私的问题上，必须注意以下几点。

◆ 平和的态度

父母应该知道，孩子心中存在秘密是很正常和普通的事，没有什么值得大惊小怪。父母应以从容的态度认真仔细地对待这些问题。不要一有风吹草动，就草木皆兵，如临大敌。不要乱翻孩子的东西，强迫孩子说出他不愿说的话。而应该主动以平等的态度与孩子多交谈，谈父母在与他同龄时的一些所思所想、成功和挫折，甚至谈一些当初的隐私，谈自己对事物的看法和想法，倾听和征求孩子的意见和建议，使自己成为孩子可以信赖的朋友。一段时间后，孩子会愿意把自己心中的秘密告诉父母，这样才能了解和掌握孩子的隐私，给予必要的指点和教育。

◆ 培养孩子自我审查、自我教育的能力

如若家长获取的孩子隐私信息里面包含着一些越轨、低俗甚至不良的因素，也不要惊慌失措，甚至是打骂一番。此时，更应该静下心来与孩子一起谈谈理想、事业、价值观、道德以及未来人生等问题，借助这些问题引导孩子自己去领悟人生处世的真理，提高孩子按照规范和要求不断调整自己行为的能力。有了这种自我教育、自我监控的能力，一些隐私中的危险因素都是可以自己解决的。

◆ 引导要注意方法

父母要根据孩子的选择给他自由，不能多加干涉。努力创造条件，发掘孩子的内心世界，减少神秘感，培养孩子的独立能力和创造能力。给孩子适当的引导，告诉孩子，哪些是属于个人的隐私，哪些是需要父母或其他人知道的。通过沟通了解孩子心中的秘密，尽量帮助孩子减少不必要的秘密，以减轻他们的心理负担。

◆ 建立起信任感

在长期的家庭教育中，家长要注意培养孩子对父母的信任感。父母在生活中兑现对孩子的承诺，如果承诺无法兑现的话也要说明理由，让孩子理解父母。例如，孩子将自己的秘密告诉给家长，父母要承诺为孩子保守秘密，且一定要守信。如果孩子需要揭示自己的秘密时，父母也要鼓励孩子自己揭开谜底，而不是父母自己包办。

最后，尽管孩子的自主意识增强，但正确的人生观尚未形成，是非观念不强，缺乏自我克制的能力，正值成长的心理危险期。所以在处理诸如学业、情感、人际关系、生活等许多问题上，还不可能把握好尺度。因而家长在细心观察孩子的思想动态、掌握孩子的内心隐私的同时，要根据其性格、爱好、特征，有针对性地采取措施，培养孩子明辨是非的能力，使他学会如何去规范自己的品德和人格，择交朋友，增进友谊，处理矛盾，不断排除和修正内心隐私世界中非健康的因素。

5.9 信念的培养：允许孩子说不

在学校里，老师常把顺从听话的学生默认为好孩子、好学生；在家庭教育中，父母把乖孩子就看做是好孩子，这种看法在我国已经有了悠久的历史。殊不知其后果是令人十分心疼的，殊不知新中国成立至今都没有诺贝尔奖获得者其实就是这种教育观念的后果。把一个充满创造性、天真烂漫的小天使，驯服成唯命是从的小绵羊，这难道就是我们的教育想要的吗？

实例

《中国青年报》曾有这样一则报道，说的是山东青岛市市南区举办的"暑期教导主任培训班"上的事，该区教委向所有教导主任公布了"市南区小学生义务、权利"。其中"权利"包括：学生有权运用法律手段维护自己合法权益；有权得到人格的尊严和公平的对待；有权对个人的隐私保密；有权能通过正常的渠道表达自己的意见、建议。这"四有权利"使学生知道遇到问题"自己应该说些什么，做些什么"，在大是大非面前，鼓励学生说"不"，这对培养小学生的法律意识和独立思考能力是极有帮助的。因为要说出"不"的原因，孩子能不开动脑筋去认真思考吗？这样做无疑也激发了学生学习的积极性，规范了他们的行为，什么该说，怎么说，什么该做，怎么做，心中就有了一把尺子，真正地体现了"教育以人为本，以学生为主体"的精神。

解析

从这则报道中我们可以看出，学校已经开始鼓励孩子说"不"了，那么孩子回到家里就更应该如此。在一些家庭里，听大人说的话，大人说什么就是什么，这是"好孩子"的唯一标准，胆敢有所"反抗"的话，立刻就会被认为是大逆不道。管教孩子是父母的责任和义务，这个不假，但是父母确实应该明白，孩子虽未成人，但是他们也有自己的独立人格，他们也是有思想和言论自由的，家长应该鼓励孩子发表自己的见解。家庭生活民主，环境宽松，孩子能畅所欲言，其好处是很多的。如，可以比较及时准确地了解孩子的情况，使管教有的放矢，长善救失；可以根据孩子的合理意见，改善家庭育人环境，改善家长形象，提高家长素质，更好地起到身教和言教的作用；可以帮助孩子逐步深入、全面地认识他人、学校和社会。

当然孩子的各方面还是不成熟的，从他们嘴里说出的"不"难免显得幼稚、片面，甚至是可笑，但就是这些幼稚、片面，它们都是孩子成长中存在的问题，是孩子健康成长的必由之路。若禁止孩子说"不"，必然会使他们的思考能力萎缩，以致扼杀他们的创新意识，使他们缺乏主见。我们都知道儿童是发展着的个体，他也有自己的思想和人格，要想真正地发挥出孩子对活动的主动性、积极性，培养独立思考的个性，就必须改变以往的做法：允许孩子说"不"、允许孩子有自己的看法和见解，允许孩子有自己的"独立宣言"。

事件

有位老师曾这样回忆到：那天，在教孩子们画小鸡时，看到天天把小鸡的嘴巴画成了圆嘟嘟的模样，"这哪是小鸡，都快变鸭子了。来，马老师帮你改一改"。说时迟，那时快，还没等天天有什么反应，我就"唰唰唰"地在圆嘴巴的外面画上了小鸡的尖尖嘴。还没等我自鸣得意呢，就见天天涨红了脸，说："不，不行！"硬是从我手中夺过了笔，又把尖尖嘴改成了更大的圆圆嘴，"我画的是小鸭，它在和小鸡捉迷藏"。

孩子的"不"其实是有他的道理的，这位老师事后也感觉到：幸亏天天是个胆大、直性子的孩子，他会勇敢地挑战老师的权威，使老师认识到自己这样做的莽撞，要是换成了一个胆小、内向的孩子，也许，就在老师自鸣得意的时候，会挫伤孩子的自信心，扼杀孩子丰富的想象力和细腻的情感。

鼓励孩子说"不"，其实就是给孩子为自己辩护的机会。明事理的父母都会给孩子这样的权利，因为这样做有两个好处。

第一，从孩子的争辩中，做父母的可以了解其发生某种错误行为的背景、条件以及心理动机等，有针对性地进行有成效的教育。

第二，让孩子争辩，也就为做父母的树了面镜子，父母通过听取子女的争辩，检验自己的教育方法是否得当，说的是否在理，发现不妥之处可以及时调整。

孔夫子曾说过："父亲有敢于争辩的儿子，行为就不会无礼。"

心理学家们经过大量科学调查得出了这样的观点：能够同父母进行真正争辩的孩子，在以后会比较自信、富有创造力和合群。德国心理学家安格利卡·法斯博士证实："隔代人之间的争辩，对于下一代来说，是走上成才之路的重要一步。"

孩子与父母的争辩在孩子的成长历程中至少有以下两点益处。

（1）刺激孩子智力的发展。孩子勇于与父母争辩的直接原因是他们语言运用能力的进步和参与意识的觉醒程度提高。在争论时，孩子必须根据自己对环境的观察分析，选择、运用学到的词汇和表达的方式，试图有条理地表达自己的欲望，挑战父母。这无疑有利于刺激孩子语言能力的发展。

除此之外，通过争辩孩子可以学到争论、辩论的艺术，这对孩子日后的发展是有利的。

（2）帮助孩子形成意志。心理学家认为，敢于与"权威"争执能帮助孩子变得自信和独立。在对抗中的孩子感觉到自己受到重视，知道怎样才能贯彻自己的意志。孩子与父母争辩后注意到"父母并非总是正确的"。辩论的"胜利"，无疑使孩子获得一种快感和成就感，既让孩子有了估量自己能力的机会，也锻炼了他们的意志力，培养了自信心。

因此，家长应为孩子的争辩创造一种宽松、平等的氛围。在争辩的过程中，家长应循循善诱、以理服人，莫以为孩子与父母争辩是对父辈的不敬。

作为希望子女成人成才的父母，应以正确的教育观念，真诚赞赏、热情鼓励孩子说"不"，在民主、自由、平等的讨论过程中，循循善诱，以自己较完美的人格魅力熏陶、感染孩子开动脑筋、善于思考、勇于创新，使他们成长为社会需要的有用之材。

5.10　勇气：让孩子敢于面对自己的错误

在我们中国有句古话："好汉做事好汉当。"勇于承认错误是中华民族的传统美德，我们在平时的家庭教育时一定要注意对孩子进行这方面的培养。当孩子由于自己的错误损害了他人的利益时，一定要让孩子自己向别人赔礼道歉，在可能情况下，要赔偿他人的损失。这不仅是为了取得别人的谅解，更重要的是要让孩子从小就对自己的言行负起责任来，要让他们切实体会到"好汉做事好汉当"的真正含义。

实例1

日本著名的文化人类学学者高桥敷先生，在他《丑陋的日本人》一书中，曾详细记述了这样一个真实的故事：当年，高桥敷先生在秘鲁一所大学任客座教授，当时与一对来自美国的教授夫妇比邻而居。有一天，这对夫妇的小儿子不小心将足球踢到了高桥敷先生的家门上，一块花色玻璃被打碎了。

发生了这样的事情，高桥敷先生和他的夫人按照东方人的思维习惯，估计那对美国教授夫妇会很快登门赔礼道歉。然而，他们想错了。

那对美国教授夫妇在儿子闯祸之后，根本就没有出现。

第二天一大早，是那个孩子自己，在一位出租车司机的帮助下，送来了一块玻璃。小家伙彬彬有礼地说："叔叔，对不起。昨天我不留神打碎了您家的玻璃，因为商店已经关门了，所以没能及时赔偿。今天商店一开门，我就去买了这块玻璃。请您收下它，也希望您能原谅我的过失。这种事情再也不会发生了，请您相信我。"

理所当然地，高桥敷夫妇不仅原谅，而且喜欢上了这个通情达理的孩子，他们款待孩子吃了早饭，临走时还送他一袋日本糖果。

事情本来可以划上"句号"了。然而，出人意料的是，当孩子拿着那袋糖果回家之后，那对美国教授却出面了。他们将那袋还没有开封的糖果还给了高桥敷夫妇，并且解释了不能接受的理由：一个孩子在闯了祸之后，不应该得到奖励。

在这对美国夫妇看来，这个"男子汉"应该学会为自己的行为后果负责。男孩为了赔偿打碎了的邻居家的玻璃，可能花掉了他自己所有的零花钱。尽管如此，父母可能也不会给他任何的经济补偿，如果数额还是不够的话，父母可以"借"给他钱，但他必须有自己的还款计划。比如，早晨为附近的邻居送牛奶、取报纸，周末为别人修剪草坪，节约自己每周的零花钱，等等。之所以这样做，是让他为自己的过失付出代价。只有付出这种代价之后，他才能接受这个宝贵的人生教训。

解析 1

按照我们中国人的传统行为方式，孩子如果做错事，可以由大人代替孩子出面向别人道歉，其用心就是出自疼爱自己的孩子。其实，这种"疼爱"不是真正意义上的疼爱，这只不过是在客观上为自己的孩子袒护了过错，孩子并未因自己的过失而获得任何教训，也更谈不上为自己的言行负责了。"不积跬步无以至千里"，任何的小过错，都可以成为孩子成长路上的垫脚石，家长不可事事都为孩子"兜"着而使垫脚石变成挡路石。

实例 2

我国著名科学家钱学森先生，年轻时曾在美国加州理工学院攻读航空博士学位。他的导师是空气动力学教授特奥多尔·冯·卡门，被人们尊称为"超音速时代之父"，在科学界威望显赫，可谓享誉世界。

一次，钱学森研究的一项成果，突破了卡门教授对相关科技的一项结论。他在向卡门教授汇报自己的研究结论时，卡门教授一时间无法接受，十分生气地大声说道："你讲错了！"

钱学森深知自己老师的性格，当时并未予以争辩，回到实验室后，他又反复仔细地试验自己的研究结论，发现没有任何误差，这再一次证实了自己得出的结论是可靠的，他心中感到了踏实，决定明天再找老师讨论一下。

可令钱学森没有想到的是，第二天一早，不待他自己去找老师，卡门教授就已经亲自来到了学生宿舍。

他找到钱学森以后，先是向钱学森深深地鞠了一躬，然后充满歉意而又诚恳地说：“昨天你汇报的结论是正确的，我的看法是错误的，这是我经过整夜思索得出的结论。”

卡门教授这种严于律己，向学生当众承认错误的做法，感动得钱学森热泪盈眶，在场的其他学生也都深受感动，大家更加尊敬德高望重的卡门教授，许多学生还由此确立一个信条：吾爱吾师，吾更爱真理。

钱学森对于这一信条和卡门教授勇于认错的行为铭记于心，此后数十年的工作和学习中，每忆及此心中都深感温暖，每讲及此情时都难以抑制。而且，他也坚决追随着卡门教授那高尚的人格，实践着这一信条。

解析 2

人人在世，孰能无过？上面案例中的卡门教授，能够在第一时间当面向自己的学生承认错误，这需要多么大的勇气，但做过之后产生的影响确实是巨大的！卡门教授真切的认错举动深深地影响了他的每一位学生，这或许也是钱学森日后能功成名就的一个因素吧。事实胜于雄辩，往往大人的一个举动，一个眼神都会影响到孩子，所以要想培养孩子勇于承认错误的难得品质，父母首先要以身作则，让自己的行为在潜移默化中不断影响孩子。当孩子有了“精彩”表现时，一定要及时予以鼓励、表扬。此外，父母要帮助孩子找到犯错误的原因，然后和孩子一起寻求解决的办法。很多时候，失败的经验、教训更能够推动一个人的成长。高明的父母可以让孩子在否定自己的过程中看到自己的成长，体会到更深刻的成就感。

实例 3

列宁 8 岁时到姑妈家做客，在和表兄妹们做游戏时不小心打碎了一只花瓶。因为当时没有人看见，当姑妈问是谁打碎的时候，列宁和其他的孩子一样说"不是我"。但是，列宁的母亲玛丽亚·亚历山大罗夫娜从他的表情上知道花瓶是他打碎的。这位母亲知道，自己必须想个办法让孩子承认错误。当然，最简单的办法是直接揭穿这个"骗局"，并当面惩罚他，但这位明智的母亲没有这样做，她知道最重要的不是惩罚，而是教育儿子在犯错误后勇于承认错误，做一个诚实的好孩子。

母亲知道列宁是十分好强的孩子，粗暴的训斥会挫伤他的自尊心，空洞的说教也无济于事，唯有提供充分的时间让他进行自我道德评价，在内心深处萌生出羞愧感，让他自己纠正自己的谎言。于是，她装出相信列宁的样子，在3个月内一直没有提起这件事，而是给他讲各种各样的诚实守信的美德故事。在这段时间里，母亲明显感觉到列宁不如以前活泼了，似乎在受着良心的煎熬。

一天临睡前，母亲又像往常一样，一边抚摸着列宁的头，一边给他讲故事。忽然，列宁失声痛哭起来，哽咽着对母亲说："我欺骗了姑妈，那个花瓶其实是我打碎的。"母亲听了非常欣慰，笑着安慰道："你是个诚实的好孩子，给姑妈写封信，向她承认错误，相信她一定会原谅你的。"列宁马上起床，给姑妈写了一封道歉信。

解析3

这则"列宁打碎花瓶"的故事相信很多人都耳熟能详，这里值得称道的是列宁母亲的"冷处理"办法，它是在尊重孩子的前提下让孩子经过长期的思考和自我道德审查后自己承认错误。这种办法能让孩子从内心深处意识到说谎不是好孩子，而诚实才是美德。我们广大父母从这个故事中得到的不仅是教育孩子像列宁一样有敢于承认错误的勇气，更重要的是学会列宁的母亲这种引导孩子勇于承认错误的教育方式。她没有选择当面拆穿孩子的谎言的方式，而是用很多故事对孩子进行旁敲侧击，引导孩子，这是非常有艺术的教育方式。

5.11 自省：创造时机，让孩子重新认识自己

每个人都会在某个特定的时期，特定的时段对自己有了一个重新的认识，这种认识我们或许可以将其称为内省。内省就是发自内心的认识，它是经过长时间

的思考对自己作出的重新判断。

一位旅居国外多年的华人曾在自己的博客中这样写道：记得我在德国时，房东的一个三年级孩子给我看他的一篇作文，他的愿望是将来当个马戏团小丑。这如果让中国的老师或父母来看大概会被认为是胸无大志，孺子不可教也！但是他的老师则在作文后面真诚地表示：祝你将来成为一个把欢笑带给全世界的人。这对我很有启发：如果做父母的习惯于把自己的愿望当成别人的愿望，那么孩子就难以"认识自己"。

中国有句古话："三岁看大，七岁看老。"它说的是一个人的品行、道德之类在很小的时候就会有所展露。透过这句古话，我们应该看到的是，每个孩子在其孩提时代都会对自己的未来有所憧憬。但是，国外的很多教育者对大多数中国孩子要当科学家、企业家和明星的愿望十分不解。他们认为上述的这些职业距离孩子都是比较遥远的，为什么中国的孩子不去接受一些生活中随处可见的一般职业呢？记得一位伟人曾这样说过："将宇宙飞船送上天的是人才，将马桶修的不漏水的同样是人才！"

在日常生活当中，一定要帮助孩子正确地认识自我，这会对孩子的行为调节是十分关键的。一般儿童都是通过他人，尤其是在他心目中权威人物对自己的评价认识自己的。因而，别人的评价往往具有很强的暗示作用。

◆ 让孩子学会欣赏自己

自我欣赏是一种充满自信的行为表现。2000 年出版的国内第一本少年儿童蓝皮书指出：当今的少年儿童对自我的发展和自我的力量有较充分的估计，对自我发展充满信心。有 76.2%的儿童表示对未来充满了希望，尤其对学历的期望水平较高，希望接受硕士研究生教育和博士研究生教育的分别占到 10.2%和 40.9%。

让孩子学会欣赏自己的关键是父母首先欣赏自己的孩子。

（1）让孩子感觉到"我重要"。这种感觉也是他们今后确立自尊心的先决条件之一。在家里，家长可以要求孩子有意识地帮助家中做一些力所能及的事情，如洗洗手帕，擦擦桌子，并形成习惯，一方面可以让孩子感觉到他是家庭的一员。他在家中也应尽一点义务；另一方面，让他感觉到自己在家中的位置和作用。让孩子体会到自己的重要性，其实就是在这些具体活动中让孩子建立一个比较感性的认识，但就是这种感性的认识，对孩子日后身心的发展都是极为有利的。

（2）让孩子觉得"我能行"。儿童的无助感很不利于形成自信心，同样会产生无力感。在生活中，简单的命令式"这不能动"、"那个你不行"之类的话，会让孩子感到自己无能。即使有些物品孩子不能随便动，父母也得很耐心地告诉他："现在你年龄小，还不懂如何开关（如煤气灶等），而又有危险，等你长大后就会了。"尽管如此，家长也要想方设法为孩子创造出能让孩子施展拳脚的机会，能力感的建立会增强孩子的自信心。

总之，孩子在生活中经常从大人的眼神、微笑及口头评价中得到一种肯定，就会产生一种重要感、成功感及有力感。这三种感觉是孩子产生自尊心理的先决条件。日本儿童教育学家的一项研究表明，经常受到家长夸奖的孩子和很少受到家长夸奖的孩子，其成才率前者比后者高 5 倍。

◆ 培养孩子自我反省的能力

当孩子犯错时，家长心浮气躁的打骂是不能解决问题的，而应让他懂得羞愧和内疚。如孩子做错事，家长可直接平静指出错误所在，促使孩子自我反省，激发起他的羞愧感和内疚感，以后不再犯此类错误。

有这样一则故事：

姑姑送给花花两条美丽的小金鱼。花花十分喜欢，把鱼儿放在玻璃缸里，看它们在水中自由地畅游。一天，花花突发奇想，把金鱼从水中捞出来，丢在地板上。看到金鱼不停甩动尾巴，花花觉得挺有意思的。

"花花，你在干什么！鱼会干死的，赶快把它们放回水里去。"妈妈看到这一情景，大声呵斥花花。花花无动于衷，对妈妈的呵斥置若罔闻。这时，外婆走过来说："花花，如果你口渴时不给你水喝，你会怎样呢？"

"我会很难受。"花花不假思索地说道。

"是啊，没水喝很难受，可你把鱼从水里抓出来丢到地上，让它们没水喝，你说它们难不难受啊？而且，鱼是水生动物，比人类更需要水，一旦离开水，会很快死的。它们拼命甩动尾巴，是因为它们太难受了。"外婆开导花花。

花花不作声了。沉思了片刻，花花对外婆说："我错了，我以后再不把金鱼丢到地上玩了。"

这个典型案例是两种教育方法鲜明的对比，我们似乎可以从中得到下面的启示。

1. 不直接对孩子的错误横加指责

当孩子做错事时，家长不要一味给予斥责，这样易引起孩子的反感，对家长产生抵触情绪，使孩子内在智力的发展受到限制。这时，家长可采用冷静的态度，从侧面引导孩子进行自我反省，明辨自己的过失。

2. 让幼儿自己承担犯错的后果

孩子做错了事，许多家长常常替孩子去承担犯错的后果，使孩子觉得做错了也没关系，丧失责任心，不利于培养其自我反省的能力，使他以后容易再犯类似的错误。所以，家长应该让孩子自己去承担犯错的后果，让孩子明白，一旦犯错，将会造成不良甚至严重的后果。如花花把金鱼从水中抓出丢到地板上玩，要让花花意识到金鱼的死很可惜，金鱼缸将是空空的了，而这些都源于自己的错误行为，自己造成了不可挽回的后果。之后再去进行必要的补救措施。

3. 重视负面道德情感的良好效应

给孩子灌输正直、善良、勇敢等正面道德情感，可塑造其美好的心灵，而让孩子体验羞愧、内疚等负面道德情感也会使其受益匪浅，而且羞愧、内疚等负面道德情感与正面情感相比，更能在孩子的心中留下深刻的记忆，促使他不断自我反省，区分好坏、是非、对错和美丑，改正错误。

因此，当孩子犯错时，应让他懂得羞愧和内疚。如孩子做错事，家长可直接平静指出错误所在，促使孩子自我反省，激发起他的羞愧感和内疚感，以后不再犯此类错误。这些看似程序化的教育措施，实际上都包含着让孩子重新审视自己的行为的因素，孩子正是在这种建立——打破——建立的行为的模式中不断成长。

5.12　勇敢：让孩子明白哭鼻子不是好孩子

勇敢是学生应具有的一种优良品质，它与爱国、勤奋、谦虚、诚实、智慧、礼貌、敬业、修身等一样，是中华民族的传统美德。每一个当代小学生想要在今后的学习和生活中取得成功，就必须从小注意培养勇敢的品质，家庭教育在培养孩子勇敢的特性品质方面起着重要的作用。

一般家长应该在孩子面前表现得大胆。尤其是母亲更要注意自己的表现，多数女性在见到突然窜出的老鼠或听到突发的音响等，会失声惊叫，孩子见到此景，也会吓得魂不附体。家长在对孩子进行性别角色影响教育时，更应注意鼓励男孩子勇敢、刚毅的表现，爱护他们的独立性和创造性。男孩子喜欢登梯爬高，家长此时不要大声吓唬孩子。家长应该赞赏孩子的勇敢精神，同时要给孩子讲清只有在大人的保护下才能爬高的道理。这样既保护了男孩子活泼好动的性格，又使孩子增加了安全意识。

实例

李明今年 11 岁，上小学四年级。他平时在班里成绩非常好，老师夸奖、同学羡慕。可是他性格内向，不善言谈。经常在上课的时候不敢回答老师提出的问题，而且在回答的时候脸红，胆战心惊地害怕答错了。父母也曾反应说，李明从小就胆小，朋友不多，由于性格的原因导致人际关系比较差，在学校里很少参加集体活动。放学回家了就是看书、看电视，再不出门。

有知情人也说过李明的相关情况：父亲一向在外做生意，母亲在家务农，也没有时间多管，从小和母亲住在乡下生活，直到三年级才转学，跟随父亲，到城里学校就读。

解析

胆怯，其实质是人们对某种事物或者特定对象的胆小、害怕、畏缩，伴有相应的生理上的变化甚至出现逃避行为。胆怯是现实生活中许多人都曾有过的一种在日常生活、学习、社会交往过程中产生的情绪状态，只是表现出程度上的差别不同而已。过于胆怯，往往妨碍人们更好地适应社会生活，影响社会交往、人际关系。从上面的介绍中我们可以看到，李明整天只能一人独自在家，缺乏父母的关心。父母没有更多的时间带他到公共场所，参加集体活动，缺少锻炼，造成了性格孤僻、胆怯的心理。于是不愿主动与人交往，对同学冷淡，不理睬，好像比较高傲的样子，伙伴们也不敢与他接触，渐渐地，人际关系就会出现问题。

就李明存在的问题，我们可以从以下几方面加以干预。

1. 想方设法逆转先天不足

由于父母性格或者工作的原因，致使孩子不能正常与人交往，久而久之就会让孩子形成胆小的性格特点。家长要了解自己孩子的个性，允许孩子有一个逐渐适应的过程，同时尽量多给予孩子关心和爱，鼓励孩子与别人交往。爸爸妈妈要做孩子的榜样，不要一遇事就在孩子面前流露出胆小怕事的情绪。榜样的力量是无穷的，无数英模人物在追求真理和祖国的前途命运时，在集体和他人遇到困难、危险面前，都能表现出勇敢献身的精神，令人敬佩，值得青少年学习。

革命前辈朱德总司令在 10 岁至 14 岁期间，从老匠人及私塾教师席老先生那里，听到了关于太平天国石达开战斗和就义的故事；听到了关于清朝的昏庸、洋人的凶残和义和团反帝斗争的故事，英雄人物形象深深地留在他的记忆里，激发了他的革命英雄主义精神，从而为他走上革命道路、为革命事业英勇奋斗、矢志不渝的光辉人生奠定了基础。青少年的人生观、道德观以及性格都是在多渠道教育影响下逐渐形成的，在这样一个过程中，特别需要家长对他的关怀和指引。

2．环境因素的影响不可忽视

现在大多数人都住在商品房，一家一户的封闭环境使孩子缺乏与同伴交往的生活空间，造成孩子孤独、胆怯的性格。家长可以通过自己言谈举止的影响，来培养孩子的勇敢品质，并努力创造出一个良好的外部环境。家长在平时的生活中，对他人、对家庭、对集体、对社会，都要勇于承担责任，切忌"各人自扫门前雪，不管他人瓦上霜"。家中有客人来，要让孩子主动问候招待；别的孩子闹矛盾，要鼓励孩子去做化解工作；学校布置的活动，要鼓励孩子积极参与；课堂上，要鼓励孩子踊跃发言；家中事务，要孩子发表意见。

让孩子多参加野外夏令营。夏令营给孩子们到户外一起玩耍提供了机会和场所。心理专家认为，过去的孩子户外活动多，在大自然中探险的经历很多，走路爬墙头，上树掏鸟窝，下河摸鱼虾。父母的约束少。由于整天在大自然中玩耍，孩子们见得多，胆子自然就大，应变能力也就强，与人交往起来也比较轻松。

3．具体的引导方法不可少

除了引导像李明这样的孩子多参加一些活动之外，还要让他多观察。把自己每天的所见所闻都写成观察日记，并隔一段时间之后读给老师、家长和同学听，以增强他的胆量。也可以在他看课外读物后写一些读后感，完成之后就大声地读出来，这样不仅充实了知识，也改变了羞涩的心理状态。鼓励其上课多发言，只要有一点进步就给予及时的鼓励，这样就不断增强其自信心。

4．培养孩子树立正确的思想观念

心理学研究表明：人的思想观念、理想、信念等常常制约着人的性格形成。

一个人如果树立了全心全意为人民服务的思想，树立了远大的共产主义理想，那么，他就可能形成符合人民利益要求的勇敢性格特征，否则，"勇敢"就可能变成鲁莽、粗暴、蛮不讲理的表现形式和代名词。

最后，胆小的孩子，应注重并加强独立自主能力的培养，鼓励孩子独立完成力所能及的任务（如独立购物、自行选取适当的物品等）。鼓励并引导孩子多和别人交往，特别是与开朗活泼的同龄人交往。鼓励并引导孩子参加力所能及的社会公益活动（如参加志愿者团体等）。借助家庭、学校、伙伴、亲朋好友的作用，给孩子提供良好的社交平台。面对胆怯的孩子，顺其自然、切忌与同龄孩子比对甚至辱骂，应该不失时机地与孩子沟通，给孩子以鼓励和赞扬，帮助并引导孩子努力克服自身的弱点，尽可能避免孩子因胆怯所造成的心理紧张，以缓解孩子的胆怯，促进孩子健康成长。

5.13 自我调节：孩子为什么喜怒无常

日常生活中，有些家长总是抱怨自己的孩子情绪非常不稳定。而且，出现了这样的状况，家长总是把责任推到孩子身上，很少从自身方面找原因。这种情况如果一直延续下去的话，孩子的情绪和心理都会发生微妙的变化，直到以后发生难以预料的后果。

一般而言，孩子的情绪不稳定可能是有两个方面的原因：一是孩子的年龄比较小，自身的控制力就比较差，如还在伤心哭泣的孩子可能因一个很有趣的事件，眼泪还在脸上就破涕而笑了；也可能刚才还是兴高采烈的孩子突然就委屈地哭了起来。这些都是由于孩子年龄太小而形成的情绪不稳定。二是由于成人管教方式的问题，现在很多家长缺乏对孩子的心理健康教育，对孩子的关心不够，遇到事情不与孩子沟通，是孩子出现喜怒无常的原因之一。一些家长总是动不动就发脾气，不管是什么场合，不管有没有人，都打骂孩子。这不仅伤害孩子的自尊心，也很容易让孩子模仿。许多孩子的坏脾气就是从父母那里学来的。还有的家长对孩子娇生惯养，养成任性的习惯，导致情绪异常变化。

哈佛教授凯根长期研究发现，孩子的脾气可以改变，小时候害羞的孩子，长大后不见得害羞。所以只要给予适当的教导，孩子先天的脾气可以被改变。凯根认为，"情绪维持几秒，心情维持一天，性情终身打造"。爸爸妈妈们需要学习和掌握，甚至教会孩子调节情绪的方法，让孩子养成良好的情绪表达习惯。有研

快乐是教出来的

究表明，儿童时期具有的情绪调节能力，而不是他们的智力，是他们以后生活中能否成功、是否快乐的最好预示。

◆ 让孩子正确地认识情绪

让孩子正确地认识情绪，这是进行情绪自我管理的第一步。要让孩子懂得怎样的情绪，需要怎样的思维和处理方式，在自己情绪不好的时候也要学会理解别人。父母可以在自己或对方心情不好时，趁机引导孩子知道"我生气了"、"嗯，现在我很紧张，心跳很快"、"妈妈好烦恼、好担心"等。也可以通过图片、影视作品等多种渠道让孩子进一步感受人的不同感觉。

◆ 生活入轨、气氛和谐

成人要有意识地帮孩子建立正常的生活规范，在这样一个安全、孩子接受的环境中，要注意动静结合、生活的多样性与活泼性。用丰富有趣的生活内容吸引孩子，使孩子乐于按时进行每项活动。注意不要轻易破坏常规，这样孩子就知道什么时间做什么事，而不能为所欲为，想干什么就干什么。孩子生活有规律，较易保持稳定的情绪。和谐的家庭环境，家人之间说话和颜悦色、轻声细语，互相尊重、和睦相处都对孩子形成稳定的情绪是极有帮助的。

◆ 帮助孩子疏导不良情绪

孩子发飙时，父母一定要保持镇静，"再哭我就教训你"的话，既无法制止这种不良情绪，又可能使孩子的情绪变本加厉。因此，理智的父母应该借此机会，教会孩子调节不良情绪的方法，使之缓慢地过渡。

思想换一换，海阔天空。如果孩子陷入某种负面情绪里，通常是因为"想不开"，此时，父母可以带着他想些好事情，或引导他发现原来事情没有这么糟。孩子能够学习用不同角度和方向思考，也就可以用有创意的方式，自己想办法摆脱困境。

言语表达，动口不动气。研究证明，语言发展较好的孩子，遭受到的挫折感也比较少，因为他们懂得以语言表达自己的需要，于是容易被满足，而且当他们说出自己生气难过的原因时，不仅有助于情绪宣泄，也能获得他人的了解和安慰。父母可以在孩子生气、难过的时候，教导他们用语言而非肢体表达怒气。

转移压力源。情绪不好其实也是有压力的一种表现。这时可以让孩子做做运动，干点"体力活"，用身体运动去转移那些引起负性情绪的压力源，缓解紧张，这样孩子就会在潜移默化中学会了对抗不良情绪。

◆ 家长的榜样作用

发挥榜样作用，用积极稳定的情绪去影响孩子。父母在孩子面前要控制自己的情绪，不要喜怒无常。常有这样的父母，自己高兴，就逗孩子笑，自己生气就冲孩子发火，甚至拿孩子当出气筒，惹得孩子大哭。在孩子哭闹时，父母也要表现得泰然自若。情绪是易感染的，父母经常保持稳定的情绪，孩子自然也会受其熏陶。

◆ 对抗学习上的不良情绪

（1）家长绝不要因孩子偶尔的考试失误而加以批评或打骂，更不要对已产生焦虑情绪的孩子再施加压力，尤其不要对这类孩子强调分数的重要性，以免把他们的注意力只集中于学习的结果，而应把他们的注意力引向学内容与学习过程中，找出原因，解决问题。

（2）要注意对孩子加强学习方法指导，提高他们的自学能力。

（3）多参与孩子的学习过程，多闻多问，弱化他们的自卑或消极情绪。

◆ 切忌借酒"消愁"

父母情绪不良时应尽量避免与孩子接触。例如，在单位与同事生气，回家后就容易在孩子身上找茬儿，用孩子来发泄自己的不满。于此，笔者还要特别提醒那些喜欢"杯中之物"的父亲，饮酒时及饮酒后应尽量少与孩子接触，少去问孩子的事，仗着酒劲儿教育孩子，其危害性可想而知。

5.14 乐观：让孩子学会缓解郁闷

如今，"郁闷"已经不是成年人的专利，它竟成为不少孩子的口头禅！在衣食无忧的今天，我们的孩子为什么还会感觉到不幸福，体会到不快乐？难道在这个信息发达的社会里，还有什么东西困扰着孩子吗？

快乐是敲出来的

乐观是养生的唯一秘诀，常常忧思和愤怒，足以使健康的身体变成衰弱而有余。——屠格涅夫

不管一切如何，你仍然要平静和愉快。生活就是这样，我们也就必须这样对待生活，要勇敢、无畏、含着笑容地——不管一切如何。——罗莎·卢森堡

乐观是一种性格或者说是性格倾向，它促使人总是可以看到事情发展有利的一方面，期待着美好的结果。儿童心理学家马丁·塞利格曼认为，乐观不但是迷人的性格特征，还有更神奇的功能，它能使人对生活中的许多困难产生心理免疫力。乐观的孩子不易患忧郁症，他们也更容易成功，身体也比悲观的孩子更健康。他还认为，悲观与乐观的巨大差别就在于对有利和不利事件原因的解释。乐观者认为，美好的、有利的、令人愉快的事情总是永久的、普遍的，他们能够促使好事不断发生，而那些不利、不愉快事情的发生总是暂时的。悲观者刚好相反，他们认为好事是暂时的，坏事是长久的。在对事情究其原因时，也总是要么责怪自己，要么责难他人。

实例

美国有一对兄弟，一个出奇地乐观，一个却悲观至极。

有一天，他们的父母希望兄弟俩的性格都能改变一些。于是，他们把那个乐观的孩子锁进了一间堆满马粪的屋子里，把悲观的孩子锁进了一间放满漂亮玩具的屋子里。

一个小时后，他们的父母走进悲观孩子的屋子时，发现他坐在一个角落里，一把鼻涕一把眼泪地在哭泣。原来，他不小心弄坏了玩具，怕父母会责骂自己。

当父母走进乐观孩子的屋子时，却发现孩子正在兴奋地用一把小铲子挖着马粪，把散乱的马粪铲得干干净净。看到父母来了，乐观的孩子高兴地叫道："爸爸，这里有这么多马粪，附近肯定会有一匹漂亮的小马，我要给它清理出一块干净舒适的地方来休息！"

这个乐观的孩子就是后来的美国总统里根。他从一名报童到好莱坞炙手可热的明星，再到州长，直至当上了美国总统。这期间，乐观的性格起到了很大的作用。

解析

　　"思维心理学"专家史力民博士指出："乐观是成功的一大要诀。"他说，失败者通常有一个悲观的"解释事物的方式"，即遇到挫折时，总会在心里对自己说："生命就这么无奈，努力也是徒然。"由于常常运用这种悲观的方式解释事物，无意识中就丧失斗志，不思进取了。

　　乐观，作为一种个性特征是孩子对未来充满信心和希望并努力向前不断进取的基础。当孩子们对那些自己感兴趣的东西产生向往时，此时就会有一种冲动、一个念头产生，当他达到自己的目标之后就会有积极的情感体验，当无法达到预期或者对无法满足自己需要的事物就会产生消极的情绪体验。乐观的性格是孩子在今后人生中应对悲观、不幸、失败和痛苦等情绪体验的强有力武器。如果孩子总是无法乐观地面对人生，意志会消沉，信心会下降，前途也会暗淡。如此下去，身心健康必然会受到威胁。

　　值得注意的是，乐观的性格特点其实是后天可以培养的。心理学家们提出的早期诱发理论认为，人的性格是在后天的环境中逐步形成的，乐观的性格可以通过实践逐步培养，悲观的性格也可以在实践中逐步改造。

　　那么，在家庭中如何培养孩子乐观的性格品质？

1. 培养孩子自我认识的能力

　　孩子往往对自己的长处和短处不甚了解，对自己的个性和特点认识不清，对自己能做什么、适合做什么不清楚，对将来的目标心中无数。多数情况下是家长和老师让干什么就干什么，更有的孩子只是看到自己的缺点，对自己的所谓"短处"产生自卑心理。如果对自己没有一个正确的认识和客观的评价，在遇到挫折和竞争的时候，容易产生心理失衡。因此，要让他们明白每个人身上都有优点和不足，只有看到自己的长处才能培养乐观健全的个性。即使对成年人来说，正确地认识自我也非易事，所以，首先要懂得客观评价自己，有客观明确的生活目标，不苛求自己去做做不到的事情，这样才能在快乐的情绪中循序渐进，健康成长。

2. 遇到困难时，帮助孩子摆脱困境

　　每个孩子都会碰到不称心的事情，即使天性乐观的孩子也是如此。当孩子遇到困境时，父母要多留心孩子的情绪变化，如果孩子闷闷不乐，父母无论自己多

快乐是教出来的

168

忙，也要挤出一点时间和孩子交谈，教育孩子学会忍耐和坚强面对，鼓励孩子凡事多往好的方面想，不要尽往消极的方面想。家长在平时一定要留意孩子情绪的变化，要寻找机会多与孩子进行沟通。只有让孩子把烦恼的事情说出来，孩子才会恢复到往日的快乐。有可能的话，父母教给孩子一些保持乐观态度的方法，控制好消极的情绪。

3．不要将孩子"爱"得太深

许多孩子有时候感觉不到快乐，并不是因为他们缺少自由。而是父母对孩子的"爱"过了头。父母的爱，会阻碍到孩子的思维想法和行动，或者有的父母会越俎代庖让孩子无所适从，这样在平时的做事中也没有快乐可言。美国儿童教育专家认为，要培养孩子乐观开朗的性格，就不要对孩子"抑制"过严，而是要允许孩子在不同的年龄段拥有不同的选择权。经验告诉我们，从小就处在"民主"环境中的孩子，才会真正体验到人生的快乐。那就让我们的父母今天从"懒惰"做起，让孩子真正去抉择、去实践吧！

4．让孩子悲伤过后心存希望

孩子在遇到困境时，往往会表现出悲伤。父母应该允许孩子自由地表现悲伤。如果孩子在哭泣的时候，父母要求孩子停止哭泣，不能表现出软弱，孩子就会把心中的悲伤积聚起来，久而久之，反而造成孩子的消极心理。对于孩子的悲伤，家长首先应让孩子尽情地发泄，只有充分发泄了，心情才能逐步恢复平静。家长需要注意的是，往往孩子在悲伤之后就没有希望了，因此一定要对孩子进行希望教育。希望教育是一项细致的工程，需要父母及时地感受到孩子的沮丧和忧愁，帮助孩子驱散心中的阴影。父母要多引导孩子看到自己的进步和成绩，鼓励孩子想象自己的美好未来，让孩子对自己的未来充满希望。只要孩子对未来充满了希望，孩子必定会以乐观的心态去面对生活中的事情。

5．丰富的精神生活

丰富的精神生活可以转移孩子的注意力，同时也可以不断丰富孩子的精神世界。家长可以鼓励孩子广泛阅读课外书籍，进行思想的升华。也要鼓励孩子广交朋友，在与同龄人的交往中寻找自身的优点和不足，不断完善自己。父母可多搞一些活动，如带孩子外出游玩；也可让孩子做一些创造性的活动，如利用废物制作小作品，通过丰富孩子的精神生活，让孩子在各种活动中体会到生活的乐趣，增强对生活的信心，培养孩子乐观的性格。

最后，拥有自信十分重要。一个自卑的孩子往往不可能开朗、乐观——这就从反面证实拥有自信与快乐性格的形成息息相关，对一个智力或能力都有限，因而充满自卑的孩子，父母务必多多发现其长处，并审时度势地多表扬和鼓励，来自父母和亲友的肯定有助于孩子克服自卑、树立自信。

要努力创造和谐的家庭气氛。家庭气氛、家庭成员之间的关系在很大程度上会影响孩子性格的形成。一个充满了敌意甚至暴力的家庭，是绝对不可能培养出快乐的孩子的！

5.15 宽容：让孩子学会理解他人

一位社会学家曾这样说过："真诚待人，宽宏大量，是健康人格的必备素质，也是处理好人际关系、沟通彼此心灵的重要条件。"

孩子的宽容心是弥足珍贵的，它可以包容别人的过错和对自己的伤害。这种感情对孩子个性的发展也是极为有利的，它能够帮助孩子建立起对自己对他人健康的情感。当然，也有利于孩子发展出良好的人际关系。

1. 给孩子一个宽容的环境

一个翻译讲述的故事：在泰国的一个度假村，那时我在那里担任中英文的翻译。有一天，我在大厅里，突然看见一位满脸歉意的工作人员，正在安慰一位大约 4 岁的西方小孩，受到惊吓的小孩已经哭得筋疲力尽了。

问明原因之后，我才知道，原来那天孩子较多，这位工作人员一时疏忽，在儿童的网球课结束后，少算了一位，将这位小朋友留在了网球场。等她发现人数不对时，才赶快跑到网球场，将这位小朋友带回来。小孩因为一人在偏远的网球场，受到惊吓，哭得稀里哗啦的。

就在此时，孩子的妈妈出现了，看着自己哭得惨兮兮的小孩。如果你是这位妈妈，你会怎么做？是痛骂那位工作人员一顿，还是直接向主管抗议，或是很生气地将小孩带走，再也不参加"儿童俱乐部"了？都不是！

我亲眼看见这位妈妈，蹲下来安慰 4 岁的小孩，并理性地告诉他："已经没事了。那位姐姐因为找不到你而非常紧张难过。她不是故意的，现在你必须亲亲那位姐姐的脸，安慰她一下！"

只见那位 4 岁的小孩踮起脚尖，亲了亲蹲在他身旁的工作人员的脸颊，并且轻轻地告诉她："不要害怕，已经没事了。"正是这样的教育，才培养出宽容、体贴的孩子。

2. 教会孩子善待他人

中国有句俗话：赠人玫瑰，手有余香。

　　有这样一个孩子，他不知道回声是怎么回事。有一次，他独自站在山谷里，大声叫道："喂！喂！"附近大山立即反射出他的回声："喂！喂！"他又叫："你是谁？"回声答道："你是谁？"他又尖声大叫："你是个大笨蛋！"立刻又从山上传来"你是个大笨蛋"的答复。孩子十分愤怒，向大山骂起来，然而，大山仍旧毫不客气地回敬他。

　　孩子怒气冲冲地回到家，他对妈妈说了这件事。妈妈心平气和地对他说："孩子呀，那是你做得不对。如果你恭恭敬敬地对它说话，它就会和和气气地对待你。"孩子说："那我明天再去那里说些好话。""这就对了，"他的母亲说，"在生活里，不论男女老幼，你对人好，人便对你好；如果我们自己粗鲁，是绝不会得到人家友善相待的。所以，你一定要记得，善待别人，才会得到别人的善待和尊重。"

聪明的母亲，恰如其分地教会了孩子怎样善待他人。一旦学会善待他人，也就学会了宽容别人，因为孩子有了一颗友善、仁慈的心。

父母是孩子的第一任老师，家长的言行对孩子起着潜移默化的作用。培养孩子的理解与宽容，首先要从家长自身做起，家长应改正种种不良习惯，为孩子做出表率，在孩子心目中树立一个豁达大度、宽宏大量的形象。同时，还特别要注意从以下几方面加以引导，让孩子幼小、纯洁的心灵自然地建立起一种"人格优势"。

1. 要引导孩子学会忍让

孩子们没有成年人那种复杂、沉重的心理障碍，他们的内心世界是纯洁无瑕的，即使出现了矛盾和隔阂，也非常容易自行解脱或缓和。作为家长，不能有意无意地把自己的不良心理行为强加于孩子，给他们纯洁的心灵投上阴影，而是要以实际行动培养孩子的宽容之心，教育孩子要具有豁达的胸襟。

2. 要教会孩子换位思考

所谓心理换位，就是指当双方产生矛盾时，能够站在对方的角度上思考问题，思考对方何以会如此行事、如此说话。如果真的能够做到这一点的话，就能够理解对方，就能够减少很多不必要的矛盾。会下棋的人，可能都有这样的经验，刚学下棋时，往往仅考虑自己第一步怎样、第二步怎样，而不会考虑别人会怎样。

只有棋下到一定水平后，才会考虑我怎样，对方会怎样应对，对于对方的应对，自己应当如何一一应对。如此考虑的回合数越多，个人的水平也会越高。处理生活中的问题也是如此，能够"心理换位"，能够站在对方的位置思考，能够设身处地地多为对方设想，生活中的许多矛盾就都容易化解了。

3. 要让孩子学会"遗忘"

一位著名的心理学家曾说：善忘，是人生的一个境界。为人父母，一定要注意教育孩子对他人不计前嫌，忘掉别人的得罪、不足和挑剔，忘记人生的遭遇、苦闷和挫折，将所有的不快抛之脑后，人生才能进入新的境界。

"豁达的人心胸宽广，有如海洋，纳百川，竞千帆，是有大浪激荡时，绝无忧郁低泣状。"豁达的人是站在生活的制高点，一览众山小；又是处在生活的最深处，风雨平常事。

4. 要让孩子亲近大自然

大自然可以陶冶孩子的情操，可以培养孩子宽容的品质。因为大自然有着无穷无尽的奥秘和神奇，是最生动的教科书，是一本永远也读不完的教科书。很多学者都说过，大自然的花草树木、山水虫鱼、无不蕴涵着美的因素。大自然的博大与雄浑可使人心胸开阔，性格开朗，心情愉悦，进而使人产生宽容之心。

总之，宽容之心并非与生俱来，要我们在教育孩子的过程中，不断地融入自己的爱，才能换来孩子一颗真正的宽容之心。

5.16 叛逆：疏通和填塞哪个是好办法

孩子在成长过程中，会经历很多阶段。由于现在的家庭环境普遍比较好，营养丰盛的孩子在小学后期就可能进入青春期。进入青春期的孩子往往是令家长最头疼的，他们往往会出现各种叛逆的思想和活动，一旦引导不好就会出现非常严重的后果。

其实叛逆是一种极端的逆反心理。有了这种心理的孩子，经受不了批评、挫折和压力。本能地任性胡来、我行我素，根本就不辨是非、不识好歹、只要有悖自己的意识，就要对抗，这就是叛逆性格的行为逻辑。

其实，每个人的身上都有缺点和优点，不论他的成长到了哪个阶段，都能够时不时地表现出最人性的一面。当家长遇见叛逆的孩子时，首先要冷静地思考孩子叛逆的原因，在了解其原因的基础上，再找解决的对策。当孩子进入青春期时，不仅身体处在成长发育的最迅速阶段，心灵上也是成长最快的阶段。于是，在他们青涩的世界里，会认为自己已经长大成人，不再需要呵护。分泌的激素会让他们做出许多意想不到的事情。此时，家长不要草木皆兵，更不能风声鹤唳。稳住自己的思维，考虑如何面对才是上策。

对待叛逆的孩子，我们向来不主张强压的政策。这种显示家长威风的做法除了会让孩子的心里更加叛逆之外，别无它用。此时的孩子，就如同弹簧，压得越紧，弹得越高。叛逆的孩子，在这个时期会慢慢形成自己的价值观，他们会按照自己的观点和看法去看待问题。所以，家长对于孩子片面甚至是错误的认识不应该当面指出，而要采取"曲线救国"的政策，不断迂回予以解决。现在的处理方法，就如同治理洪水，一味地强堵必然会造成决堤，如果采取疏通的方式，洪峰过去仍是一条清澈的小溪。

另外，叛逆期的孩子更需要家长的关心和爱护。也许此时的他已经身高超过了父母，但他们的心灵还很幼稚，虽然家长此时可能将孩子看做是大人，但在生活上一定要关心和爱护他们。给予他们一定的空间，让他们自由地成长。这就像竹笋的生长一样，你要搬掉压在竹笋上面的石头，它才能长成笔直的竹子。

实例

11 岁的莉莉是六年级的学生，在家里是爸爸、妈妈、爷爷、奶奶的掌上明珠，聪明、乖巧，而且学习一直都很好。从小就很懂事，不仅能按时完成学校的各项任务，回到家还能帮父母做点家务。

风起云变，不知何时开始莉莉不再喜欢学习，成绩下滑得厉害，在参加升学考试之前竟然还产生了厌学的情绪。更令家人担心的是，莉莉小小年纪竟然有了男朋友，而且常常同男朋友一起逃课出去玩，网吧、酒吧都能见到莉莉的身影，有时玩到很晚才回家，这样的情况让莉莉的父母心急如焚。

解析

心理专家认为："孩子都是好孩子，孩子叛逆，或许是因为家长不会教。"叛逆不是一种病，但却是诸多父母的"心病"。应该说父母眼里的"叛逆孩子"，其叛逆的原因，除了少数是孩子本身因素外，大多数是因为父母教育方式不对造成的。

在每个孩子的心里，都有向好的强烈愿望。很多时候，孩子的叛逆行为，只是表面的一个假象，他们只不过是想通过这些行为引起父母和人们更多的关注。

11岁的莉莉之所以出现这样的情况，可能是之前的表现很好，让家人对她很放心，可能正是这种"放心"让父母对孩子的关注变少了，没时间去关心她，莉莉就是把别的什么事情做得再好也没办法引起父母的注意，所以心里十分失落。突然，当她发现自己要是不听话了，爸妈就会来过问她，因而，她就采取另外一种方式来引起家人的关注。

◆ 专家建议："耐心+鼓励+认可"挽回叛逆的孩子

耐心：叛逆迹象的出现，一味的打骂已经不能解决问题了，家长应该及时反省自己的教育方式，并多与孩子交流，听听孩子的心声，站在孩子的角度看他们之所看，想他们之所想。此时，如果家长端着家长的架子不放，那是很难与孩子亲近的。

鼓励：家长要相信孩子，相信通过努力，他自己能走出每一个困境，能克服身上的缺点。要经常地表扬他，找出他的长处来肯定他，让他知道父母以他为骄傲，而不是认为他一无是处。

认可：不论身处哪个时期的孩子，他们都有求上进的愿望。因此，家长平时要多关注孩子的言行，只要发现孩子有那么一点点的优点，都绝不要吝惜赞美的掌声。同时，对他的叛逆，适度地不予理睬。当他无理取闹时，家长应要少些关注，包括责备，否则家长越是关注，孩子越会继续。

当然，我们也可以采取以下的方法来化解孩子产生的逆反心理。

1. 观察与沟通

往往最简单的观察，就可以洞悉孩子的内心世界。家长们可以平时留意孩子与自己的沟通方式，有时候，父母可以完全放掉"自我"，以第三者的眼光去观察叛逆的孩子，换个角度看孩子，可能会有意想不到的效果。

2. 冷静思考，寻求意见

急躁的父母，应该提醒自己，保持冷静，并等待孩子冷静后，再进行沟通。一个人的思维是狭隘的，因此父母可以多征求一下他人的意见，让自己从那个"死胡同"中跳出来。最有效和直接的方式就是和学校的老师多交流。

3. 开放式沟通

当父母发现孩子的业余生活已经影响到工作时，不要立即禁止，而要与孩子进行多方位的沟通，最好是双向沟通，玩孩子所玩，学孩子所学，通过与孩子近距离的接触了解他们的内心世界，这样不仅父母可以与孩子更融洽地相处，还能在理解孩子的基础上对其进行引导，避免叛逆的出现。

4．将心比心

父母与孩子将心比心的交流，才能让亲子关系更加融洽。面对孩子出现的叛逆现象再进行深入细致的分析，只有找对原因才能消除逆反心理。

总而言之，要防止孩子出现叛逆，就必须做好沟通工作。要明确孩子不好的行为，家长表明自己的感受，不要做无根据的推测，与孩子深入交流，以谈话的形式给孩子启发，引导孩子思考。

第6章

做孩子的榜样——快乐习惯

有人说：什么样的性格习惯铸造什么样的生活。在知识经济不断发展的今天，一个成长中的个体可能会遇到各种各样的挑战与诱惑，如何让孩子在物欲横生、机遇和挑战不断的今天能够保持一颗平静的心，不要为世俗的诱惑迷失了自我，这是我们广大家长所应该关注的！一颗年轻的心，应该是朝气蓬勃，充满希望和理想，不要让成长道路上的美丽风光束缚住自己前进的脚步；要让这些怀揣着梦想的年轻人们懂得：明天的太阳一定比今天更灿烂！

6.1 慢性子：避免孩子做事磨蹭、拖拉

法国教育家卢梭曾说："人生当中最危险的一段时间是从出生到12岁。在这段时间中还不采取摧毁种种错误和恶习的手段的话，它们就会发芽滋长，以致后来采取手段去改的时候，它们已经是扎下了深根，以致永远也把它们拔不掉了。"每一位母亲都希望自己的孩子能够养成良好的生活习惯，我国教育家陈鹤琴也说过："习惯养得好，终生受其益，习惯养不好，终生受其累。"

俗话说："十个孩子九个磨"。最令家长头疼的就是：怎么我的孩子总是做事情慢慢腾腾，经常拖延时间，火烧眉毛了还不着急！很多父母也反映到，无论家人是晓之以理，还是动之以情，孩子似乎总是视而不见，真不知道该如何改掉孩子做事拖拉的毛病！

孩子做事慢或者爱磨蹭，有时是与性格有关的，但是不都是与生活习惯密切相关的，并不是每个孩子都是"慢性子"。

实例

现象一：小明学习还不错，但就是做作业时很磨蹭。本来 30 分钟可以完成的作业，竟要磨蹭一个晚上，有时都 12 点多了还在做作业。更要命的是，这还是在家长陪伴的情况下，如果妈妈不在旁边看着她，估计一晚上他都写不完作业。小明妈妈常常抱怨："这孩子做作业时，才写了两个字就开始抠橡皮、玩彩笔，一小时都写不了 10 个字。"

现象二：小雨晨的妈妈正在为小雨晨做事没有效率而着急。本来正在吃饭，忽然窗前有小鸟飞过，小雨晨就会放下饭碗去看个究竟；本来要去刷牙，可是当小雨晨走到浴室里发现有一池水，他就开始玩了起来，刷牙当然就放在一边了……这小家伙做任何事都这样，边做边玩、慢慢吞吞的样子，因此耽误了妈妈好多时间。

解析

在生活中，我们也常遇到这样的情况，早上妈妈叫孩子起床刷牙，他非说等会儿，等把早饭做好了，孩子还是没起来。叫孩子赶紧吃早饭，他却要先摆弄一会儿玩具；任凭你那儿叫破嗓子说要迟到了，可是孩子却依然稳如泰山，根本不当一回事。

孩子的种种"慢性子"表现其实是有原因的。

第一，孩子缺乏时间观念。孩子做事情并没有我们大人的那些时间紧迫感，他们的时间观念是比较模糊的，他们有时候并不知道尽快做完一件事情的好处，而且，他们往往只是着眼于眼前的事情，对未来要干什么似乎不在乎，有时候他们也不认为自己慢有什么不好。

第二，多数的孩子注意力不集中。很多孩子的注意力容易受到周围因素的影响，旁边有了什么好玩的东西他就很快忘了自己本来的目的。

第三，没有兴趣。如果孩子对所做的事情不感兴趣、缺乏自信心，这往往也会影响他们的做事效率。

孩子爱磨蹭大多是事出有因，因此要想纠正孩子的磨蹭，首先就要下工夫，耐心寻找症结。

通过观察，我们发现孩子磨蹭的原因有以下几点。

第 6 章　做孩子的榜样——快乐习惯

不当的教养方式。有些孩子从小就事无巨细地完全由家长安排，孩子慢慢地对做事没有了积极性和主动性，从而也逐渐养成了做事拖拉、没有主见的习惯。

缺乏时间观念。孩子对时间的概念是比较模糊的，他们不知道快一点做完事情能有什么好处，当然也没有意识认为慢一点做事有什么不好。如果父母平时又忽视对孩子进行时间观念的强化，孩子很难感受到时间对自己的意义，很容易养成不惜时的坏习惯。

自我控制力差。孩子一般自我控制能力较弱，注意力容易受到周围环境的影响，当有新的有趣的事物吸引住他时，就会很快忘记初衷，而无法专心于所做的事情。这样孩子每件事情都只能留个"尾巴"，有始无终，从而慢慢养成磨蹭的毛病。

心有余而力不从。有时孩子做事慢并不是故意的，而是可能孩子所做的事情超出了孩子的能力范围，或孩子还不掌握操作的技巧等，做起事来不那么得心应手，慢就再所难免了。

天生的慢性子。按照气质类型来分，人可以分为胆汁质、多血质、黏液质和抑郁质四个气质类型，黏液质和抑郁质类型的人天生就是"慢性子"，这是孩子一生都不太可能改变的先天气质。

与父母消极对抗。有些父母对孩子管教过严，给孩子布置的任务过多，孩子产生了严重的抵触情绪，于是可能会采用"磨蹭"招式予以回击，奉行"绝不按时完成"的原则，以免有更多的任务。

在了解了孩子磨蹭的原因之后，我们就可以有的放矢了。

1. 让孩子明确时间的价值

孩子做事磨蹭很大程度上也因为他还没有时间观念，他不知道时间对他来讲意味着什么，因此，培养时间意识对磨蹭的孩子来说是至关重要的。家长要想办法使孩子认识到时间是世界上最宝贵的财富，要想办法让孩子明白珍惜时间就是珍惜生命的道理，可以给孩子讲一些古往今来的成功人士十分珍惜时间的故事。另外，与孩子一起讨论磨蹭的害处也必不可少，家长要明确向孩子指出磨蹭是有害终生的坏习惯，一个做事磨磨蹭蹭的人会白白浪费许多时间，这样的人不仅做事效率不高，而且还会被现代社会所淘汰。

2. 改变教养方式

父母要坚持从"我"做起，改变自己的教养方式，绝不越俎代庖。让孩子了解自己所要做的事情，学会自己的事情自己做，自己为自己做主，从而不断培养孩子的责任感和做事的积极性。还有，俗话说：没有规矩不成方圆！合理地制定孩子行为的规范，给孩子最大限度的自由，让孩子自己管束自己。如全家吃饭时间为 30 分钟，不可拖拉；不喜欢的事情可以不做，但只要开始做的事情就一定要坚持，不可有头无尾；每天要用 15 分钟收拾自己的房间，等等。

3．为磨蹭"买单"

孩子只有在体会到磨蹭会给自己带来损失之后，他才能够自觉地快起来，因此，让孩子为自己的磨蹭付出代价，让孩子自己去品尝磨蹭的自然后果，不失为一个改掉孩子磨蹭毛病的好方法。比方说孩子早晨起床后磨磨蹭蹭的，家长不要急，也不要去帮他，可以提醒孩子一下"再不快点可要迟到了"，如果他依然在那里磨磨蹭蹭的，不妨任由他去，不必担心孩子上学会迟到，其实我们恰恰就是要让孩子亲身体验上学迟到的后果，孩子如果真的迟到了，老师肯定会询问他迟到的原因，孩子挨了批评后，就会认识到磨蹭给自己带来的害处，几次以后孩子自然就会自己加快速度。

4．鼓励孩子

父母在评价孩子的时候应注意用语，少说"慢"，以免孩子"破罐子破摔"，认为自己本身就是慢，从而做事越来越没自信。表扬和鼓励比批评和指责能更有效地激发孩子的积极动机，孩子受到的表扬越多对自己的期望也就越高。一般的孩子都较为看重来自外界的承认或认同，所以，要 想让孩子不再那么磨蹭，父母改变对孩子的评价是必需的。如果父母能经常对孩子说"你如果再快一点儿就更出色了"，"你看你做得多快"，"做得真棒，加油啊"，"真好，现在用不着老提醒你了"，孩子便会受到正面的外部刺激，而这些真诚的鼓励是能够打动孩子的，孩子为了不让父母失望，下次做事就会有意识地提醒自己快点儿。

磨蹭不是病，但不要让孩子的磨蹭成了家长们的"心病"。只要方法得当就一定能改掉孩子磨蹭的毛病。

6.2 片面心理：避免孩子粗心大意

粗心大意，是广大小学生身上的通病。造成粗心的原因有很多，小学阶段的孩子由于生理和心理方面的发育都不成熟，所以做事情容易形成粗心大意。

1. 家长应该正确看待孩子的粗心问题

粗心，并不是孩子的特权，成年人由于粗心犯的错误也很多：丢钥匙，忘了钱包，等等。只是由于工作和学习比较忙，可能忽视了这些问题。孩子的粗心之所以如此被重视，就是因为家长和老师太关注孩子的学习成绩，而孩子的粗心在学习和考试中有很明显的体现，所以家长们就把孩子的粗心看成是很严重的问题。

2. 孩子粗心的原因有以下几点

（1）注意力不够集中，心在此而意在彼，那错误也就难免会发生了。

（2）有时候一些看似是由粗心引起的错误，实际上是基础不够扎实、知识掌握不牢固、答题技巧不熟练造成的。

（3）任务太多，孩子心急，也会造成粗心。

（4）没有养成良好的及时纠正错误的习惯，平时做事情都由老师和家长来协助其检查错误并改正，孩子没有形成良好的及时检查、及时改错的习惯。

实例

儿子真是个粗心大王，作业做错、漏做、计算符号看错，甚至剩下半题忘了做，弄得我也跟着神经紧张。可气的是怎么提醒他细心都没用。期终考前我检查他所有的作业，结果令我吃惊：至少有30%的题目因粗心而错。"粗心"是与众多的家长交流的过程中，当问及孩子学习状况时，百分之八九十的家长脱口而出的回答。"粗心"表现在学习方面比较突出，例如：表现在数学方面，把符号看混，如"＋"看成"－"；把数字看混，如"5"看成"3"；忘了写答案，抄错了题，数错了数等；表现在语文方面，学拼音困难，阅读能力差，错别字多，作文偏题等。

解析

强度过高或过低都会对认知活动造成不良影响。缺乏动机，情绪低落，往往造成注意力不集中，神思恍惚。孩子看电视正在兴头上，却被母亲强行关进房间学习。这时，孩子根本无心学习，因此心不在焉，错误百出。很多小学生的四则运算容易出错，把"3"看成"8"。当你给他指出来时，他会毫不在乎地说，有什么了不起，我本来会做的。其原因就是题目太简单，无法激发动机。在这种情况下，应该让孩子知道，我们经常遇到的问题都不会很难，你与别人的区别就在于是否能把简单的事情做好。动机过于强烈，情绪过于兴奋，则会导致意识狭窄，思维混乱，甚至头脑一片空白。有些孩子平时谨慎用功，是父母和老师眼中的好学生。可一到考试就发挥不好，平时会做的简单题目也会出错，甚至漏答整张试卷。原因就是他太在乎考试，太想考好了。对这样的孩子，家长不要在考前对孩子耳提面命，也不要表现出过高的期待。让孩子把考试当成学习的一部分，怎样学就怎样考，轻松上阵。

在家庭教育中，我们也可以采取以下手段来解决孩子的粗心问题。

1. 培养孩子仔细、认真的习惯

家长要多引导孩子做事，做作业都要思想集中，要通过孩子过去马虎的实例和教训来分析马虎所造成的危害。学会认真审题，是克服粗心的好方法。家长可以在孩子做题前先让他说出题目的要求，提高审题的准确率。孩子要学会自己检查，不要事事家长包办，作业做完了，先让孩子自己检查一遍，家长再帮他检查。

2. 要有宽容的态度

面对孩子的粗心，特别是低年级孩子的粗心，要有比较宽容的态度。为此，家长需要克服两种思想：一是虚荣心，孩子在小学考一个 85 分可能名次就是倒着数，但从知识的接受程度来说，85 分和 100 分并没有太大的区别。二是不要让孩子输在起跑线上。"不要输在起跑线上"是短跑的概念，而孩子的学习更类似于长跑的概念。长跑的时候，开始落后甚至是取胜的必要战术。让孩子落后一些，多保留孩子一点想象力和对学习的兴趣，就会为后来居上奠定坚实的基础。

3. 制定好奖惩制度

孩子如果喜欢看电视、玩游戏的话，家长们可不妨把看电视作为孩子认真学习的奖励，就会达到很好的效果。让孩子先学习，然后看电视，效果就会很好。平时也要多鼓励孩子，有进步时就表扬，让他看到希望，使他树立起学习的信心。调动起他的学习主动性，积极性。一般来说，家长喜欢用惩罚的办法，来对付粗心的问题。我们不妨改用鼓励的办法，比如，如果这次考试因为粗心问题所造成的不良扣分比上次少，就会得到奖励，这样做的效果会更好一些。这里面的关键就在于我们不是为了避免粗心，而是逐步降低粗心发生的概率。

4. 培养孩子的责任心

粗心和习惯有关，比如平时做事马虎，粗心惯了，考试时便不由自主地犯老毛病。如果我们担心孩子将来由于没有关煤气炉导致火灾，那么，我们就要在孩子上学的时候，对他所有的一切负责，这包括：上学要带必要的书、每天要完成应该做的作业、早上要自己起床、晚上要自觉睡觉。如果我们把这些平时生活当中的基本要求作为孩子学习的内容，并结合一定的奖惩制度，孩子是很容易学会的。孩子变得成熟了，生活有规律了，也会更加认真。

5. 好习惯来自于生活

一般家长都很关心孩子的学习，所以往往只关注孩子学习上的粗心大意。其实，孩子在游戏和生活中，也是很粗心的。但是，生活上的草率，尤其是游戏上的草率则会轻微一些，因为孩子总要把饭吃完，玩游戏时，总是能够专注一些，这时候，我们适当地督促，甚至通过家庭比赛：家里谁吃完饭饭碗最干净，下棋时一定想好了才能动手，一旦决定了，就不能反悔，等等。

通过生活和游戏上的培养，孩子的"认真完成"意识形成了，那么，在学习上也会逐步得以改善。可以想象，如果生活和游戏中毛毛草草，单单要求孩子学习上要认真完成，这是比较难的。父母制造一个宽松快乐的环境，让孩子感到"认真的力量"，感到"从头至尾的快乐"，体验到"完美的美丽"，那么，他就会自然而然地把毛病改过来。有时候，我们越是强调他的毛病，往往会形成一种暗示，这种暗示告诉他：我就有这个毛病，这个毛病可是很难改的。

6.3 缺乏耐心：避免孩子三天打鱼两天晒网

耐心，就是指动态而非静态、主动而非被动地主导命运的积极力量。此力量虽是与生俱来，但是个体之间的差异比较大，因为它是经过主观控制与外界引导，才能发挥出实现理想与达成目标的作用。常听到一些家长抱怨自己的孩子："我这孩子并不比别的孩子笨，就是没耐性，做事总是虎头蛇尾，半途而废。"

其实，作为家长应该明白在小学阶段的孩子们由于生理和心理发展水平、家庭教育环境、学校教育环境等诸多因素的影响而导致缺乏耐心。这些缺乏耐心的孩子在上课时的注意力往往很难长时间集中，听几分钟就开始做小动作，东张西望，思想走神，成绩只能是中等后进。那些经常和同学大打出手的孩子也是缺乏耐心的表现者，让其班主任甚是头疼。还有部分缺乏耐心的孩子表现为不能独立解决问题，遇困难时，喜欢求助老师同学，或者直接抄袭等。

柏拉图有句名言："耐心是一切聪明才智的基础。"中国也有一句古话："不怕工夫深，铁杵磨成针"。名言也好，古训也罢，都异曲同工地道出了"耐心"之于工作、学习和生活的重要性。

实例

我家小刚，坚持利用业余时间学习小提琴已经快三年了。据小提琴老师评估，现在的水平大约在五级。成绩虽然不是很突出，但我们坚持在耐心中学习小提琴，在学习小提琴的过程中又培养耐心。通过如此良性循环，达到了不断地培养和强化孩子"耐心"的效果。孩子有了耐心，也就有了耐力，上课也就坐得住了，学习时的注意力也就能更集中了。从而较好地促进了孩子各门学科成绩的提高。

解析

耐心属于心理活动当中意志品质那一类，而一个人的意志品质对以后的学习、工作都十分重要。小刚的家人从业余活动入手培养了孩子耐心的好习惯，这种做法是非常值得广大家长学习借鉴的，这里我们可以再谈谈如何在家庭学习生活中培养孩子的耐心。

1. 家长要了解孩子的注意特性

孩子由于年龄小，神经活动的兴奋性强，而神经抑制性弱，活动不能持久，兴趣多变，注意力容易转移。一般孩子的注意力稳定时间为10～20分钟，超过这个时间，他们就会心烦意乱，缺乏耐心。所以想让孩子做一项活动，家长对活动的时间一定要有所控制，孩子感兴趣的事，做的时间长些也没关系，不喜欢的事情也不必勉强。

2. 培养耐心家长要以身作则

孩子缺乏耐心，有时候是受到家庭环境的影响。如有的家长对孩子做事的要求有时也是虎头蛇尾。要求缺乏章法，在一件事情还没有完成的时候就要去做另一件事，到头来无论哪件事都没做好。如让孩子写完作业再去洗澡，那么在洗澡之前一定要检查自己的作业到底写完了没，这样做就是要培养孩子做事情善始善终的好习惯。

当然，为了培养孩子的耐心，建议各位家长暂时舍弃看电视、打麻将等娱乐活动，抽出时间来督促孩子专心学习，逐渐培养静心学习的好习惯。如果孩子有浮躁的情绪表现，家长可以在一旁要求孩子学会克制。

3．营造环境的同时予以强化

孩子在学习时非常容易受外界因素干扰。孩子做作业时，没有多长时间，就从房间跑出来看看电视机又放什么节目了。开始家长们只是以为孩子学习不用心，磨蹭时间，后来如果从自身查找原因，才发现是家长在看电视节目或说话时的声音干扰了孩子。因而，在家里要为孩子创造舒适安静的学习环境是十分必要的。

当孩子学习 10 分钟，就要站起来出去玩时，我们可以要求他"学习 15 分钟再出去，"达到的目标的话，可以奖励看电视 5 分钟。然后再要求 20 分钟再出去，之后再缩减奖励尺度。久而久之，在不断强化之下就可静心去学习了。

4．发现兴趣点，变被动为主动

只要我们仔细观察，就会发现，孩子并不是对任何事情都缺乏耐心，他们在摆弄玩具时，常常是坐在那里半天不挪地方，一点也没有厌烦感。为了帮助孩子对任何事情都能耐心对待，我们可以给他讲"铁杵磨成针"的故事，还给他买一套游戏拼图，希望借此培养孩子的耐心，使他安静地坐下来。色彩斑斓、有故事画面的游戏拼图引起了孩子的兴趣，孩子迫不及待地根据拼图资料提供的故事情节一个个地拼起来。时间不知不觉就过去了，整套拼图终于被孩子拼完了，孩子从中也体验到了耐心带来的快乐和成就感，下次就会为求得这种快乐而让自己坚持下去。

5．设置困难点

耐心，是坚强的意志不断磨炼的结果。因而，在家庭中可以有意识地给孩子设置一些障碍点，这些障碍看似困难，但是只要孩子付出努力就可以克服这些困难。孩子越是在这种困难中不断付出，就必将在这些困难中不断磨炼出做事的耐心。鼓励孩子做事不能半途而废，做好一件事情必须付出努力才能获得成功，孩子经过努力完成一件事时，应当及时给予表扬，强化做事有始有终的良好习惯。

6. 严要求、重坚持

可以根据孩子的具体情况，对他约法三章，比如，要认真对待学习，不到 30 分钟，不许离开书桌，更不许摆弄与学习无关的玩具；写字时如果把字写得歪歪扭扭，就罚写两遍；如果老师或同学反映他上课不认真听讲，回到家，美味的食品奖励取消，他的"购买计划（买玩具、买书等）"也会取消。如果他遵守规定，就允许他买一本书，或者给他买一件玩具。

这样的奖罚制度，一定要支持严格执行，时间长了，孩子"有章可循"，家长也不再凭感觉教育孩子了。为了不断提醒孩子记住这些要求，建议把诸如此约定写在纸上，贴在孩子房间的书桌前，并认真督促孩子执行。

6.4 学会尊重：孩子没有礼貌怎么办

我国自古就有"礼仪之邦"的美誉。尊老爱幼更是家喻户晓的传统美德。礼貌就是通过语言或者行动表现出对他人的尊敬，它能着重反映一个人的道德品质和文化修养，是我们普遍追求的内在美的集中体现。对他人以礼相待的品质从小就应该建立起来，要让孩子懂得各种礼节，对于孩子日后的成长是很重要的。因为礼貌，孩子才会具有一个正直谦虚的胸襟，拥有迷人的魅力。

谦虚谨慎的说话语气及行为方式不仅体现一个人的品格、修养、才学和城府，而且也展示了一个人的行为和语言能力。

美国总统柯立芝有一次十分客气地对他的女秘书说到："你这件衣服很漂亮，你真是一个迷人的小姐。只是我希望你打字时注意一下标点符号，让你打的文件像你一样可爱。"女秘书对这次谈话印象非常深刻，从此打字十分认真。可见说话客气可以避免不少的尴尬与矛盾。

礼貌待人体现了一个人对别人的尊重和友善。每个人都希望别人对自己有礼貌。一日，李鸿章去拜见自己的恩人曾国藩，一见面李鸿章便道："尊夫人近来可好？"，"贱内一切如常！"曾国藩说道。周恩来总理非常尊重身边的工作人员。每次服务员给他端茶或送东西，他不是放下手里的工作站起来双手接，就是微笑着向服务员点点头表示感谢。有的时候工作人员在门口与他相遇，立即停步，让他先走。他却在那里含笑摆摆手，坚持请工作人员先走。他到外地视察工作，每当要离开一个地方时，他总是与服务员、厨师，警卫人员和医务人员等一一握手，告别并亲切对大家说："辛苦了，谢谢你们！"

实例

儿子龙龙今年 9 岁，成绩挺好，平时大家都夸奖他，我们也觉得脸上很有光。因为就这一个孩子，他又学习好，我们做父母的，肯定宁肯委屈自己、不会委屈孩子，从小家里"最大、最红的苹果"都是他的。虽然有时候也觉得孩子没礼貌，比如，乘电梯经常横冲直撞，从不说"谢谢"，见人不会主动打招呼，等等，不过又觉得这些都是小事，而且男孩子嘛，大大咧咧点也没关系。

前几天带孩子参加一个正式晚宴，才发现儿子站没站相，坐没坐相！别人还没入席，他先一屁股坐到正中位，旁若无人地吆喝服务生要雪碧，菜一上桌就伸筷子去夹，等到上大闸蟹这道菜时，因为是儿子爱吃的，他居然整盘端到自己面前，就像在家里一样。虽然大家都说"没关系、没关系"，我和他妈妈还是看到了鄙夷的目光，真是如坐针毡，难堪得要命，我这张脸被丢光了！

解析

"养不教，父之过！"案例中的孩子没有礼貌，是父母不肯让孩子"委屈"的后果，家长对孩子不能因学习好而"一好遮百丑"，更不能有"什么都由着他来"的教育态度。

一般而言，孩子之所以形成待人无礼的表现，可能是由于以下原因导致的。

1. 父母说话不注意

很多家长在教育孩子时方法不得当，会在不经意间造成孩子的厌烦情绪。有时父母说话时，在对他人进行评论中用到了"令人讨厌"、"真笨"等语言，孩子慢慢耳濡目染就学会了。

2. 父母的不理解

孩子年龄小时，父母是孩子崇拜的对象。随着年龄的增长，他们学到了许多知识，其中有些知识父母往往不甚了解，当他们有问题时，父母有时无法提供准确的答案，孩子可能很失望，也很烦躁，此时有可能出言不逊。

3. "勿以恶小而为之"

不良习性的获得都是没有对细小行为防微杜渐而造成的。孩子偶尔一两次"大大咧咧"的表现，可能在客人看来是可爱、顽皮的表现，殊不知客人的这种反应正好强化了孩子的表现欲，久而久之就形成了家里家外"唯我独尊"的行为方式。

教育孩子养成讲礼貌的好习惯，必须从家庭入手，尽早入手。下面给出一些建议：

（1）在和谐氛围中与孩子交谈，表明父母对礼貌行为的态度，以正面语言表达在以后类似的情境中希望孩子做到的是什么样子。树立榜样以供孩子效仿。在家庭闲暇时间，多给孩子讲其他小朋友的讲礼貌或不讲礼貌的故事，讲一些名人轶事，以间接、隐喻的方式让孩子明白这样的道理：注意公共礼仪是尊重他人，尊重他人的人才会受欢迎和被尊重。

（2）多领孩子参加一些公共活动，如宴会、典礼之类的。并可以有意介绍一些讲文明、懂礼貌的同龄小朋友给孩子认识，永远不要忽视同龄人之间的影响力。

（3）书籍是人类最好的精神食粮。要让孩子多多阅读课外书籍，对书的阅读可以极大地陶冶他们的道德情操，让图书给孩子讲述一个个鲜活典故。

（4）千里之行，始于足下。不要要求孩子迅速地改变，对于孩子的每次进步都要给予鼓励，让他再接再厉，"你可以做得更好！不是吗？"等鼓励的话语都是孩子不断进步的动力之一。

最后，合格的家长要懂得：教育孩子的时候，尤其是涉及道德观、价值观等观念问题的时候，输入的信息一定要是正确的，特别是第一次输入信息的时候，不能出尔反尔、前后矛盾，尤其不能言行不一。做父母的，应当教育孩子学会控制自己的行为，学会礼貌待人，避免自我夸耀和背后骂人。而家长自己的言行则更为重要。如果做父母的表现得暴躁、刻薄、行为粗鲁、爱挑衅，怎么能耐心地劝说孩子。这就是为什么专家认为，对父母来说，改变孩子们的行为最好的办法是首先改变家长自己的行为。

6.5 保护心理：为什么有的孩子总咬手指

在家庭生活中，常见到儿童咬手指头，为此很多家长都经常训斥孩子，有的家长甚至采取了很多惩罚措施，但事实上效果都不理想，儿童还有愈演愈烈之意，令家长们十分头痛。

其实，咬手指头的现象在儿童当中是十分普遍的。孩子在出生几个月后一般都会咬手指，这在精神分析上认为是孩子"口唇期"的重要标志，因为这时的孩子要寻求口腔的满足感。等稍微大一点后，这种现象就会慢慢消失。等到孩子到了上学年龄还是咬手指的话，这就是一种行为障碍了。

儿童咬指甲癖主要与紧张和忧虑有关，繁重的作业、复习迎考、看惊险的影视片以及患儿受到父母的责骂或惩罚等。有些儿童咬指甲行为常常发生在他们聚精会神地看电视、听故事、找东西、做作业和想问题的时候。心理学家认为，吮指头和咬指甲是儿童期一种发病率较高的行为障碍。据美国一位心理学家的调查资料表明，在 6～12 岁的儿童中，"经常"和"几乎整天"吸吮手指头的儿童发病率为 12%；而咬指甲的儿童其发病率则高达 44%。另一位心理学家也证明了在 14 岁的儿童中，有程度不一的咬指甲行为的占 55%。吮指头和咬指甲的不良嗜好超过了一定的年龄，更反映出具有这种怪癖者的心理不健康。心理学家发现，吮手指和咬指甲的不良嗜好除了可能致使手指浮肿、牙齿闭合不良和感染疾病外，而且还"对学习和工作产生内心紧张、压力、忧虑或烦躁的症候。"

到底为什么孩子在过了吮吸手指的年龄还会出现咬手指的现象呢？精神分析学派对这个问题进行了大量的研究，提出了这样两种解释。

1. 口唇期没有得到满足

前面提到的口唇期，主要是指从孩子出生几个月到 1.5 岁之间，这个阶段的孩子其心理能力主要集中在口部，吮吸和撕咬会给他们带来快感，这也是他们探索世界的主要方式。正是这个时候，很多大人会认为孩子的这种行为很脏，就限制了孩子的这种行为，如果限制得过于厉害，那就使孩子反而会对这种行为非常执著，并一直保留很长的时间。除此之外，该阶段，孩子最重要的活动是吮吸妈妈的乳头，这既满足了他们的饮食需要，也满足了他们的情感需要，这是这一阶段他们与妈妈建立情感联系的最重要方式。如果因为种种原因，一个婴儿亲近妈妈乳房的机会太少，他也容易执著吮吸和撕咬。

2. 被压抑的攻击欲望

精神分析学派提出的死本能理论认为，人的攻击欲望分为向内和向外两种。向外的攻击是对他人造成的伤害，而向内则是对自身的伤害。牙齿和指甲是人类体表最坚硬的部分，而对一个孩子来讲，它们则是他最有力的攻击武器。那么，一个孩子热衷于吮吸和撕咬的活动，这是不是有强烈的象征含义呢？精神分析学派的心理专家倾向于认为，咬指甲这样的行为，既意味着一个人将攻击转向自身，

快乐是敲出来的

也可以说，是一个人主动毁掉自己最具攻击力的武器。

实例

一位网友，曾在网上挂出这样一则求助的帖子寻求帮助："我的孩子上小学三年级了，非常有个性的，性格好像有点两极分化，想把事情做好，但实践时却非常马虎，作业经常草草了事，后果是经常出错。他兴趣特多，注意力太容易分散，老师反映上课不专心，写作业时还经常干些别的事，还好忘事，经常丢三落四，为这事我没少训他。更严重的是，他咬指甲抠手指头，到现在还是，已经两三年了，该怎么纠正啊？"

当然，得到的回复也是五花八门：

1. "我也咬了一辈子指甲。虽然我觉得整齐光洁的指甲很漂亮，但我的指甲总在尚未长长时就被我不知不觉地咬短了。"

2. "我很猛烈地咬指甲，或者撕指甲。现在拇指的指甲已经彻底撕坏了，比一般人的短很多，大概把下面的神经都弄坏了，长不出来了。而且，在我记事开始，拇指就是这样子了，也不知道是什么时候弄的。"

解析

总体而言，纠正孩子咬手指的坏习惯，有三种主要的方法。

一是强行阻断。让孩子无法接触到相关的物体，久而久之达到戒断的目的。可以给孩子戴上一些保护套，或者给指甲上涂上油，让孩子无法咬。这种方法见效比较快，但是也会引来孩子强烈的反感，哭闹、不合作及影响食欲等，事后复发的可能性也比较大。

二是系统脱敏。即用奖励和惩罚的方法逐渐减少孩子出现这种行为的频率和时间，达到戒断目的。具体做法是如果孩子能较长时间不表现出咬手指甲的行为，则用孩子喜爱的食物或小玩具等给予奖励，否则就会受适当的惩罚。这个过程的见效虽然慢，但长期坚持下去就会有好的效果。

三是转移注意力。当孩子将要表现出这种行为时，马上用孩子感兴趣的活动吸引孩子，使之逐渐淡忘。这种方法需要家长花费大量的精力，不断引导孩子，周期也比较长。

当然无论哪一种方法都可能在短时间内简单地纠正孩子的不良习惯，家长要有必要的思想准备和足够的耐心。除此之外，还有两点需要父母多多注意。

1. 多一点关爱

事实上，吮吸手指的情况并没有想象中那样严重，因为孩子生气或不安时，有些会尖叫，有些摔东西，有些则会吮吸手指、口吃或自慰。也就是说，孩子会因情绪障碍或情绪困扰而产生各式各样的异常行为，而这些恰是孩子成长过程中必经的轨迹。对孩子吮吸手指的行为，父母应该避免打骂、指责、武断制止，而应尽可能消除引起孩子吮吸手指的原因，努力用温暖的爱心去关怀孩子，使孩子把注意力转向愉快的游戏。

多给孩子一些鼓励！有时候大人会发现给孩子一点特别的赞美，便会使他忘情地改掉这些坏习惯。其次要有耐心，时间可以改变孩子的一切。当然，假若问题严重到令大人束手无策的时候，那么就得寻求幼儿园老师，或者心理医生的帮助。注意！当找这些人帮助时，不要隐藏事实真相，唯有详细告诉他们整个事情的过程，他们才能有效消除孩子心中的障碍。

2. 创造良好的家庭环境

当孩子不停咬手指时，父母们是否想过这些问题：他是不是与好朋友分开了？是不是电视上的情节吓着他了？家中是否发生了大的变化？大人陪他的时间是否比以前减少了？大人之间是否有冲突？大人是不是对孩子的期望太高？要纠正孩子的习惯，就应该设法进一步地了解孩子。预防孩子咬手指，很重要的一点是从小培养孩子良好的生活及饮食习惯。父母要注意正确的哺乳方法，注意定时、定量、喂饱；对于已养成不良习惯的孩子，父母应尽力弄清造成不良习惯的原因，以便纠正。对于环境过分孤寂的儿童，父母要给一些有趣的玩具，让孩子有较多的机会与成人或其他孩子一起玩乐，以分散其注意力，逐渐纠正这一不良习惯。另外，父母还可采用在指头上涂苦味剂的方法以及行为治疗的方式。

孩子咬手指不是病，但是要改变孩子的这一病态行为，就需要家长们付出真诚的爱，以自己的实际行动去改变孩子的不良习性。

6.6 虚荣攀比：给孩子一架正确的"价值天平"

据某报报道，安徽安庆市曾发生过一起重大的盗窃案，作案者是两位中学生。他们为了追求物质享受，与别的同学攀比，在虚荣心的驱使下，盗窃了一居民家中的 4.6 万元钱，然后乘船去上海，在短短的四天之内，挥霍掉了所有的钱，平均每分钟花 60 元。他们购买最贵的衣服，到最高级的饭店吃饭，住最豪华的旅店，并且专门租了一辆车带他们四处享乐，真是奢侈之极。

从心理学角度来说，虚荣心是一种追求虚荣的性格缺陷，是一种被扭曲了的自尊心。虚荣心强的人不是通过实实在在的努力，而是企图通过贬损别人、打压别人的方式来获得成功。孩子虚荣心形成的原因主要来自家庭。由于现代的家庭孩子少，父母总怕孩子受委屈，于是对孩子总是有求必应。自己孩子穿的、戴的都不能比别的孩子差，别人的孩子买什么咱家的孩子也得买，绝不能让人家比下去。于是在家长无意识的纵容下，孩子的欲望无限地膨胀。另外，独生子女的父母从溺爱孩子出发，总是爱讲孩子的优点，掩盖他们的缺点，甚至在亲朋好友面前经常夸耀自己的孩子，孩子听到的都是赞美的声音，很少有人指出他的缺点，而父母往往对别的孩子妄加指责。由于孩子对自己客观评价的能力还很差，家长具有绝对权威性，慢慢地，孩子就从家长心中的"十全十美"变成自己心中的"十全十美"，再也不能容忍不了别人超越自己。

孩子虚荣心、攀比心理的形成，都是外界环境的影响所造成的。众多影响因素当中首推父母的行为影响力极强，因为父母总是在不经意间的言谈举止中影响到孩子。

1. 父母自身的虚荣心作怪

在当前一切向"钱"看的社会里，很多父母喜欢把各种名牌堆砌在孩子身上，从而彰显自己的身份、能力和地位。有的人看见别人家的孩子打扮得漂亮、时髦，自己不甘心落后于人。这些家长不断灌输一种"我们家很有钱"的观念，是造成孩子日后追求无度、虚荣的基础，也容易让孩子模仿。

2. 不得当的示爱方式

很多时候，家长不懂得如何表达对孩子的爱，便会通过满足物质愿望来表达。家长为孩子购买品牌衣物的同时，不停地提醒孩子："这些是名贵的牌子货，爸妈爱你才舍得买给你的。"父母的这种行为，容易造成孩子价值观的偏歪，以后往单纯追求物质享受方向发展。

3. 家长的自卑心理

中国有句俗话叫："死要面子，活受罪"。现在的下岗职工越来越多，很多父母担心自己的孩子在外遭人白眼，所以当孩子说其他孩子有什么东西时，便迫

191

第 6 章　做孩子的榜样——快乐习惯

不及待为自己的孩子也买一份，哪怕自己再苦再累也在所不惜，这会导致孩子错误以为面子是最重要的，日后可能为了撑面子而做出不切实际的行为。

儿童群体，是一个自身发展十分不完善的弱势群体。他们缺乏对自己的评价能力，有时候往往会对自己评价过高，如果加之家长的不正确教养方式，很容易让孩子形成虚荣的心理。

实例

暑假即将结束，刚上小学三年级的佳佳便急着让妈妈带她去逛商场。妈妈问她为什么，她歪着小脑袋告诉妈妈："上学期，楼上的桐桐成了她们班的'班花'，因为她戴着新头花、穿着新衣服去上学，而且她的文具和书包都是新的。这一学期，我也要做'班花'。"

某天，翔翔从学校回来后，就要求妈妈给自己买一个新文具盒，说原来的旧了不好看，妈妈应允了。可是没过几天，翔翔又缠着要换一个，说其他同学都带很漂亮、很高档的文具盒，他的不够靓。妈妈不同意，他就又哭又闹，最后妈妈被闹得没有办法，只好无奈同意。但是，从此以后，只要翔翔看到其他同学穿的衣服、用的文具比自己高档，他都会缠着妈妈也去给自己买。

解析

随着生活水平的不断提高，越来越多的人开始重视穿着打扮，这是经济发展的必然结果，也是社会文明进步的体现。然而，作为小学生，如果过于讲究穿着、打扮，一味地追求高档、名牌效应，则不是一件好事，它会使孩子分散注意力，加重家庭的经济负担，形成不良的消费观念。如果孩子有这些不良倾向，我们家长就应该行动起来。

1. 家长以身作则

家长要提高自身的审美情趣，端正消费行为，以身立教。孩子对美的认识往往受父母的影响，甚至将父母的穿着打扮作为效仿的对象。如果妈妈说："女儿穿这件红色衣服真漂亮！"那么孩子就认为穿这件衣服很美，天天穿着不肯换。

如果父母的审美情趣低下，以新奇时髦、穿金戴银、穿名牌服饰为美，那么孩子当然就会无师自通，上行下效了。孩子追求名牌效应的心理，除受社会上高消费的影响外，也与有些家长自身的审美观、消费观有关。家长为了满足自己的虚荣心，给孩子们也"披金戴银"，这无疑对孩子是一种误导！

2. 通过文艺作品引导

随着生活水平的提高，各种各样的传播媒体都走进了家庭，所以家长何不利用这样的有利条件让孩子接触些文艺作品，如故事《谁最美》、歌舞剧《劳动最光荣》等优秀的文艺作品。让孩子们懂得整洁、大方、合体才是美，勤俭节约才是真正的美德！

3. 集中精力好好学习

要通过教育，使孩子明白自己是一名学生，而学生的主要任务是学习，应把主要精力放在学习上。引导孩子在学习、劳动、品德方面与同学展开竞赛，而不是在穿着上盲目攀比。即使家庭条件允许买名牌衣服，也要讲究穿着的环境，上学时以穿校服和其他朴素大方的服饰最为适宜，这样就不会让孩子在穿着上产生优越感，而能与其他同学平等相处。

要消除孩子过强的虚荣心不是一朝一夕就可以完成的，家长只有以自己的言行在生活中一点一滴地给孩子做出正确的示范，并且通过恰当的机会让他感受到虚荣心过强所带来的烦恼和痛苦，从而自觉地意识到虚荣心过强是不利于自己成长的。

6.7　爱撒谎：让孩子养成"诚实守信"的好习惯

中国古代流传下来一个"狼来了"的故事，它告诫人们：一个不诚实爱骗人的孩子，最后会失去援救而被狼吃掉。自古，中国就重视孩子的诚信教育。诚信是一个人立足于社会和事业发展的基石。孩子有撒谎的毛病，无论是恶意的撒谎还是善意的撒谎都是不好的，如果养成习惯就会害了孩子的一生。所以一定要帮孩子纠正这种不好的毛病。很多人认为孩子小小的谎言没有什么危害性，甚至还觉得他们很可爱。其实这样的危害性是很大的，撒谎一旦成了习惯，当孩子长大后就会变成罪恶的根源。

每位家长都不喜欢自己的孩子说谎，更不会鼓励孩子的谎言。但是，怎么做才能既不伤害孩子的自尊与自信，又不纵容孩子说谎呢？

父母的引导作用是关键。

有一位妈妈曾经给孩子讲了一个撒谎后鼻子会变长的故事，孩子对此深信不疑。

有一天，孩子在学校里又听到了这个故事，于是回家跟妈妈说："妈妈，以后我不会撒谎的，撒谎的人鼻子会变长。你们也不要撒谎啊，要不也会长出长鼻子的。"这时，妈妈觉得有必要跟孩子讲讲故事情节的真实性问题了。

妈妈对儿子说："孩子，其实这只是一个童话故事。在现在生活中，一个人说谎是不会长出长鼻子的，只会受到良心的谴责。"

儿子有点迷惑了："那我们是不是就可以说谎了？"

"当然不是，"妈妈回答，"一个人应该说实话，他说了谎话就会失去朋友，这比长长鼻子还要可怕。"

这位妈妈的做法是很科学的，也是值得广大家长借鉴的。由于孩子年龄小，不明白童话故事的虚构性，这时，我们就要用孩子能理解的道理告诉他事情的真相。

其实，有时候身教是胜于言传的，父母身体力行的行为会对孩子的处事产生影响。

曾子是我国著名的思想家。有一次，他的妻子要出门，儿子要跟着一起去。她觉得孩子跟着很不方便，想让孩子留在家里，于是对儿子说："好儿子，你别哭，你在家里等着，妈妈回来杀猪给你炖肉吃。"儿子听说有肉吃，就答应留在家里。曾子把这一切看在眼里，记在心里。

"当曾子的妻子回到家时，看到曾子正在磨刀，就问曾子磨刀做什么。曾子说：杀猪给儿子炖肉吃。"妻子说："那只是说说哄孩子高兴的，如何当真呢？"

曾子语重心长地对妻子说："你要知道，孩子是欺骗不得的。如果父母说话不算数，孩子长大后就不会讲信用。"于是，曾子与妻子一起把猪杀了，给儿子做了香喷喷的炖肉吃。

由此看出，要纠正孩子容易撒谎的行为，父母首先应该言行一致。孩子具有极强的模仿能力，容易受到某种行为的暗示。如果上述故事中的母亲真的不能履行承诺，那孩子就会受到暗示，认为说谎不是什么大不了的事情，模仿它就顺理成章了。

实例

开学伊始，三年级四班还是沿用上学期竞聘的干部，小国是语文课代表。这天，小国的爸爸问他："你们竞聘班干部了吗？"

小国很骄傲地说："我被同学们选上了做体育副队长了。"

小国的爸爸高兴地拍拍儿子的肩膀："真不错！"

后来，当小国的爸爸从老师处了解到没有此事，纯属小国捏造事实后，十分困惑，不知儿子为何说谎。

解析

诚信是一个人立足于社会和事业发展的基石。现在的社会，竞争日益激烈与残酷，要使孩子在未来社会的竞争中立于不败之地，就必须让他们具备诚信的品质。

那么，如何培养孩子诚实守信的意识？

首先，父母是孩子的第一任老师，孩子的启蒙教育者。孩子的思想与品德尚未定型时，父母一定要注意自己的言行对孩子起到的重要作用。父母必须做出榜样。在每一件大小事情上，每一个行为举止上，都应该让孩子去感受诚信、学习诚信。父母从细微处，以良好的言行为孩子树立榜样，给孩子制造诚信的氛围，从小培养出他们的诚信意识。比如，不闯红灯、不随地扔垃圾等一些简单的行为，父母都应以身作则。并且父母对孩子的承诺也不能出尔反尔，父母若经常言而无信，孩子会产生不信任感，并且被"同化"。

其次，身教同时不可少言传，父母应让孩子树立起诚信而戒欺诈的观念，注重有意识地引导孩子思考诚信的问题，让孩子懂得什么是诚信，什么是欺诈虚伪，要旗帜鲜明地表扬诚信，批评欺诈虚伪。培养孩子从小明辨是非、爱憎分明的能力。发现孩子说谎时，应引导孩子承认和改正错误，对孩子诚信的表现要及时地肯定和鼓励。英国作家萨克雷说过，播种行为可以收获习惯；播种习惯，可以收获性格；播种性格，可以收获命运。父母便是在孩子诚信人生中播种的人。

再次，孩子说谎有时候也是出于无奈。如为了避免处罚，为了讨爸妈的欢心等，如果出现这样的情况，那可能是父母的其他行为或者对孩子的过高期望给孩子增加了压力。因而，父母不应该奢望孩子做超出自身能力范围之外的事情。当然，孩子需要安全感，如果家长总是"家长作风"，那孩子就需要想办法保护自己了，所以爸爸妈妈能够给孩子安全感孩子就会诚实起来。

最后，家长要努力营造一个民主、和谐的家庭氛围，尊重孩子一些合理的小隐私。生活中、学习中可采纳孩子可行的意见，若反对的要耐心地说明理由，让孩子体会到家长对自己的信任，把家长当成朋友，以后若有想不通的问题，孩子就会主动地与家长讨论解决。有的家长可能会认为孩子是自己养大的，年龄还那么小，还有什么意见可提？有什么东西可隐瞒的？于是一手包办，遇事不与孩子商量，不征求孩子的意见，这样会削弱了孩子的自信心，严重地伤害孩子的自尊心，为了避免爸爸妈妈再次的不公平对待，孩子只好选择撒谎了。

诚信不仅是立人之本，更是立国之本，教育孩子具备诚信的品质比通过一门课程更加重要，这不仅关系到国家和民族的未来，也关系到孩子将来一生的发展。失去诚信，在交际上会失去朋友，在社会上会失去发展机会。只有诚信，才是人生的通行证。

6.8 金钱崇拜：为孩子树立良好的人生观

随着生活水平的日益提高，现在越来越多的家长都喜欢用钱来教育孩子的各个方面。由于小学阶段的孩子年龄还小，他们还无法建立起正确的"金钱观"，物质之类的奖励，对这个年龄阶段的孩子来说只能是一种刺激，孩子在成长中真正需要的是精神鼓励，因为强大的精神动力才是孩子不断进取的终极动力源泉。

可是在西方人看来，理财教育在孩子成长过程中只是一种工具的手段，重要的是让他们成为一个能干的、素质全面的人，因此与理财相关的基础品格的培养就显得非常重要。在教育家卡尔·威特对孩子进行理财教育的过程中，我们可以清楚地看到哪些基础品质对理财教育来说比较重要，哪些品质可以在理财过程中得到发展和巩固。卡尔·威特常常用钱奖励儿子。如果儿子学习好，他就每天给孩子一个戈比作为奖赏。但如果他学习很好，而行为有过错，那就领不到这个戈比了。因此常常懂得"学习能带来现世幸福"，这样做也是为了让儿子体会到获得一点报酬是多么艰难。但卡尔·威特反对那些给孩子过多金钱的做法，他认为让孩子轻易得到想要的东西，尤其是金钱，会让孩子产生依赖别人的不良习惯。

理财，可以帮助孩子树立正确的金钱观，这种教育方式并不是要让孩子成为商界的明日之星做准备。而是要让孩子懂得什么才是一个真正健全、能干的人。理财的品质也包含诚实，即孩子应该抱着什么样的态度去看待钱财。那么面对金钱、面对物质诱惑，我们的家长应该跟孩子讲些什么呢？

首先，家长应该给孩子诠释诚实的真正含义是什么，如果不诚实其后果又会怎么样。鼓励他们在面对生活中真正艰难的选择时，做到诚实、守信、积极进取。

其次，家长要告诫孩子，面对金钱一定要保持自己的尊严。不要因为金钱而做出丧失自尊、违背良心的事情。一个人在金钱面前保持自己的尊严，就会得到他人的尊重，也会得到金钱的尊重。他在事业上也能取得巨大的成功。

最后，勤俭节约是中华民族的传统美德。要让孩子从小养成勤俭节约的好习惯，认识到每件东西的价值，而不是无谓地浪费、破坏和消耗。无论是在贫穷的年代还是在富裕的年代，我们都应当崇尚节俭。从小的方面讲就是为了居家过日子打算，从大的方面讲是为人类后代节省资源。

实例

我的儿子今年 9 岁了，正好和邻居王大嫂的女儿佳佳同岁，两个小伙伴很合得来，经常在一起玩耍。所以，我家和王大嫂的家，就成了这两个小孩子玩耍的乐园。

有一天，我在家里和妻子商议想买台新电视机。我们正在商量着，恰巧被在我家里和我儿子玩耍的佳佳听见了。佳佳在一边忽然接口说："叔叔！婶婶！你要买的话就买两台吧！"。我听了以后感到很纳闷，忙问："小佳佳，为什么要买两台呀？"。佳佳说："以后你们可以给我一台呀！"。我一听乐了，又问："你又不是我女儿，我为什么要给你一台呢？"。佳佳："因为我要嫁给你儿子了！"。我妻子也问："你为什么要嫁给我儿子呀？"。佳佳："因为你家里有钱呀！你家里有电视机了还要买……我妈妈说我长大以后一定要嫁给有钱人！"。

我和妻子听了以后。面面相觑，无言以对……

解析

我国目前在家庭教育方面存在许多误区，例如，重智育，轻德育；重物质，轻精神等，这些误区都不利于孩子良好品质和良好行为习惯的养成。

从小让孩子树立正确的金钱观是十分重要的！

1. 让孩子理解金钱的真正含义

父母应让孩子明白钱是解决生活问题的一种媒介，它本身不能解决生活问题。

钱是平常之物，没有神通广大的作用，不能解决一切问题。钱不能换来爱，不能换来信任，不能换来尊重。有些父母常有意无意地渲染金钱的作用，如对孩子说，"孩子，你看他多有钱，多让人羡慕"，结果使孩子认为只要有钱就会有高贵的社会地位，就能得到所有人的爱。这恰恰是把孩子引向对金钱的崇拜，而没有引向对自我能力、对个人的社会价值的追求。🦋

2. 把劳动与金钱统一

父母要让孩子懂得"君子爱财，取之有道"的道理。金钱是通过劳动取得的，让孩子懂得勤劳致富光荣，好逸恶劳可耻。父母还可引导孩子适当参加劳动，以获得劳动报酬，体验用劳动换取金钱的快乐。

3. 泛化金钱的含义：花钱是尽责的表现

家长要让孩子明白，花钱并不仅是为了满足个人的生活和学习的需求，更重要的是为了促进社会的进步，它着重表现的是对他人、对社会的责任，并不是不合理的享受和欲望。

最后，在目前家庭教育中，利用物质刺激，忽视精神奖励的情况已经不稀奇了。每当孩子考试得了高分，或考取了重点中学，家长就不惜大花一笔钱作为奖励。作为奖励，有的家长给孩子买了电脑，孩子如愿以偿，以后的学习就放松了，甚至后来孩子只是玩电脑、玩游戏、上网，作业都不做，成绩很快就下降了，直到此时家长才意识到：用买电脑来刺激孩子学习的方法欠妥。

在孩子的成长过程中，父母的鼓励、引导是不可或缺的，但不论鼓励也好，引导也罢，都应该着力于精神的给予，心灵的获得，而不要让幼小的心灵就沾满了铜臭的味道。

6.9 自我中心：让孩子学会接纳

现在的孩子大多都是独生子女，因而常常会受到爸爸、妈妈、爷爷、奶奶的过度疼爱，好吃的、好玩的均是由孩子一人享用，逐渐地就会在孩子心灵深处产生一种"唯我主义"的意识，会认为家里的一切都是我的，我得到这些东西也是理所应当的。久而久之，自私自利、不接纳他人甚至是嫉妒等不良的心理习惯就慢慢产生了，并会逐步形成飞扬跋扈的性格特点。

自私，是我们在社会生活中常见的一种心理现象。自私儿童过分关注自己，他们总是沉浸在自己的欢乐世界里面，不去考虑他人。这令很多家长都很费解。

从人的发展来看，婴儿期是以自我为中心的时期。这是动物进化过程中的一种生存本能的反应。2～5 岁的儿童正在形成从多种角度、多种立场考虑问题的能力。最初，他们在观察事物和考虑问题的时候，还不能超出他们实际所看到的。他们没有认识到人们从各种不同的立场，以不同的方式在看待同一个事物，他们很少知道别人会有与他不同的情感。因此，儿童在对待事物和他人的时候总是直接地联系自己，一切以自我为中心。

其实，儿童产生自私行为主要有两方面的原因：第一，儿童的心理发展还未成熟，他们往往将外部世界定义为：我就是世界。这种极端以自我为中心的思想会主导孩子的行为。当然这种现象会随着时间的推移逐步转变为接纳他人。第二，家庭环境不良影响的结果。其一是面对孩子的思想、行为反复无常、表里不一时，对孩子嘲讽、鄙视，使孩子产生畏惧心理，缩回自己的小圈子里，结果必然导致自私的产生。其二是过分宠爱，爸爸妈妈总怕孩子受一点苦、受一点委屈，对孩子过分的需求总是有求必应，容忍、迁就孩子的错误，这样使孩子很自大，不关心他人利益，一切为自己。这就是爸爸妈妈的过分宠爱助长了孩子的自私。

实例

晨晨是个可爱的小男孩，由于是独生子，所有深受爸爸妈妈和爷爷奶奶们的疼爱。从小到大，无论什么时候家人都会把好吃、好玩和好看的东西留给晨晨，晨晨也慢慢变地"自大"起来了。一个冬天的晚上，爸爸下班晚了，实在太饿了，进家坐下后，顺手拿起晨晨的饼干就吃起来了。这些饼干已经买回来好久了，晨晨平时就不喜欢吃。然而，晨晨看到后不愿意了，让爸爸把饼干还给他，甚至伸手要到爸爸嘴里去抢，尽管妈妈一再表示第二天一定给他买来更多的饼干，但还是不能说服晨晨，他不仅哭闹，而且还躺在地上打滚，不依不饶。看到这种情形，爸爸只好说带他去吃麦当劳，才阻止了晨晨的哭闹。

晨晨不仅对自己的爸爸"不客气"，对来家里做客的小朋友也很"冷酷"。一次，邻居家的小龙来晨晨家玩，看见他的变形金刚很好玩，就忍不住用手去摸，嘴里还不停念叨着："多棒的汽车人啊！"眼神中无不流露出对这个变形金刚的喜爱之意，晨晨看见后可就急了，连忙把玩具藏起来还对小龙说："这是我爸给我买的，你要玩叫你爸给你买去！"

解析

　　"以自我为中心"是孩子成长发展中出现的一种不正常的心理现象，一味让孩子的这种思维方式发展下去，孩子有可能变成一个自私自利的人。这样的人无论能力多大、智商多高都是难以为他人所接受的。前苏联著名的教育家苏霍姆林斯基一再建议："要教育学生心目中有别人。"因此，在家庭教育中一定要培养孩子心系他人的意识，做到心中有他人，愿意与人分享，克服自私自利的习性。

　　为此，父母可以从下面几点入手。

1. 帮助孩子正常交往，增强集体意识

　　孩子个体意识特别强，在家里"拔尖儿"得厉害，形成了以自我为中心的心态，这对孩子的发展十分有害。而群体生活正是克服自我心理的熔炉。孩子在群体中，必须遵从群体的规则，每个人的权利是均等的。如果只顾自己"拔尖儿"，会受到排斥，小朋友会看不起他，不跟他玩。这时，他会进行激烈的思想斗争，最终向群体规则"投降"。合群是人的重要品质和能力，这是家长无法口授给孩子的。

　　假如有的孩子真的不合群、孤独，家长要好好在自己身上找一找原因，然后下点工夫给孩子创造逐渐"入群"的机会。千万不可以用自身或家人来代替孩子的小朋友。

2. 不给孩子特殊待遇

　　孩子不愿与他人分享，是与爸爸妈妈的溺爱密切相关的。很多爸爸妈妈出于对孩子的爱，把好吃的好玩的全让给孩子，孩子偶尔想让爸爸妈妈分享，爸爸妈妈在感动之余却常说："我们不吃，你自己吃吧。"长此下去就强化了孩子的独享意识。其实，爸爸妈妈们完全可以"意思一下"，不要轻易拒绝孩子的好意。

　　另外，在家庭生活中要形成一定的"公平"环境，这无疑对防止孩子滋长"独享"意识有积极的意义。父母要教育孩子既看到自己也要想到别人，知道自己与其他成员是平等的关系，自己有愿望，别人也一样有愿望，好东西应与人分享。

3. 给孩子实践的机会

　　家长可以经常邀请小朋友来家里做客，与自己的孩子开展一些有趣的活动。

让孩子在活动中体验分享的乐趣。家里要是买了好吃的东西，可以让孩子为家人分配，如果孩子分配合理，就要及时予以表扬。日常生活中，父母为他人做的好事，有可能成为孩子模仿的典范。前些年央视播出的一则公益广告"妈妈，洗脚"，就是一个很好的典范。

孩子自私，是值得每个家长关注的事情。要及时对孩子的这种习性予以纠正，因为自私的人是会受到整个社会排斥的！

6.10　骄傲自大：让孩子学会谦虚

一个瞧不起他人，目中无人的人，势必会在他与外界之间建起一道无形的"城墙"。他们大多数时间是生活在自己的世界里的，这对一个成长中的孩子来讲是十分不利的。这些"骄傲"的孩子自然有着他们所骄傲的优点，而且其中不乏非常优秀的孩子。然而正是他们的"骄傲"，使得他们把自己独锁在"骄傲王国"，变得狭隘、自私，他们自己却全然不知。这使得他们的父母苦恼不堪。

"谦虚使人进步，骄傲使人落后"，骄傲自大的人终将难成大器。对于孩子的骄傲自满情绪，父母应当从小处着手加以分析、思考，才可彻底根治。很多父母都在大声疾呼："不要让孩子输在起跑线上。"于是忙着为孩子填充各种足以为傲的资本，其实需要教会孩子的又何止是几百首唐诗或是几种应用题的解法呢？孩子更需要的，是从小被赋予良好的心态与品质，需要具备远大的志向。

实例

一、莉莉是个聪明伶俐、讨人喜爱的女孩。她的爸爸是一家大公司的财务总监，妈妈在一家医院做医生。莉莉从小就生活在条件优越的环境中。在家里，她是父母的掌上明珠；在学校，她成绩非常优秀，是老师心目中的"尖子生"；在同学当中，因为她漂亮可爱，大家都叫她"白雪公主"。这一切使莉莉产生了飘飘然的感觉，"我就是比别人优秀"，莉莉常常不由自主地这样想。

莉莉的父母也很以这个美丽聪明的女儿为荣，经常在别人面前夸奖自己的女儿。这就使得莉莉更加自满和自傲了。

慢慢地，莉莉变了。她只要稍不顺心就对父母大发脾气；在学校里更在老师和同学面前爱表现和炫耀自己，一取得好成绩就得意非常，甚至不把老师的话放在心上；她还总是拿自己的长处同别人的短处相比，认为自己生来就高人一等，而看不起别的同学，甚至是大人。

二、有一些孩子，在课堂上，总认为自己懂了，他不怎么听讲；他举手发言，如果老师请了其他同学，他就会做出很不高兴的样子；课后，他还会出现不完成作业的情况，老师找他谈话，也会不屑一顾地说："你讲的这些太简单了，我不想听，作业做起来也没什么意思。"在生活中，也会拿自己的长处同别人的短处相比，认为自己高人一等，看不起别人。骄傲自大的孩子常在自己的周围树起一道无形的"城墙"，形成与外界的隔膜，这使他们的心胸变得很狭窄。他们看不到别人的成绩，只会"坐井观天"。

高 快乐是 敎 出来的

⧖ 解析

孩子容易形成这种骄傲自大、目中无人的性格特点，主要是由以下几种原因造成的。

1. 家庭条件优越

优越的家庭条件对于孩子的成长本身不是什么坏事，但如果引导的不对，优越的条件容易滋长孩子虚荣自傲的心理，使孩子养成爱炫耀自己、嘲弄别人的毛病。如喜欢炫耀自己漂亮的衣服和用具，嘲笑那些穿旧衣服的同学。

2. 父母的引导有问题

同样是由于家庭或者自身条件的优越，有的父母总是表现出一副得意洋洋、目无他人的高姿态。在平时的言谈举止当中会流露出对别人的不屑一顾。经常说张三不及我，李四差得远等话。这些话被孩子听见后就会被模仿，孩子也只是拿自己的长处去比别人的短处。

3. 过分夸奖孩子

孩子表现出骄傲自大往往是过高地估计了自己，认为自己比谁都强，只看到自己的长处，看不到自己的缺点和不足，喜欢拿自己的长处比他人的短处，他们大都以自我为中心。遇到这种孩子，家长万万不要再事事"夸奖"，在表扬孩子时，高度重视感情的作用，尽量做到"浓淡"适度。父母可以对孩子抱以轻轻的微笑，加以适当的鼓励。要让孩子学会正确地评价自己，既认识到自己的优点，又看到自己的缺点。

当孩子出现骄傲自大的负性情绪时，父母应该怎么办？

1．做好孩子的表率作用

父母是孩子的第一任老师，是孩子效仿的最直接的人，对孩子的思想和行为有着巨大的示范作用。父母应以身作则，对人谦虚友善，给孩子树立高尚人格的榜样，而不应在孩子面前表现出骄傲情绪，以免孩子受到不良影响。事实上，很多知识分子家庭的孩子，骄傲自大的情绪深受父母的影响。

2．耐心教导，使孩子正确认识自己

孩子出现骄傲自大的坏习惯往往是过高地估计了自己，认为自己比谁都强，只看到自己的长处，看不到自己的短处，拿自己的长处比他人的短处。因此，大都以"自我"为中心，想干什么就干什么，不会设身处地地为别人着想。作为父母应该耐心地教导孩子，让孩子学会正确地评价自己，既认识到自己的优点，又看到自己的不足。家长还需要规范孩子的行为，督促他们改正骄傲自大的毛病，告诉孩子在交友中应该怎样做和不应该怎样做，并加以训练和指导，使其养成良好的行为习惯。

3．表扬的力度要适中

父母们望子成龙的心情是可以理解的，但只要孩子稍微取得一点成绩就赞不绝口、欣喜若狂，这是不可取的，因为时间一长必然会帮孩子助长自满、自负的情绪。在表扬孩子时，父母应高度重视感情的作用，尽量做到"浓淡"适度。有时对孩子轻轻的一个微笑，也可以起到很好的鼓励作用。并且，父母应当尽量不在外人面前夸奖孩子，因为小孩子的自我评价能力还很差，受到过多的夸奖，就可能产生错误的认识，认为自己已经非常优秀了，进而产生骄傲自大的情绪。

4．奖励孩子要以精神鼓励为主，物质为辅

一般而言，孩子只要能得到父母的口头表扬，就会感到很满足了。过多的物质奖励，只会强化孩子高傲自大、忘乎所以甚至不思进取的心态，要防止孩子们为获得过多的物质奖励而产生畸形的满足感，不思进取，从而削弱进取意识。所以，父母应当注意不能给孩子过多的物质奖励，应该让他们明白好的生活条件是父母创造的，他其实和其他同学一样，没有什么特别之处。此外，父母要细心观察孩子的心态和行为，一旦发现孩子骄傲的苗头，应及时采取合理巧妙的教育，以消除孩子骄傲自大的不良心态。

5．多提示孩子的短处，制定高标准

孩子有了骄傲自大的现象，往往是过高地估计了自己，拿自己的长处比他人

的短处。作为家长应耐心地教导孩子，让孩子学会正确地评价自己。和孩子一起来认识自己的优点，又帮助孩子看到自己的不足。特别是对那些学习成绩好的孩子，一定要告诫孩子，学习成绩好和工作能力强还有很大的距离，要鼓励孩子参与社会实践，在参与中发现不足。我们还可以让孩子多参加那些他能力不足的比赛，比如，学习成绩好的孩子参加体育比赛。与此同时，对于那些能力强，完成任务显得很容易的孩子，可以为他们制定一些高标准的活动，这样更有利于他们的发展，还要教育孩子客观地作自我评定，引导他发现同伴的优点，适当批评不谦逊的地方，这才能使孩子成为一个谦虚上进的人。

6.11 自卑：让孩子正确地看待事物

自卑，顾名思义，自己瞧不起自己，它是一种消极的情感体验。这种心理表现为对自己缺乏一种正确的认识，在交往中缺乏自信（主要因素），办事无胆量，畏首畏尾，随声附和，没有自己的主见，一遇到有错误的事情就以为是自己不好。这样导致他们失去交往的勇气和信心。在心理学上，自卑属于性格的一种缺陷，表现为对自己的能力和品质评价过低。

孩子的健康成长离不开对自己的正确评价，可是有时候由于很多外在因素影响使得孩子对自己做出类似害羞、内疚、胆怯、沮丧等评价，从而就产生了自卑的心理。如生理上的伤残、身材不匀称、不漂亮；学习成绩不如别人，别人有某项特长而自己没有；家庭出身卑微，或父母离异，等等。自卑的人总是主动找出别人的长处来和自己的短处比较，总是把自己弄得灰溜溜的，总想把自己遮掩、包裹起来不让人注意，一旦被推到台前就诚惶诚恐，浑身不自在。

心理专家认为，帮助孩子克服自卑心理的根本方法，不在于说大道理，而在于教会孩子正确看待那些使他自卑的事物，让他分清客观事物和内心体会之间的区别。客观存在是不以人的主观意志为转移的，假如它不尽如人意，那也不是我们的错，我们根本不必因此而抬不起头来，它也不是我们害羞、伤心、逃避就能够改变的。如何看待我们自己，完全取决于我们自己。

实例

一位咨询师曾描述道：在一次咨询中，见到一个 12 岁的男孩孙悦。说到对自己的评价，他说他是一个胆小的、学习成绩不好的孩子，说老师和同学都不喜欢他，他没什么朋友，他甚至认为自己一无是处。看到别的同学都很快乐，就觉得自己更加难过。

从他爸爸那里了解到，孙悦并不像他他自己说的那样，他在班级学习一直是中上等，老师和同学只说他不太爱说话，但认为他做事认真，爱帮助别人。显然他对自己的评价很不客观。孙悦很失望又很无助，他的爸爸虽然说他想得不对，可孩子听不进去。

王某是一位六年级的女同学，她长着一对会说话的大眼睛，头发黄黄的，稍稍有些自来卷，成绩上游，中等智商，非常腼腆，性格内向，在人面前不苟言笑，上课从不主动举手发言，老师提问时总是低头回答，声音听不清，脸蛋涨得绯红。下课除了上厕所外总是静静地坐在自己的座位上发呆，老师叫她去和同学玩，她会冲你勉强笑一下，仍坐着不动。平时总是把自己关在房里，不和同学玩。遇到节假日，父母叫她一起玩、做客，她都不去，连外婆家也不去。

解析

产生自卑的原因有很多种，归结起来主要有以下几点。

1. 缺乏自我认识能力。每个人总是以他人为镜来认识自己，如果他人对自己的评价过低，特别是较有权威的人的评价，就会影响对自己的认识，从而过低评价自己，产生自卑心理。对自我形象不认同，觉得自己长得不好。或者是对自己能力的怀疑，上学之后缺乏优越感，自己没有赢得别人尊重的本钱，于是产生了极强的失落感，原有的优越感一下子就变成了自卑感。

2. 家庭条件不济。有些学生因为出身贫寒，生活上比较拮据，看到其他同学有好吃的、好玩的，自己没有，觉得自己家里条件不好从而产生自卑心理。

3. 个人性格特点。气质抑郁、性格内向者大都对事物的感受性强，对事物带来的消极后果有放大趋向，而且不容易将其消极体验及时宣泄和排解。因而外界因素对他们心理的影响往往要比对其他气质、性格类型者的影响大，产生自卑的可能性也相应增大。

因此，家长帮助孩子克服自卑心理时，要注意以下几个问题。

1. 正确认识自己

自卑的人往往注重接受别人对他的低估评价，而不愿接受别人的高估评价。在与他人比较时，也多半喜欢拿自己的短处与他人的长处相比。越比越觉得自己不如别人，越比越泄气，自然产生自卑感。家长此时要保持稳定的情绪，要不急不躁，有条不紊，客观公正地看待孩子，冷静地处理孩子成长中的问题，教育孩子不要只看到自己不足的一面，也应看到自己优秀的一面。家长既要用成人的观念看待出现的问题，又要站在孩子的角度考虑问题，谅解孩子在成长过程中的无知、过失，鼓励处在困难中的孩子，督促有懒惰行为的孩子，安慰受到伤害的孩子，使他们经常处在勇气十足、精力旺盛的状态中。

2. 善于满足，解除自卑

自卑的人一般都比较敏感脆弱，经不起挫折打击。一旦遭受挫折，就很容易意志消沉，增强自卑感。因此，家长要教育孩子凡事应不怀奢望，要善于自我满足，知足常乐，无论生活、工作或学习，目标都不要定得过高，这样，就容易达到目标，避免挫折的发生。在不断的成功过程中，建立起自己的自信心。必须明白和做到：努力的目的是完成自己的既定目标，而不是为了打败别人。而每次取得的成功体验，都是对自己的一种激励。

3. "补偿"法克服自卑

对因为外貌和生理缺陷产生自卑的孩子，可让孩子通过自己的努力以某一方面的成就来补偿自身的缺陷。父母的关爱是孩子成长的温床，家是孩子最温馨的港湾，也是消除子女心理问题的良药，要善用笑声驱散抑郁。让孩子体验成功，在适当的时候展现自己的特长，对孩子的努力，父母应表示满意和接纳。父母要细心观察，发现孩子情绪低落时，鼓励孩子说出心烦的事，认真倾听孩子的心声，允许孩子发牢骚，尊重孩子的心理空间，不能把孩子的心里话告诉别人，不要偷看孩子的日记，留一个空间让他尽情宣泄、排解抑郁。

4. 增强抗击打能力

心理治疗中有一种疗法叫做"理情主义"疗法。该疗法认为人之所以会产生各种不快的感受，是因为人们对事物的认识产生了偏差，是由于不正确的认识导致人有各种负性的情绪体验。而自卑的人，常常是自我防御机制不健全的人，孩子的自我评价系统不完善，对自己的评价过低，因此，遭受挫折与失败的时候，不怨天尤人，也不轻视自我，要客观地分析环境与自身条件，这样才可以找到心理平衡，才可以发现人生处处是机会。

最后，自卑的人多数比较孤僻、内向，不合群，常自己把自己孤立起来，少与周围人群交往，由于缺少心理沟通，易使心理活动走向片面。自卑者如能多参与社会交往，可以感受他人的喜、怒、哀、乐，丰富生活体验；通过交往，可以抒发被压抑的情感，增强生活勇气，最终走出自卑的泥潭。

第7章

做孩子的导师——快乐激励

美国有个大教育家说过一句非常偏激的话："在教育孩子的问题上，我不知道除了鼓励还有什么别的方法！"这句偏颇的话道出了教育孩子的真谛。人们都是追求上进的，在不断前进的道路上谁不希望多听到一些赞美、激励的话语？当然，在家庭教育中，鼓励孩子又是一门艺术，家长若能灵活运用积极暗示、赞赏、肯定和鼓励等技巧，孩子们就将发挥出不可估量的潜力。

7.1 学会随时都使用鼓励和批评

人们与生俱来就具有追求美好的愿望，所以谁都喜欢听好话。无论男女老少对那些刺耳的话语听后都会觉得心中不悦，而好话则听后诗人心情舒畅。在家中教育孩子同样如此，如何将鼓励与批评有机地结合起来，注意把握分寸，讲究说话时的艺术。在鼓励时注意培养孩子的兴趣，不断调动孩子的学习积极性，而在批评时要注意就事论事，不过多地打击孩子的积极性，消沉孩子的意志，挫伤孩子做事的情趣。

◆ 鼓励

每每与家长们谈及鼓励孩子的教育时，很多家长都会有这样的困惑："我们家孩子都是不能表扬的，一表扬的话尾巴就翘得老高。有时候我们都很难找到孩子身上值得让人肯定的地方！满眼都是缺点！"或者有的家长也说："鼓励在我们家根本就没用，只能打骂才能把他镇得住！"在这个时候，我们也想请各位家长静下心来想一下，打骂真的可以让孩子平静吗？从此孩子再也不需要家长督促学习吗？没有！更可能的是：家长会发现孩子学习更消极了，骂不听打不疼的；还有就是慢慢地孩子再也不愿意和家长沟通交流。鼓励必须是思想上的进化，不但要改掉孩子身上的恶习，还要从理想和信念上面加以引导，这样才能真正达到鼓励孩子成才的目的。

实例

成功其实很简单

20世纪60年代中期，一位怀揣着梦想的韩国青年踏上了前往英国剑桥大学深造的征程。他在剑桥大学学习心理学。按照西方人的习惯，他也常常会去咖啡厅、茶座等地方喝下午茶。在喝茶的地方经常会有一些学术名流和各个领域的权威人士高谈阔论。这些人举手之间风度翩翩，将自己成功的人生经历看做是上帝有意安排好似的。日子久了，这位韩国青年突然发现，以前在韩国的时候很多人往往轻信那些成功人士的言论，往往把自己的成功归功于某些常人难以承受的艰辛，最终让那些本来还憧憬着未来美好理想的人们半途而废了。

这样的情景不禁让这位青年感到不安。作为一名心理系的学生，他决定要对国内的这种不良的成功心理气氛加以研究和试图扭转。终于，一篇名为《成功并不像你想象的那么难》的毕业论文呈现在现代经济心理学之父威尔·布雷登教授面前。布雷登教授大为欣喜，他认为这是一个普遍存在的事实，只是多年来一直都没有人去提及过，这绝对是一项新发现。之后，布雷登教授写信给当时韩国政坛的领导人林正熙，他在信中说道："这项研究可能对你不会有太大的帮助，但它绝对比你的每一项政令都有效。"

后来的事实证明，这项研究成果是韩国经济起飞重要的推动剂之一。因为它打破了人们以往的成功理念：成功必须是劳其筋骨、饿其体肤，头悬梁、锥刺股。它鼓舞着一代又一代的韩国有志青年不断前进，去追求自己的理想。成功其实就是一心一意地专注于自己感兴趣的事业，不懈的坚持和努力必将铸就未来的理想。这位青年后来成了韩国汽车业巨头泛业汽车公司的总裁。

解析

世上无难事，只怕有心人；没有想不到，只有做不到。成功有时候并不需要太多的智慧和策略，只要有钢铁般的意志和决心，然后以一颗平常心去对待，属于自己的明天就不会遥远。

话说回来，科学家爱因斯坦曾说过："最重要的教育方法就是鼓励孩子去实际行动。"每当孩子做完一件事情，他总会迫切地让父母来看看，希望获得父母的赞赏。如果父母没有注意到孩子的需要，忽视对孩子精神的鼓励，孩子就会很失落。在一次次的失落中，孩子就会认为自己得不到父母的爱，从而会走向消极的一面。

所以，父母对孩子的鼓励要从以下几点做起。

1. 要有无私的爱

作为父母爱孩子是我们的天性，但是有意识地爱孩子，是培养孩子最重要的一种方法，当一个人被无条件地爱着的时候，他的自信心会大增！自己会尊重自己，进而尊重别人。在他的心灵中会感受到自我价值的产生，即自我价值开始萌芽。而无条件地爱孩子，是培养孩子安全感和勇气的最重要的方法。

2. 鼓励要改变观念

家长为什么想要鼓励孩子时却找不到孩子的优点？那是因为家长的着眼点永远聚焦在孩子的缺点上！父母一定要学会从不同的角度客观地分析孩子的行为及表现，要善于挖掘孩子的优点，有时甚至要刻意夸大孩子的进步以此来激发孩子的自信心。但家长有一点一定要明确：孩子的什么才是最应该鼓励肯定的？相对于简单的结果来说，过程更重要。在这个过程中孩子是否付出了自己的努力，付出了多少努力，这才是家长评判孩子的真正着眼点。

3. 多种鼓励方法相结合

将物质奖励和精神奖励有效地结合起来。其实，在日常生活中的一个赞赏的微笑，一个欣喜的拥抱，一句认可的赞同都能在无形中给孩子带来进步。在孩子的学习生活中，家长可以和孩子共同制定"亲子约定"、"行为规范"等，通过积分制、货币制等方式，让孩子通过自己的努力去获取想要的东西。这既是一种激励，同时也有利于孩子责任感的培养。但有些看似鼓励的话，如"若考100分，我就给你买礼物"之类，不但不是鼓励，反而是孩子教育中的禁忌语，家长也是要注意的。

最后，我们可以再肯定孩子的进步之后再指出孩子的不足，这样其实也是一个非常有效的循序渐进的鼓励方法，家长可以在日后多多利用这种方法。

◆ 批评

孩子们在学习和生活中都会出错，批评是在所难免的。但是，批评也要注意技巧，因为父母的批评方式直接影响了孩子看待错误和不足的方式。在批评的过程中，家长首先要提醒自己：我的话是不是有些言过其实？是不是留给了孩子解释的时间？

所以，家长对孩子的批评要注意以下几点。

1．批评要有明确的目的

为什么要批评孩子，家长必须搞清楚。可有时一急就忘了目的，而采取不正当的方法，使孩子感到挨批评还是一头雾水，不知道自己到底错在哪里了。所以批评孩子时家长头脑一定要清醒。要记住批评不是目的，是手段。批评的目的绝不是使孩子心灰意冷、垂头丧气，而是帮助孩子认识错误，丢掉缺点，大踏步地前进。批评孩子的目的绝不是家长自己出出气，而是为了教育孩子。批评孩子也绝不是单纯因为孩子伤害了家长，不是因为孩子的过失给自己丢了面子，使自己伤了心、生了气，而是因为孩子的思想言行违背了社会的道德要求，如果不及时给予强刺激，孩子的缺点、错误就会越来越严重。为了挽救孩子，为了使孩子得到警戒才批评孩子。如果这个目的自始至终十分明确，家长就会理智、冷静地对孩子进行批评而不会为出气说出出格的话、做出过火的行为了。

2．批评要注意语气，不翻旧账

家长在批评孩子之前要心平气和，然后要估计一下事件的严重程度，找准语气。如果事情本来没有那么严重，就不必大动肝火；同样如果事情已经需要严肃对待的时候，你就不能再那么温柔耐心，应该提高嗓门给孩子看看你的"厉害"。

另外，如果孩子多次在同一个问题上犯错误，且家长的批评总是不能引起孩子足够的警觉的话，这个时候家长不妨仔细思考一下是不是自己的批评方式出了问题，是不是应该换一种方式或者用一些新的方法加强孩子的警觉。不要让孩子对这样的批评产生了"免疫"。最不可取的是在批评一件事情的时候又提起了一个别的错误。这样做只会让你的谈话更加缺少中心，不仅不能提高孩子对这件事情的认识，还会让孩子对你的批评心不在焉。

3．批评要恰如其分

有些家长看到孩子犯错误就急了，批评起来非常过火，以为这样的强刺激对孩子会起到较深刻的教育作用。殊不知，越过火孩子越反感，教育的效果也南辕北辙。所以批评更要慎重，更要讲究方法，应该做到既严肃又耐心，使孩子心服口服，要心服口服就必须公正、合理，批评要实事求是，不要以为说得越多越好。

"你算完了，我从没见过像你这么笨的孩子"。

"你真混蛋透顶，不可救药"。

这样的过火语言只能使孩子感到无所谓，反正我错误没那么严重，爱说什么说什么吧，于是给你一个耳朵，不往心里去。孩子认为你无非就是撒撒气而已，批评的效果无形中就降低了许多。当然批评、惩罚太轻也不行，太轻不足以引起孩子警惕。最好的办法就是调查清楚，合理、公正、适度的批评，批评时一定要掌握好"度"。

4．批评要及时

与及时鼓励孩子一样，能在孩子犯错误不久就及时进行批评，这样对孩子认识和改正错误都是很有利的，但往往事情不能总是这样凑巧。有时候，或是你发现的晚，或是当时一些事情耽误了你的批评行动，使得你不得不跟孩子"秋后算账"。那么这个时间的选择就非常重要了。谈话应该在两个人都心平气和的时候进行，先让孩子自己回忆所犯的错误，如果他拒绝回忆或者回忆不出来，就由你来将这件事情"复述"一遍。这种阐述越详细越好，让孩子充分回忆起当时自己的想法和做法，这样，虽然批评并不那么"及时"，但也能起到作用。

总而言之，正向的批评、惩罚教育和鼓励教育的重要性是等同的。但不管是鼓励还是惩罚，若没把握好分寸或错误使用都会给孩子的教育带来阻碍，在孩子的成长道路上投下一片阴影。怎样才能将手中的糖果和鞭子的积极作用发挥到极致？怎样批评才能既让孩子意识到自己的错误又不会挫伤孩子的自信心？这些都是家长必须不断学习和探索的课题！

7．2 鼓励孩子要选择最佳时机

我们都知道，作战时要讲究战机，农忙时播种要讲究节气。家长在鼓励孩子

快乐是教出来的

的时候同样也是要讲究时机的。即妈妈要根据孩子的心理状况，选择最佳的教育手段和时机，在正确的场合、正确的时间鼓励孩子，此时才可以取得绝佳的鼓励效果。

实例

情景一：

"我爸爸跟教导主任是好哥们！"孩子得意洋洋地跟同学说道。

一位同学附和道："哇！那班主任肯定不敢对你怎么样了，以后我们就跟你混了。"

爸爸正好此时来接儿子回家，听到了孩子说的话便道："儿子，老爸怎么不知道我哥们在你们学校呢？诚实的孩子不说谎哦！"

孩子感觉很没面子，心想："完了，这下在同学面前永远都抬不起头来了。"

情景二：

"我爸爸跟教导主任是好哥们！"孩子得意洋洋地跟同学说道。

一位同学附和道："哇！那班主任肯定不敢对你怎么样了，以后我们就跟你混了。"

爸爸刚好经过，听见后什么都没说。回家后，爸爸对孩子说："儿子，我的哥们是在税务部门，怎么回到你们学校了呢？"

孩子低下了头，不好意思地对爸爸说："对不起，爸爸，我知道撒谎的孩子不是好孩子，我以后再也不撒谎了。"

解析

同样是要鼓励孩子诚实，但是第一位爸爸当面戳穿孩子的谎言的话，虽然让孩子也认识到了自己的错误，但是让孩子的自尊心受到了伤害，如果处理不好的话，不仅会导致孩子在同学中威信扫地，而且还会让孩子变得自卑。而第二个爸爸则很懂得鼓励孩子的时机问题，他并未当面揭穿孩子的谎言，而是回家之后用半开玩笑的方式，让孩子意识到自己的错误，既鼓励了孩子要诚实，而且也保全了孩子的尊严，让孩子对爸爸心存感激。

《学记》中有一言："当其可时谓时。"意思是说，要按照学生的特点，选择适当的时机进行教育，才能叫"及时"，正如打仗要抓"天时"，抓"战机"。人的行为要受到其情绪的影响。积极主动向上的情绪有助于提高人的活动效率，促使人们忘我地劳动；而消极低落的情绪则往往会使人心情郁闷，精神萎靡不振，工作效率低，甚至使人对工作产生厌倦感。心理学研究表明，情绪在情感的表现形式方面，具有较大的情景性、激励性和短暂性。因而，如何有效地激发人们内心的积极情绪，应把握好最佳时机。所谓把握激励孩子的最佳时机，就是指充分利用孩子所处的那种积极的情绪状态，或适当的方式和手段，促使孩子内心的消极情绪转化为积极情绪，并使其代为行为，去实现预定的目标。

在生活中，有哪些鼓励孩子的最佳时机呢？

1. 当孩子遇到困难的时候

孩子在成长的过程中难免会遇到一些磕磕绊绊的，每当此时，有的妈妈不忍心看到孩子伤心、痛苦，就会介入其中。她们一次次把孩子从困境中解救出来，充当着孩子的保护神。但是，妈妈的帮助看似帮孩子摆脱了困境，实际上却起到相反的作用。因为这种做法不是在鼓励孩子去发现自己的能力，去运用自己的能力解决问题，而是在否定孩子自己的能力，使孩子失去获得必要经验的机会，让孩子永远不能自己解救自己。正确的方法是，让孩子在哪里跌倒就从哪里爬起来，鼓励孩子用自己的能力去战胜困难，而不是越俎代庖，替孩子去克服困难。

2. 孩子取得成绩了

在生活和学习中，孩子总会取得成绩和进步，这时在得到他人肯定的时候，孩子一定是信心满满地。此时，聪明的妈妈不应该还是停留在物质奖励的层面了，妈妈要懂得和孩子一起分享成功的喜悦，来自自己最亲爱的人的心灵上的鼓励，才会产生巨大的精神动力，不仅增进了亲子之间的感情，也让孩子心存感激：妈妈一直关注我，我不能让妈妈失望！此后，孩子更会尽自己最大的努力去学习。

3. 犯错误、失落的时候

鼓励不能只是出现在孩子表现好的时候，孩子犯错了同样要得到鼓励。当孩子犯错时我们最先想到的是如何不去惩罚孩子，而是想办法让孩子意识到自己的错误。其实，当孩子犯错误，失落时妈妈的鼓励是一个很好地帮助孩子改正错误的方法。父母不要将孩子的犯错看做是麻烦，而要将其看成是鼓励的好时机，让孩子在错误中有所悟，有所得。

7.3　家是孩子温馨的港湾

人们都知道，家对于每个人来说都是极为重要的。但家对于孩子来说则更加重要。一个和谐、温暖充满温情的家对孩子身心健康成长来说是比不可少的条件，它确有价值黄金万两的功效。

每个人在其一生当中所受到的最早的教育都是来自于家庭，而父母都是孩子的第一任老师，父母教给孩子什么是爱、什么是恨，父母可以让孩子成为一个诚实可靠的人，也可以培养孩子成为信口雌黄的小人。父母既可以在孩子的心中播下暴力的种子，也可在孩子心中撒下爱的希望。在孩子的眼里，他们对父母所给予的信息是反映式的，父母的生活态度和言行举止，父母的心理和人格，就是孩子向这个社会学习的最好教材，它们都是孩子认识社会、认识人生的一面镜子。父母以心换心，以人格育人格。品行不良的父母很容易培养出品行不良的孩子，心理扭曲的父母，很容易使孩子失去辨别美与丑的能力。从这个意义上来说，父母在孩子的幼年给孩子奠定什么样的生命品质，将决定着这个孩子的一生是否过得美好和幸福。所以，教育孩子，仅有老师的力量是远远不够的，我们还要求助家长的力量，家长创造出适合孩子生长、学习的环境，才能使得孩子更加健康地成长。

成年人在家这个港湾里可以充分放松自己，还原到自己真实的一面。家长对孩子同样也是，因为在这个不大的港湾，等待孩子的是母亲博大的情怀，父亲坚强的眼神，这里可以接纳孩子的成功和微笑，也能接纳孩子的过错和眼泪。假使你的孩子犯了再大的错，你都不能说："你给我滚出去！"因为，家是一个人最终的归宿，他再没有地方可去，除非坟墓。

如果因为父母的粗暴言行，孩子真的"滚出去"了，那结果将会是什么样的呢？

✎ 实例

据报道，河北巨鹿县王虎寨镇有个初中男生，因考试成绩差，不敢回家，浪迹街头，结果被坏人以招工为名骗到乡下一个"地下血库"，和其他几个孩子天天被逼去抽血。

数日后，几个孩子面黄肌瘦，十分虚弱。幸好其中一个孩子逃出来，叫大人来，才得救。出来时，几个孩子已奄奄一息。那些被救出去的孩子，许多人在心灵上、肉体上受到极大的伤害。而这些伤害，往往是难以补救的。

解析

我国的心理学家曾经做过的调查显示：我国有三分之一的中小学生、23%的大学生患有心理疾病。这个数字确实令人值得深思。如果广大家长还无法意识到家庭对孩子心灵成长的重要性，那么类似实例中的事件还会不断发生。孩子们的身心也会疲惫不堪，他们的心情也会十分沮丧，此时，如果家庭这个孩子学习生活的第一环境都不能给孩子提供最好的保护，那孩子的心理健康又当如何健康发展？儿童又该如何获得健康的人格？

1. 家是孩子心灵休憩的港湾

远航的巨轮，迟早要驶回平静的港湾，加油、维修、装货、卸货……以迎接第二次远航。离家的孩子，早晚要回到温馨的家庭，吃饭、休息、添衣、减衣……以迎接新的黎明。

有人说："家是避风的港湾，在你身心疲惫时为你遮风挡雨；家是欢乐的港湾，在你心情沮丧时为你散播欢娱；家是温馨的港湾，在你寒冷无助时为你敞开胸怀；家是心灵的港湾，用亲情融化你，用幸福包围你，用挚爱感化你。家是充满温暖和爱的地方！"其实这些话对孩子同样适用，因为他们同样需要把家庭作为他们心灵休憩的港湾。

2. 离家出走的孩子，更需要关爱

心理教育专家称，承受挫折能力差是许多孩子离家出走的主要原因，脆弱的心理承受能力，使他们无法面对和接受挫折，当压力和挫折不断袭来时，他们常常无所适从，只好选择逃避现实。

经常离家出走的孩子对家庭缺乏归属感，对父母缺少亲情和依赖感。家庭内部关系紧张，如父母经常吵架、经济困难或父母教育方法过于严厉苛刻等都会使家庭成员之间感情淡薄，使得孩子没有安全感，觉得自己是多余的人，当有困难时在家里得不到相应的帮助和支持，所以只好走掉。

下面是一个离家出走的孩子的真实感受。

"当晚我是在一个小公园的长椅上睡的。没有母亲帮我盖被，也没有母亲在第二天的清晨准时叫我，更没有了母亲每天早晨送到我面前的香喷喷的早餐……我从椅子上爬起来，找了家快餐店，随便吃了些东西。"

"忍不住，我打开了手机。果然，来了几十条短信息。我一条一条地翻看着，内容差不多，然而每一条的感觉却不一样，我感到母亲在每发一条信息时不同程度的爱。每条短信短短的几十个字，却充溢着母亲对儿子的思念，对儿子的爱意……"

"半个月后。我花光了身上所有的钱，不得已，我回到了那个曾经带给我温暖，而且现在也会继续给我温暖的家。躺在床上，我终于明白过来，原来我之所以会感到有块石头压着我，是因为我有了离家负罪感，而真正属于我的净土，就是这个带给我无限温暖的家……"

"而与此同时，我明白了一个道理，母亲的爱，是永远买不到的东西，而且这种珍贵的爱，一个人的一生只有一份。"

3. 孩子需要怎样的家

教育专家曾做过这样的调查：我们这个社会存在四种类型的家庭，即民主和睦型、放任自流型、家长专制型和兼备型。而在民主和睦的家庭中出现品学兼优的学生的概率是最高的。为什么呢？因为民主和睦的家庭爱心浓郁，人际关系和谐，人人都是主人，孩子不仅有幸福感、安全感，而且还有归属感、自豪感，孩子做事、求知都有一种良好的情绪，忧虑少、紧张少、烦躁少，自然有利于培养良好的品质与习惯，有利于踏踏实实地搞好学习。

其实，随着孩子的年龄不断增长，自尊心也在不断提升，开始有了自己的思想和对问题的看法，他们都希望自己对问题的见解得到大人的肯定，如有不对的话，也希望和家人共同探讨。这时，家长不能因为累、忙和烦，对孩子提出的话题"表示厌烦"，因为，这么一来，孩子比较脆弱的自尊心就会遭到伤害，弄不好，还会从此向你关闭敞开的心扉，这样下去，后果将不堪设想。

作为家长，孩子的启蒙教师，更应该关注孩子的心理健康，解决他们的烦恼。为了孩子的健康成长，创造一个民主和睦型的家庭吧！善待老人、配偶与孩子，勇敢面对困难与挫折，积极担起家庭与单位的责任，健康快乐地生活，树立良好的榜样。总之，让家充满爱，让孩子生活在充满爱的港湾里。

7.4 不毁掉孩子心中的希望

《读者》上曾有一篇让人深思的文章《枕头边的零食》，一个穷困潦倒的父亲，每天在孩子的枕边放下哪怕只有一粒花生米的零食，让孩子晚上在希望中进入梦乡，早晨在惊喜中醒来迎接新的一天。这个孩子在"枕边零食"的鼓励下心中始终充满了希望和自信，后来成为了一位奋斗不息、快乐自信的企业家。

如果一个人总是以消极的心态来看人、看事，那么就会觉得自己身边无比黑暗，脚下无路，危机四伏，自己也很难被别人接受和认可，做事也容易失败，失败又反过来强化了消极心态，人生因此陷入恶性循环当中，失败也就是情理之中的事了。一项于 20 世纪 90 年代做的调查，对当时郑州地区年收入在 10 万元以上的家庭主妇和年收入 1 万元以下的家庭主妇进行"幸福感"调查，结果显示，高收入家庭的主妇们的幸福度竟然低于低收入家庭的主妇们。这说明，"幸福"是一种自我感觉，是一种心态，它与金钱、地位不构成正比例关系。

在家庭中，家长又该如何做才能点燃孩子心中希望的火焰？

1. 教育要从快乐入手

什么样的家庭教育才算是成功的教育呢？心理学家告诉我们，家庭教育成功的关键只有一个：快乐。有一句话叫表扬使白痴变成天才，指责使天才变成白痴。不是我们的孩子不好，而是我们不断地制造负面的评价，不断地指责、找出孩子的问题，使得孩子处于一种不快乐地状态，所以他学习的效果会越来越差。

家长在教育孩子的时候，千万不要成为他痛苦的源泉，不要让家长成为孩子痛苦的条件刺激。否则，孩子一见到父母，就会条件反射地不舒服。为什么孩子不愿意跟你说话，不愿意跟你沟通，就是因为他只要一跟你沟通，一跟你说话，你就会批评指责他。你没有一种朋友的感觉，你不能帮助他化解危机，不能让他在快乐的心态下与你交流，解决问题。所以你的问题就会比较糟糕。要想使得孩子的家庭教育取得成功，务必让孩子感到快乐，因为快乐是兴趣的前提，没有兴趣那孩子必定什么事情都做不好。比如，若要想孩子钢琴弹得好，就必须让孩子在弹钢琴时感到快乐，一见到钢琴就有快乐的感觉，就有自发的兴趣。如果孩子是被迫去学钢琴的，或者是弹钢琴时感到痛苦地难以驾驭，甚至是被打着骂着去学钢琴的，那么，他（她）永远也不可能在钢琴上取得成就。

我们常会看到有经验的家长将孩子喜欢的东西和学习结合起来。如，孩子晚

快乐是教出来的

上学习一段时间之后会给他一些自己喜欢吃的东西，或者奖励看电视、玩电脑，将良好的感觉和原本枯燥的学习有机结合起来，这样更能调动孩子的学习动机和兴趣。在孩子学习的时候，会去拍拍孩子的肩膀，以示肯定、友好与赞赏，将愉悦的感觉与学习活动结合起来；对待孩子犯错误，尽力做到惩罚及时、明了，不对过去的错误抓住不放，更不会在孩子学习的时候批评他，以免将不好的感觉与学习活动结合起来。

2．让孩子心存希望、信念

作为父母，要让孩子始终看到希望。要不断地鼓励孩子，告诉孩子你一定可以学好。要不断地找到他身上的优点和成功之处，让他们知道期望，看到希望，要让孩子心中的成功之火、希望之火每天都在燃烧着。做母亲的，做老师的，做爸爸的我们不要去干那些扑灭希望之火的事情，人为什么要活着呢？包括我们自己在内，我们每一天活着是为了什么呢？还不都是为了一个希望吗？都是因为心中有希望，当一个人心中的希望之火被破灭的时候，他什么劲头都没有了。

美国汽车大王亨利曾说过这样一段经典的话语："你认为你行，你是对的。你认为你不行，你也是对的。为什么呢？无论是你认为你行，还是你认为你不行，那个结果都会和你认为的一样。当你认为你行的时候，你就会真的变得行。当你认为你不行的时候，你就会真的变得不行。"

家长最关心的问题是，如何让孩子的学习变得成功？想要完成这个目标需要四个步骤：

第一是想要成功。其实所有的学生都想学好，没有一个不想成功，这些孩子中包括那些很糟糕的孩子。他们都想成功，可是想成功、想好与"成功"、"好"相差很远。其实我们永远都不能够忘记一条，孩子都想成功，但是，这还不行，还必须要上升到更高的层次。

第二是"我相信我可以"。只有当孩子相信自己可以学好的时候，他的行动才会坚定而有力，只是这样想还是不够的，关键是看自己这种信念是否足够强烈，每个奥运冠军在成为冠军之前可能对自己还不是很有信心，当进取的信念被教练和父母调动起来时，就会产生巨大的动力，直至最后达到目标。

第三是有信念更要有行动。万里长征始于足下。如果每个人都是夸夸其谈的空想家的话，那无论如何都不可能成为奥运冠军的，在成为奥运冠军的道路上充满着荆棘、血汗。在孩子成功的道路上必将不断跳出拦路虎，家长一定要成为孩子坚强的精神动力，帮助孩子将信念付之于行动。

第四是"有快乐有效的行动习惯"。很多家长都曾抱怨："哎呀，我这个孩子数学不好。"专家说："打住！不是数学不好，而是数学的哪一个章节不好。"要告诉孩子从最简单的开始学，从第一课开始就让他有成功的体验，要让孩子感受到，他这样做他能够学好，他才会有很强的行动力。他也才有可能继续在你的鼓励之下养成一种好的行动习惯。

3．多与孩子交流，唤起孩子的主体意识

家长一定要养成一种善于倾听孩子想法的习惯，无论他在学校里发生什么事，都要先耐心地倾听他们诉说。唯有诉说才有倾听，唯有倾听才有沟通，唯有沟通才有理解，唯有理解，才能让孩子的心灵之花更加美丽。曾经的一项心理学调查结果显示，学生最烦爸爸妈妈说的一句话就是"考多少分，排多少名"，37%的初中生和 45%高中生都表达不喜欢自己的父母。这是不是很悲哀啊！父母含辛茹苦这么多年养育孩子，结果孩子却不喜欢你，真是悲哀。

另外，一个家庭教育能不能成功，孩子的主体心态有没有发挥很重要。有一句话叫"教育的效果不取决于老师讲了什么，也不取决于家长说了什么，而取决于孩子听到了什么，接受了什么"。在教育的观念上，家长的思想要转变，通常有句话叫"你是对的，孩子也是对的"。夫妻之间的相处也会影响孩子，同样要有这种观念："你是对的，他也是对的。"因为你这样想，你才能够理解他，你才能站在对方的角度理解他的想法，从而在理解的基础上引导孩子接受你的指导和建议。教育学上有种"主体间性"的理论，它强调的是学习主体能有效地发挥主观能动性，去积极地接受知识，与教育者一起探讨、合作，化被动为主动。

7.5　教会孩子在失败中学习

在成年人的世界里，不公平现象到处都有，并不是所有的努力都会有好的结果。有很多人的努力都可能不会被他人认可或者看见。同理，孩子的世界也是如此。在各种竞争日益激烈的今天，当很多人都聚在一起的时候机会就显得非常小，家长要陪着孩子心平气和地接受自己的平凡，要让孩子正确地面对自己的失败，让孩子明白即使自己学业不算优秀，各类体育竞赛也不是他人的对手，但自己仍然是一个对社会有用、有价值的人。

每个孩子都有失败的权利。父母都往往是望子成龙、望女成凤，一门心思扑在孩子身上，天天在孩子耳边念叨：成绩要好呀，要努力呀，不能掉队呀。一到

考试的时候，更是比孩子还着急，不厌其烦地嘱咐孩子一定要考好，不许失败。这样的心情我们可以理解，但是对孩子来说并无实质性帮助，人生的道路上不会一帆风顺。

孩子毕竟还是孩子，他们没有丰富的人生阅历，他们都还处在人生最初的摸索阶段。他们都有权利失败的。试想一下，哪个做父母的不是在磕磕绊绊中走过来的？因此，要让孩子们尝试失败的滋味，今天的失败是为了明天的成功。孩子们的失败并不可怕，可怕的是孩子们不敢去面对自己的失败，每次的失败都让父母"埋单"，日后孩子长大了，那时的失败又让谁来"埋单"呢？父母应该有"失败即教育"的意识。孩子失败了，但是他获得了"痛苦的体验"，将来就知道如何去避免。同时，他也有了挑战困难的契机。孩子从失败走向成功的过程，就是一个锻炼自身，慢慢成熟的过程。他的良好的心理素质和解决问题的能力会在这个过程中培养出来。

人生是需要磨炼的，父母应该鼓励孩子去做一些事情，即使成功的概率很小，也要让他试试看。但是在这个过程中不能给孩子太大的压力，要给孩子创造一个轻松的心理氛围。运动心理专家有这样一个发现：在重要比赛时刻，如果一味地给运动员施加压力，不但不能鼓舞士气，反而会影响到运动员的发挥。但是，如果将很重要的目标简单化，淡化比赛的紧张情绪，那么运动员就会有一种轻松的感觉，很容易发挥正常水平甚至超常发挥。

实例

某地科研单位的一对研究员夫妇，他们有一个上五年级的独生女，父母都是望女成凤心切。孩子在一次数学测验中考试没有达到父母的要求，夫妇两人气急败坏，狠狠地说了孩子几句。第二天，孩子离家出走。夫妇慌了，与老师一道到处找孩子，最后是在一个还没建好的建筑工地顶楼找到了孩子，这时小女孩已经四天没吃没喝，由于身体极为虚弱，都无力举步前行了。

广州某小学一个12岁的学生，入学5年来，学习成绩均为全班之冠。老师夸，爸妈赞，在一片赞扬声中，孩子十分得意，觉得没人能超越自己，谁知就在五年级下学期测验时，他的语文成绩竟"屈居"全班第二。他哭了，哭得很伤心，情绪急剧低落，整天躺在床上唉声叹气，茶饭不思，也不愿上学，还说没脸见人。

🔆 解析

孩子的心理承受能力没有我们想象的那么强，反倒是他们弱化的心理和父母过分的疼爱、过多的保护、过高的期望等密切相关。孩子在成长的过程中缺乏处理挫折的经验和能力，一旦成绩不好，自己就会感到不知所措，如果此时家长也不够冷静的话必然会造成不可想象的后果。

家长一定要注意对孩子的"挫折教育"，究竟如何让孩子在不断的失败中成长起来，且不乏上进的信心？

1．让孩子充分地发泄

孩子遇到挫折后，容易感到沮丧和愤怒。父母切勿一开始就责备，要耐心听孩子"诉苦"，也不妨让他们大叫几声、大力打枕头，来发泄他们的情绪。只有在情绪充分发泄以后，才能静下心来听进去家长的话语。

2．与孩子一起分析和解决问题

面对被挫败的孩子，千万别责怪他们，也不要对孩子冷嘲热讽。责备既不能改变他们的挫折，也无助他们找到真正失败的原因，而且这样只会让孩子形成抵触或者反抗情绪，原本幼小的心灵更难建立起自信心来。正确做法是和孩子一起分析那些可改善的因素或自己可改进的地方，使他在被谅解、接纳的气氛下，不需过分自责，而是决心继续努力，争取更好的成果。尤其值得家长注意的是，面对孩子的失败，父母绝不可越俎代庖，一定要让孩子亲身体验失败的损失，并帮助他们建立起战胜困难的信心。

3．谁说失败了没有掌声

事物总是一分为二的。有失败，必定有成功；有缺点，必然会有优点。当孩子递给家长一份成绩并不理想但若干题做得不错的试卷时，家长应当表扬孩子；当孩子的作业完全做错但书写整洁、端正时，家长应当表扬孩子；当孩子犯了某些错误却能主动承认错误时，家长应当表扬孩子。人都是喜欢表扬的，我们的孩子也是一样。你越表扬他，他就越会去注意，他就做得越好；做得越好，他就越有自信心。你的表扬，你的几句好话，将会影响到孩子的一生。所以家长们千万不要吝啬对孩子的表扬。

4．多给孩子一些关爱

孩子失败了，此时更需要家长的鼓励和关心，要让孩子体会到家庭的温暖。例如，当孩子作业出错了的时候，当孩子考试成绩不好的时候，父母千万不要去骂孩子，更不要去打孩子。骂和打，只会使孩子的成绩更糟糕。家长何不这样想：没有哪个孩子做作业的时候会故意出错，没有哪个孩子考试的时候不想要 100 分，其实他们在努力。因此，家长没有理由去怪他们。要怪，只能怪做父母的对孩子的关心不够。做错了，错在哪里？要给他指出；为什么会错？要帮他分析，是因为粗心，还是因为不会做。粗心，要逐步培养孩子认真检查的习惯；不会做，就要教他，尤其要教给他方法。掌握了方法，遇到类似的题也都会做了。会做了，孩子才会开心，才会有自信心。

美国前总统艾森豪威尔小的时候，有一次和家人玩牌，他连续几次都拿到很糟糕的牌，情绪非常不好，态度也开始恶劣起来。她母亲见状说了段令他刻骨铭心的话："你必须用你手中的牌玩下去，就好比人生，发牌的是上帝，不管是怎样的牌，你都必须拿着，你所做的就是尽你的力，求得最好的结果。"从此，艾森豪威尔再也没有抱怨过自己的劣势，只是想方设法把事情做好，直至成为美国总统。

7.6　鼓励从语言开始

一位著名的心理学家认为，父母让孩子通过语言把所有的感情——积极的和消极的——都表达出来，是送给孩子的最好礼物。

孩子常常都希望得到父母的理解，能与父母分享自己的烦恼和快乐。可是，一般的父母只是喜欢从孩子那里得到"好消息"，而不爱听那些令人不悦的"坏消息"。如果父母总是对孩子的苦恼理解不够的话，孩子会产生失望情绪，觉得什么事情都没必要和父母说了，还不如深埋在自己心里。久而久之，消极的情绪不能得到正常的发泄，当积累到一定程度之后就会爆发，这种爆发肯定会对家庭和社会都造成不小的伤害。

有句话说得好：理解万岁！无论大人还是小孩子，只有觉得对方能真正理解自己的想法时，才能进行彼此之间心灵的沟通，才能听得进去对方的话。因此，父母一定要成为孩子忠实的听众，给予孩子足够的关注、时间和耐心，这样对孩子才是真正的帮助。

家长怎样做才是一个好的听众呢？

1．听的姿态

与孩子平视，不可居高临下；身体稍稍向前倾，这是表示有兴趣的姿势；不要制造"墙壁"。如两手抱着胳膊或边听边翻着书，这些举动对孩子来说，都是一种障碍；眼睛是心灵的窗户，用眼睛"听"。睁大眼睛看着说话的孩子，很自然地用眼睛来表达你的兴趣和愉悦。

2．听的兴趣

让说话者最扫兴的话莫过于"我早就知道了"。有些父母，就缺乏对孩子的这种尊重。孩子才说两句，大人就不耐烦了："知道了！知道了！别烦我！""该干嘛干嘛去吧，谁有工夫听你侃！"于是，孩子只好败兴而归。我们当父母的关心孩子，不应只是关心他的冷暖、吃住，还要关心他感兴趣的事。对孩子关心的话题产生了兴趣，你同孩子谈话的兴趣便也具备了。

3．态度决定一切

送给孩子最好的赞美是让孩子知道，他所说的每一句话，你都认真听了，并有了同感。父母要懂得用表情变化来传达。比如：保持微笑，并常常做出吃惊的样子。还要用语言表达。听孩子说话时，用简单的话语来表示你的兴趣，如"真是这样吗？"、"你是怎么想的呢？"等。也许你会发现，不论孩子的话题多么简单，如果你想要表现出有兴趣的姿态，那么兴趣就会自然而然地产生出来。如果你总是沉着脸，一言不发，一副漫不经心的样子，就会令孩子十分失望。

俄国伟大的作家契诃夫说过这样一句话：母亲之所以在教育子女方面不能由外人代替，就是因为她能够跟孩子同感觉、同哭、同笑……单靠理论和教训是无济于事的。

父母除了用被动接受的方式让孩子发泄，并在适当的时候予以鼓励之外，更重要的，还是要对孩子多用积极的语言进行鼓励。父母最大的错误常常是在无意之中犯下的：父母用自己过激的语言把孩子的积极性和对于生活的热情扼杀了。孩子的心灵是稚嫩的，对于父母的语言十分敏感。当父母使用诸如"你真笨""我真是白生你了"等语言时，对孩子的杀伤力是极大的，很容易使孩子产生消极心理，甚至产生心理疾病。而如果父母常用鼓励性的语言，比如"你能行""爸爸妈妈相信你能够成功"等语言鼓励孩子，对孩子的茁壮成长将非常有利。

实例

刘刚上小学时总是坐不住、疯闹、成绩差。班主任把刘刚的妈妈叫到学校，让她带"多动症"的儿子去看病。妈妈陪着笑脸替刘刚说情，眼含泪水回了家。小刚以为妈妈会打自己，没想到抚摸着他的头笑着说："老师表扬了你，说你以前一会儿都闲不住，现在能安静地听五分钟课了，你会改好的。"上初中时，刘刚迷上了"追星"，追歌星、影星，成绩总在全班倒数。家长会上，老师责怪刘刚的妈妈说："孩子得管，再不抓紧，这孩子就完了。"伤心的妈妈回到家，装作高兴的样子，对刘刚说："家长会上老师表扬了你，说你很有潜力，悟性很高，你一定能成为好学生。"上高中后，刘刚成了班上的中等生。高三家长会上，老师叮嘱刘刚的妈妈说："目前刘刚处在升学的边缘，不抓紧他可能考不上大学。"回家后，妈妈对刘刚说："儿子，你真行！老师说了，再努努力，你能考上好大学的。"最后，刘刚以优异成绩考上大学回报了母亲。

解析

一位不懂得心理学知识的伟大母亲，用她朴实无华的鼓励性批评语言，一次次地保护了孩子的自尊心，让孩子在每个低落的时期都可以重拾自信心，走过一个个坎坷。同时母亲的举动也教会了孩子积极的心理暗示："我能行"、"我可以做得更好"。

从上面这个实例我们可以看出鼓励孩子的巨大力量，那就让我们从具体行动入手吧！

1. 多关注孩子的正面行为

告诉孩子你有多么爱他，以及他表现得很好，但孩子仍需要更进一步接收到他的哪些特别的行为得到赞赏，例如："你将书放回书架并整理好，帮了我好大的忙，真的太谢谢你了。"记得随时注意孩子正向的行为表现，例如：孩子经常在排队时推挤到前面，但是这一次能耐心排队等候，父母可以告诉他："妈妈很高兴你知道如何排队以及尊重别人！"同时，不要忘记给孩子一个微笑和拥抱。

2. 多关心孩子的努力，不要冷嘲热讽

当孩子因为善良的举动和想法而取得了一定成绩时，父母一定要给孩子以及时的鼓励。如孩子在学校的手工课上制作了精美的卡片，这时与其说："哇！好漂亮的卡片，你真是一个艺术家！"不如试着说："当奶奶收到你亲手做的卡片时，一定很开心！"

切忌，不要用冷嘲热讽的语气来赏识孩子，因为那样听起来像是在批评："这次你还真的把东西都收拾好了啊。"如果孩子的行为真的值得表扬，那又何必带着消极的语气呢？

3. 无声的体态语言鼓励

体态语言虽然是伴随有声语言而起辅助作用，但是它的习惯性与真实性却比有声语言高出许多。法国著名作家罗曼·罗兰说："面部的表情是多少世纪培养成功的'语言'，比嘴里讲的语言更复杂到千百倍的'语言'。"国外一些研究者提出了一个交际效果公式：交流的总效果=7%的有声语言+38%音调+55%的面部表情。

因而，父母可以使用翘大拇指、鼓励的掌声和微笑的眼神等举动对孩子成功地完成一件事情予以鼓励。也许非言语性的情感传递能达到事半功倍的效果。

书山有路勤为径，学海无涯苦作舟。

贵有恒何必三更眠五更起，最无益只怕一日曝十日寒。

成功=艰苦劳动+正确方法+少说空话。

宝剑锋从磨砺出，梅花香自苦寒来。

让这些名言警句成为孩子的座右铭，不断鼓励着孩子继续前进！

7.7 鼓励并不同于表扬

我们大多数人普遍认为：在孩子们的成长过程中，他们需要更多的表扬——这种正面教育的方式。但是，这种观念正在面临着新的挑战。如果我们总是在孩子做完一件事时以表扬的方式体现奖赏，那么孩子今后就会以表扬为动力去做任何一件事。如果没有如愿以偿地得到他认为应该得到的表扬，接踵而来的消极、困惑和挫败感也就因此而产生了。滥用表扬将会导致孩子做事的被动性——不为自己，不为做事的初衷，只为讨得他人的欢心。

我们提倡的是那种源于我们内心流露出来的一份感动，这样的表扬我们称之

快乐是敬出来的

为鼓励，给孩子以鼓励将会提高他们做事的主动性和面对挫折的勇气和信心。这样，我们就需要时刻注意到合理地运用"表扬"与"鼓励"。

当然，表扬与鼓励有很多的共同点，如他们都可以帮助孩子建立自信心，增强孩子的自我效能感和自豪感，它们都可以提高孩子的合作意识，建立良好的人际关系。

不过它们之间确实存在着很多的区别。

首先，表扬是一种奖赏，它只是出现在事情的结果处，如果结果如人意的话，就会得到，而结果不理想的话就没有了。而鼓励则是一个礼物，它注重的是事情的过程，如："爸爸很高兴你能这么努力地练习好每一个动作"。

其次，表扬含有主观判断的因素在里面，例如，你这样做就是正确的。而鼓励是对事件本身的关注，它可能不去关心事情的结果怎样，重在过程。如："我很高兴看到你一直地努力和进步。"

最后，似乎也是最重要的，表扬有时候会表现出对他人的取悦，而鼓励则是为了不断取悦自己而努力做事。

由此可看出，鼓励和表扬都是对孩子有益行为的一种强化，但是侧重面不同，有时候也是难以区分的，区分表扬与鼓励的一个方法就是："你太好了，因为你做了这件事"——这是表扬，"这件事完成了，真是太好了"——这才是鼓励。

◆ 表扬

心理学家威廉·詹姆斯曾说："人性中最深切的禀质，是被人赏识的渴望。"表扬是肯定、强化孩子好的思想、行为，鼓舞、帮助孩子建立自信，促使他们获得喜悦、满足、自尊、自我欣赏等情感体验的重要方法。但是，并不是所有的表扬都可以对孩子产生良好的效果，不恰当的表扬可能引起孩子的紧张情绪，甚至会出现表扬后的"后遗症"——经不起表扬。究竟要如何正确地表扬孩子呢？

1. 表扬要具体、真诚

有一位教育家曾说："对于难教育的孩子，我们往往感到无能为力，其实并不是这些孩子无可救药，而是我们教育本身，沿着错误的途径在进行。这个错误是什么呢？我们老是想着帮助孩子改正缺点和坏毛病，我们的动机是好的，但是老也达不到预期的目的。为什么呢？因为我们总是关注着他的缺点，一出现缺点就要批评他。那么站在孩子的角度，一次一次挨批评，他的内心会越痛苦，他就会越来越失去信心，甚至就会破罐破摔。"

这段话的意思是，作为家长不能将眼睛总是盯在孩子的缺点和不足上，每个孩子的身上都有闪光点，要设法看到孩子的长处，不断巩固和发展孩子的优点。在与孩子交谈时要俯下身子，和孩子眼睛平视，不仅仅是指交谈的体位和体态，更重要的是指不能以权威的口气告诉孩子什么是正确的什么是错误的，正确或错误的判断必须由儿童通过自己的实际活动或心理活动来取得经验，让孩子感到最终做出的决定是自己思考的结果，并不是父母强加于他的。

2. 对未来的优点加以表扬

前苏联伟大的心理学家维果茨基曾提出了最近发展理论，认为孩子除了已经达到的发展水平之外，还有一种水平，即在成人的帮助和引导下可以达到的解决问题的能力。他把儿童已经达到的发展水平与可能达到的发展水平之间的这段距离定义为最近发展区。家长教育的重点要放在这里，它始终提醒家长着眼于孩子最具现实性的发展点，而不是只看到习以为常的优点。要在了解、掌握孩子行为表现的基础上，关注并及时发现他们的点滴进步以及各种变化，特别要注意挖掘孩子潜在的优点，即把握其发展的可能性，并鼓励、促进其这方面的发展。对其尚不明显的优点给予肯定和表扬，会使孩子重新认识和评价自己潜力的现实性。

3. 表扬要有重点

每个孩子身上的特点都不尽相同，所以在表扬时要有主次和侧重点之分：意志薄弱的、自制能力差的要单独表扬，这样不会损伤其自尊心；优点少缺点多的要当众表扬，以强化自尊，增强其自信心；表现一直很好的应该侧面表扬，预示"山外有山，楼外有楼"；对一些能力较强的或骄傲自满的孩子，表扬不可过多，应提出更高的要求；而对于一些胆小、能力较差的孩子则应该肯定他们的点滴进步，哪怕只有一点点的进步。有的孩子爱跑、爱闹，我们就要夸他身体强壮；对于依赖性强和比较脆弱的孩子，应该鼓励他的勇敢，逐步把他的依赖转化为一种自强的认知。

另外，表扬一定着眼于孩子个人的劳动和努力，表扬他努力程度而不要扩大他的聪明程度。孩子经过努力，成绩提高了，就要对孩子的努力表扬，让他知道受表扬的真正原因，他就会继续发扬光大。而表扬他聪明，就可能导致他产生沾沾自喜、骄傲自满的情绪。

◆ 鼓励

电脑天才比尔·盖茨曾对他的母亲说："我爱您，妈妈！您从来不说我比别的孩子差，您总是在我干的事情里寻找值得鼓励的地方，我怀念和您在一起的所有时光。"可见，赏识孩子非常重要，它就如一缕阳光，照亮了孩子的心田，孩子因它而灿烂。

1．鼓励要及时

在孩子做得好或取得进步时，家长应及时予以鼓励，孩子会有一种被肯定、被接纳的感觉，这样能从根本上扶植孩子的自信，强化他们行动后的自我满足，从而产生向上的力量。鼓励的运用一定要及时，越及时效果越好。让孩子觉得自己做的事情是有价值的。心理学的研究也表明：激励及时的程度与孩子的年龄成反比例关系，年龄越小激励越要及时。若孩子有了进步或表现突出而家长迟迟不加以鼓励，就会挫伤孩子的自信心，以后的鼓励就不那么灵了。

2．鼓励要适度

对待孩子的进步，家长要加以鼓励，但要注意鼓励的次数。正所谓"过犹不及"。如果家长经常将鼓励的话挂在嘴边，动不动就来一下，反而会让孩子产生厌烦情绪，这样，不但不能增强孩子的自信心，反而有可能会削弱孩子的自信心，从而失去鼓励真正的价值。因此家长要把握好一个"度"，力求最大程度发挥鼓励的功效，在鼓励的同时，要恰当地提出新的要求，不断增强其上进心。

当我们在生活中更多地运用鼓励并有意识地加强孩子们的责任感时，他们会更加感受到诚信的重要，给孩子们由衷的关注和认同，对他们的成长会有极大的益处。

我们只需要记住一句话：孩子们受挫时的一句鼓励，远远胜于在他们成功后的各种各样的表扬。

7.8　选择合适的批评强度

在对待孩子的教育问题上，学院派都主张以鼓励教育为主，那是不是批评教育就不要进行了呢？答案是否定的。前些年在广州举行的赏识教育研讨会吸引了很多家长前去参加，在会上教育专家被问及最多的问题是："赏识教育是不是不

229

第 7 章　做孩子的导师——快乐激励

要批评；如果要，又应该如何批评呢？"其实，赏识教育不排斥批评，赏识是赏识孩子的优点、长处和进步，而不是忽视孩子的缺点、弱点和错误。该指正的问题要及时指正，该批评的错误也绝不能迁就。我们把孩子比作小树苗，要让小树苗茁壮成长，除了施肥、浇水，还要剪枝，不然就长成无用之材，而剪枝就是对孩子的缺点进行引导指正。所以没原则的赏识、没有批评的赏识是有害的。批评可以让孩子明辨是非，知道什么是对的，什么是错的，什么是合理要求，什么是无理取闹；也可以让孩子具有责任意识，知道做错了事要承担责任、接受惩罚，懂得对自己负责，对他人负责。

可惜的是，我们很多家长没有掌握好批评的尺度，最后酿成了不可挽回的恶果。

据某报报道：一天夜里，一女士突然冲进青岛市第八人民医院急救中心，大呼"快来救救我的女儿！"医护人员立刻全力抢救一个多小时，最终未能将女孩从死亡线上拉回来。这位正在读初三，本应该有着幸福未来的女孩，却因为父亲一句批评，赌气喝下半瓶农药。这个女孩小丽（化名）的父亲正是秦某，据他回忆，小丽平时学习很认真，也许是要考试的缘故，她的学习成绩有所下降。9日，小丽偶尔打开电脑玩游戏，出于对学习的考虑，秦先生严厉地批评了她浪费时间，但万万没有想到她会选择死亡回击父亲。

心理学家分析认为，造成孩子走上绝路的原因，一是家长的批评过火，对孩子过于苛刻，另一个原因是孩子不能正确面对批评，自身遇到心理障碍，而不知如何排解。

◆ 批评的误区

孩子犯了错，在必要时和合适的情形下都要给予批评教育。批评不是目的，而是为了帮助孩子认识自己的错误，找到正确的方向。但不要伤害到孩子的自尊心。切实有效的批评能够打动孩子的心灵，可是简单粗暴的批评只能增加孩子的逆反情绪。

1. 辱骂

读小学三年级的小海，一次考试没考好，妈妈看在眼里，急在心里。于是便大开"骂戒"："你比猪都笨！连小学都学不好，长大了会有什么出息！"家长不是理智地去分析孩子考试失利的原因，帮助孩子找到挽救的办法，而是恣意对孩子全盘否定。这种辱骂对孩子的自尊心会造成极大的伤害，而且时间一长，孩子会认同家长的这种看法，对学习失去应有的信心，甚至"破罐子破摔"。

2．冷嘲热讽

培华看到妈妈在厨房里忙碌，便过去帮着妈妈择菜。结果，由于没有经验，培华把残枝败叶弄得满地都是。妈妈见孩子这样帮"倒忙"，气不打一处来，便明褒暗贬地对孩子说："华啊，你可真能干，我们家都快成菜市场了。"家长对孩子冷嘲热讽的话，孩子要么不知其意，不能达到指出孩子不足的目的；要么让孩子对自己行为的动机产生怀疑，从而打击孩子"尝试"的动机和积极性。当孩子好心办了"错事"时，家长往往注意的是事情的结果，而很少去考虑孩子的出发点。

3．威胁

9岁的苗苗是个爱运动的小男孩，他喜欢在自家的院子里踢足球，妈妈在多次警告无效后，一次对正在踢球的苗苗威胁道："如果球打到窗户上，我就揍你一顿。"不一会，"哗啦"一声，窗户玻璃果然碎了。为什么会是这样的结果呢？因为家长对孩子的威胁，只能诱发孩子的挑战性，结果孩子以反抗家长意志的行动，来证明自己并不是胆小鬼。

4．体罚

儿子在学校打了同学，爸爸被叫到学校去谈话。结果，爸爸觉得很没面子，回家后狠狠地把儿子揍了一顿。可是没几天孩子又打了那个同学。老师问他："为什么打人？"，孩子回答道"我爸打我，我就揍他，是他让我挨打的！"孩子对暴力行为的模仿是轻而易举的。而且这也会让孩子减轻自己心中本应有的内疚，在下次再犯错时，就心安理得了。因此，体罚是最不文明、最不科学的批评方式。

实例

一位母亲在教育孩子时，曾发生了这样的事情：她要求孩子收拾好散落一地的玩具，孩子不肯，而是要去邻居家玩。这时这位母亲生气地说："你要不收拾，那你就别回家了。"说完就把房门关上了。孩子脾气倔，就是不理妈妈。结果在邻居阿姨的劝说下，孩子妥协了。敲门向妈妈道歉："妈妈，开门，我把玩具收拾了。"可是过了一会妈妈一直没开门，孩子失望了，只能坐在门前。最后妈妈开门了，还不依不饶地说："你别回来啊！"孩子悻悻地进了家门。

美国一位儿童教育家曾说："当孩子流泪——并非是由于害怕惩罚，而是悔悟的时候，就不该去责罚他了。"实例中的母亲在孩子妥协后，还不肯开门，错过了教育孩子和弥补"教育过失"的绝佳时机。这样会加重孩子的逆反情绪。成人在犯错后，都希望有个台阶下，孩子也是一样，他们不想太"丢面子"。

其实在日常生活中，平时对孩子百依百顺，但是，一旦孩子违反了自己的意愿，便大发雷霆，此时孩子泪流满面，照样摆出一幅"得理不饶人"的态势，甚至拳脚相加，没有半点宽容之意。当孩子明白，在父母面前自己那悔悟的眼泪是没有用的时候，也就不再流泪或讨饶，等着父母的棍棒，但是却已经产生了逆反心理。一些父母总埋怨，"打也没用、骂也没用"、"越打越骂越不听话"就是这个原因。

◆ 批评应该注意的地方

1. 批评的尺度

为了把握好批评的尺度，家长不妨站在孩子的立场上看看自己犯的"错误"，若是打碎了东西，弄脏了衣服，弄坏了物品，那都不值得家长大呼小叫的。如果是对他人的不尊重，做事不专心等原则性的东西就应该及时制止。

2. 要注意方式

批评孩子，不要火上浇油，话中带刺，言过其实。孩子犯了错，很多家长第一解决的办法就是对孩子又打又骂，这样做只能发泄家长心中的不满，根本不能解决问题。而且皮肉之苦也会让孩子心存怨恨、逆反心理。另外，批评孩子要对事不对人，不要翻旧账。不要不分场合地随意训斥孩子，有外人在场时会伤害孩子的自尊心；在饭桌上批评孩子则会影响孩子的食欲。

3. 批评的时机和语言

批评孩子一定要讲究时机性。孩子一旦有错，通常要及时批评。当然也不能操之过急，根据孩子的个性、年龄、错误的性质不同，找准时机。

批评的语言一定要让孩子体会到家长真挚的情怀和真情的关爱，富有技巧的语言孩子往往乐于接受。具体的可以变"大声训斥"为"和风细雨"；变"恶语挖苦"为"善解人意"；变"千篇一律"为"富有变化"。

4. 批评的最终目的

孩子出了问题，作为家长的第一反应不是"生气"，应该是"心疼"。负责任的做法应该是帮助孩子认真地分析问题的成因，帮助孩子制订出解决问题的方案，并在以后的日常生活中和孩子一起落实该方案并逐渐改正孩子的问题。

俗话说，没有教不好的孩子，只有不懂得教育的家长。在教育环节中，作为孩子的第一任老师，当孩子犯错误的时候一定要懂得批评教育的艺术。不能让已经犯错误的孩子，因为不正确的批评教育再"错上加错"。

7.9 延时批评，避免问题走向偏颇

社会进步，人们竞争意识的觉醒，让越来越多的父母亲都重视起了对孩子的教育问题。这里我们想着重谈一谈批评教育中的时间性问题。

父母对孩子的一言一行都格外关注，一旦孩子犯了错误，家长们都会及时地予以纠正。其实父母们的出发点都是好的，他们都希望孩子能少走弯路。可是那些批评和惩罚是否达到了预期的效果呢？

教育学家们将批评的时间维度分为：及时性批评和延时性批评。

1. 及时性批评

心理学行为主义流派认为，行为的发生是强化的结果，即人的行为是否能够再次有效地发生与紧跟其后的强化物有关。如果行为发出者对行为之后的结果十分满意的话，那这个行为再度发生的概率就会大大提高；反之，如果行为导致的结果是令人厌恶的，那该行为可能发生的概率就会下降。由此可见，如若惩罚行为来得越及时，那么孩子对自己不良行为的后果就记忆越深刻，其改过自己错误行为的可能性就会越大。

2. 延时性批评

教育学家们也指出，家长在教育孩子的时候如果不讲究场合、时间，如在吃饭的时候数落孩子的错误行为，在家里来客人的时候批评孩子，或者当孩子已经努力学习时却在对孩子的成绩喋喋不休。这些看似内容不错、动机良好的行为都不会产生好的效果。因为，此时的教育并不是教育的最佳时机。

实例

情景一：

妈妈："你明明错了，为什么不向爸妈认错！"

儿子理直气壮地说道："我已经接受惩罚了，为什么还要道歉？"

情景二：

儿子当年上三年级。一天早上，我准备去上班，突然发现自己的口袋里少了15块钱，心想肯定是儿子，因为他最近比较迷恋游戏厅。但是我不想当场揭穿儿子。晚上吃完晚饭，我当着儿子面数钱的时候，喃喃地说道："怎么少了十几块钱，老婆你拿我钱了？"我悄悄地看儿子的表情，"我没有拿啊，你再找找看，"老婆回答道。我发现儿子有些紧张，而且显得有点坐立不安。我有说到："看来可能是进小偷了，不行，现在的物业怎么这么差劲，我得跟物业说说了！"正当我拿起电话的时候，儿子突然跑过来，低声说："爸，我错了，我拿了你的钱。"

之后的很多年，儿子再没犯过类似的错误。现在儿子已经研究生毕业了。每每在家谈起这件事的时候，儿子还会略感惭愧地说道："我当时紧张死了，还在心中不断发誓：以后再也不干这些事情了。"

解析

黑格尔曾说："不应该将孩子的注意力长久地集中在一些过失上，对此，尽可能委婉地提醒一下就够了，重要的是要在孩子身上激发出自身的力量和自身荣誉的信念。"如果总是揪住孩子的短处不放，一犯错就惩罚，实际上是剥夺了孩子发自内心反省的机会。对于一个处在小学中年级的孩子来说，这时正是孩子形成良好习惯、个性、思维和处事将要定型的关键期。就像情景二中那样，如果父亲一开始就批评了孩子，不给孩子想想的机会，那孩子可能认为：偷就偷了，反正就是个批评嘛，反正我也玩得挺开心的。这样孩子偷钱的行为不可能从根本上予以戒除。

是的，只有让孩子真正从内心深处反省自己的错误，他们才能真正认识到他们的错误对自己、他人所造成的危害，他们才会真正去改正错误。所以，当孩子犯了错误时，父母一定要学会延迟批评，把从内心反思自己行为的机会还给孩子。

7.10 自我批评，父母和孩子共同进步

孩子犯了错误，家长一般首先想到的是批评教育。其实，自我批评是一种非常好的教育方式，能让孩子养成谦虚的好习惯。但是这种方式一定要有家长和老师的正面引导，因为孩子的思考力和分析问题的能力是很弱的，有的事情适合自我批评，但是有的并不适合。所以一定要把握好度，如把握不好会让孩子在成长中缺少信心和勇气。让孩子学会自我批评有利于克服"自我中心"意识，也有利于人际关系的和谐，更重要的是可以增强社会适应能力与合作精神；能帮助孩子学会宽容、忍让，为别人着想。

实例

世界著名的美国作家马克·吐温有三个女儿。马克·吐温是一位非常慈爱的父亲，他对孩子的教育和保护都是无微不至的。由于自身是作家的缘故，所以他很喜欢给孩子们讲故事。每次讲故事之前，他都让三个女儿各自出一个题目，然后他便信手拈来一个个美丽动听的故事。有时孩子们想不出来，就找来一个画册，在上面随便挑一个让父亲讲，马克·吐温可以毫不费力地编出一段故事，但是，每次他都是非常认真，从不敷衍。因此，三个女儿对父亲非常崇拜。

马克·吐温在家里带孩子就像朋友一样，从来没有家长的架子。他很重视对孩子的教育，如果孩子犯了错误，他不会直接去批评孩子，而是让孩子们自己认识到错误，然后改正过来。这种方法不仅效果非常好，而且也让孩子们对父亲崇拜的同时，也增添了一丝敬畏。

一天，马克·吐温夫妇带着三个女儿到郊外的庄园去度假，他们准备了一辆装满干草的大车，准备坐在堆满干草的大车上向郊外出发。这是孩子非常向往的，因为高高地坐在堆满干草的大车上，随着大车的晃悠，欣赏着周围的美景，简直是一件美妙的事情。

但是，就在出发前，不知是什么原因，大女儿苏西居然把妹妹克拉拉打哭了。这可不是一件令人愉快的事情。尽管苏西主动向母亲承认了错误，但是，她还是需要受到惩罚。怎么惩罚苏西呢？根据马克·吐温制定的规矩，犯错误的孩子必须自己提出几种用来惩罚自己的方法，然后选择其中一种惩

罚方法，经过父母同意就可以实施。无奈，苏西只好选择了她最不情愿受到的惩罚，那就是不能坐在干草车上旅行。在经过激烈的思想斗争之后，最后，苏西对母亲说："妈妈，我今天不坐干草车去旅行了，虽然这是我最不愿意的，但是，它会让我永远记住，不要再重犯今天的错误。"

懂事的苏西说到做到。在这个事件中马克·吐温没有打骂孩子，孩子根据事先的约定对自己进行了惩罚，效果也是十分理想的。

多年以后，马克·吐温在回忆这件事的时候还动情地说："并不是我让苏西做这件事的，可是想起可怜的苏西失去了坐干草车的机会，至今仍让我感到痛苦——在26年后的今天。"

解析

惩罚孩子不是我们最终的目的，关键是要让孩子能够正确地看待自己的问题，然后改正。可是孩子们往往藐视惩罚，他们常常在面对惩罚的时候会表现出只能在故事中看到而在现实生活中无法表现出来的坚强勇气。在他们面对惩罚时不屑一顾的表情下隐藏的是一颗坚强的自尊心。因而在批评时，绝不要伤害到孩子的自尊心。如果伤害了的话，会让孩子感到十分难堪，自惭形秽，更严重的话孩子会一蹶不振，从此消沉下去。

如果在孩子犯错后，父母不但没有对孩子又打又骂，而是变现出对孩子的关心和包容，孩子就可以从内心深处极大地体会到来自父母的爱。以自我惩罚的方式既让孩子对自己的错误承担了责任，有维护了孩子的自尊心，感受到了父母的关爱，孩子一定会努力改正自己的错误，日后以自己优异的表现来回报父母。

另外，家长也要敢于在孩子面前承认错误，并加以改正。这点上会让很多家长难堪。有相当一部分家长不愿向孩子承认自己的错误，害怕失去了家长的面子和尊严。

家长没有自我批评的意识，就是缺乏责任心的表现。孩子一旦出了问题，要么归结于社会不良风气的影响，要么抱怨道："学校教育不力。"然而就是没有想到，对这类问题自己究竟应该负多少责任，自己对孩子的思想和学习关注了解多少？如果我们的家长能够在教育孩子的过程中犯了错误，并且马上虚心地向孩子认错，加以改正。孩子不但会对自己的父母另眼相看，更会让孩子对父母更加的敬重、爱慕和认识，更是以身教的形式告诉孩子：做人一定要正派。

其实，家长的权威性并不在于家长永远是对的，孩子对家长的做法要永远服从。人无完人，孰能无过？家长的威信正是体现在实事求是，是非分明，敢于坚持真理，正确对待批评与自我批评，有错就改。这样的话，会让孩子觉得自己的父母行的端、做得正，崇敬之情油然而生，威信自然就提高了。

如果家长对自己的错误还遮遮掩掩，甚至是强词夺理，那只会让孩子瞧不起父母，甚至是让孩子在价值观的判断上出现了误差。所以，家长的自我批评看似有"软弱"之嫌，但恰恰是对孩子最好的教育！

敢于向孩子认错，还有利于提高家长的道德修养水平，使家长做好孩子的榜样。家长向孩子认错，是增强孩子的是非观念、自我批评精神的需要，也是避免孩子产生心理障碍、密切家长与孩子关系的需要。

7.11 学会在批评中留有余地

人，总是在批评和自我批评中成长起来的。谁能无过？接受了批评，自觉地反省并努力去改正，才会更好地成长起来。

家庭教育中批评是一个非常重要的手段。家长如能正确地使用这个手段就可以让孩子正确地认识并改正错误。可是面对天真活泼，心理承受能力又有限的儿童，如何在不伤孩子自尊心的前提下又能达到良好的批评效果呢？这就需要广大的家长自己揣摩批评时的奥秘。

在韩非子的《说林·下篇》中有这样一段话："桓赫曰：'刻削之道，鼻莫如大，目莫如小。鼻大可小，小不可大也；目小可大，大不可小也。'举事亦然，为其不可复也，则事寡败也。"

翻译成现代文的意思是，工艺木雕的要领，首先在于鼻子要大，眼睛要小，鼻子雕刻大了，还可以改小，如果一开始便把鼻子给刻小了，就没有办法补救了。同样道理，初刻时眼睛要小，小了还可加大。如果刚开始雕刻时，就把眼睛弄得很大，后面就无法缩小了。为人做事，也是一个道理，凡事要留有余地，留有后路。只有这样，才不致于遭遇失败。

有经验的画家在创作时懂得"留白"，编辑在进行版面设计的时候也要"留白"，这些余地都是要让让读者有充分想象的空间。民间行话说得好："留得肥大能改小，唯愁脊薄难复肥"，"内距宜小不宜大，切记雕刻是减法"。

处事如此，更何况是处人呢？家长在批评孩子时，要有意识地给孩子留有余地，让孩子有认真思考、改过自新的机会。

实例

一位代课老师的讲述：那天课间，我经过教室，听到教室里乱哄哄的，于是悄然站在教室外，透过玻璃窗看到这样的情景：张某笔直地站着，只听"你趁我不在的时候，自习课上说话，你的自觉性哪里去了，我不给你点颜色看看，你不知道自己姓什么了，站着反省，待会再解决问题"，老师顺手把门关上，走出了教室。

待会儿老师回来了，他不仅没有消气，反而变本加厉了。他开始列举张某的种种不是，如学习不认真，上课不遵守纪律，爱欺负女同学，听课时睡觉。结果张某根本没有搭理，头一歪不知道又在想些什么。

由于某班主任生病，我被派到张某的班级担当临时班主任。任课老师们提醒我要小心，因为张某什么也听不进去，早已刀枪不入了。似乎很多老师都对这个学生心灰意冷了。

有一次他又迟到了，下课后我找他，不是历数他的过错，也不讲他屡次不改，而是叫他想一想，有什么原因是不可以克服的，老师可以帮助你。第二天，他对我说："迟到的原因都可以克服，其实可以做到不迟到。"于是我说："有句名言：'岂能尽如人意。但求无愧于心'。你已经懂事，自己想想吧。"后来他果然想通了，一学期没有迟到过。

解析

有时候，批评不见得来的"暴风骤雨"般就会有效果，更多的时候要留有余地，给孩子一个反省的机会，让他们进行自我反省。这样，孩子不仅容易接受，而且会因为内疚感的驱使而不断地鞭策自己进步，从而减少错误的发生。

那么，在留有余地的基础上，怎样的批评不至于过火呢？

1. 批评对象要明确

在批评孩子的时候，我们只要明白自己的批评，是为了他知道，做什么样的事会带来什么样的后果，而不是为了伤害他或给他打上"坏孩子"的标签，就不会给孩子造成心理阴影。我们的批评一定要针对具体的事情，比如，孩子回家后又忘记洗手，我们应该告诉他，我们每个人回家后都要洗手，不洗手是不对的，而不要扩大到其他事情上。而当孩子的错误举动涉及人际关系时，最理想的方式是用两个步骤去"完成"一次批评——先把自己对于孩子某个行为的感受直接告诉他，然后，平静地告诉孩子，你知道他是一个好孩子，只是这次做错了。

2. 批评不是不尊重

批评管教少不得，而对于年龄较小的孩子心灵也该得到保护，怎么拿捏其中的平衡呢？对于众多家长的问题，心理专家认为，家长们保护孩子自尊的意识强了，可有时，却把"对孩子的尊重"和"管教孩子"这两件事给简单对立起来了，好像保护孩子的尊严，就要放弃最基本的管教和批评。重要的是，如果我们了解孩子在不同的年龄段对批评的接受方式，就完全可以根据他的承受能力，进行适当的批评。并且，在孩子做错事时，明确地告诉他"这件事你做得不对"是非常必要的，不能因为担心伤害，就不批评、不管教。

3. 批评要刚柔相济

家长应该根据孩子的生理和心理特征去教育，正所谓"一把钥匙开一把锁"，常常用刚制柔，以柔克刚。刚与柔的使用均以不伤害孩子自尊心为重点。有些孩子常犯错误，他们的自尊心表现得就更为复杂一些，因为做了错事，在学校里受到别的同学的责备，产生了自卑感，有时甚至产生"破罐子破摔"的想法。而实际上，在他们的内心深处，仍有上进要求，渴望得到老师和同学的理解，渴望父母的关心和帮助。前苏联教育家马卡莲柯曾说过："得不到别人尊重的人往往有最强烈的自尊心。"因此，对这些孩子，在批评时既要讲原则，不要让错误的思想和行为蔓延，又要讲感情，尊重他们的自尊心。美国著名的管理家亚科卡说过："表扬可以印成文件，而批评打个电话就行了。"这就说，含蓄而不张扬的批评有时比那种"雷鸣"般的批评效果更好。

只有让我们的批评教育似春风化雨，才能滋润万物、孕育生机；只有让我们的批评教育似春风化雨，于无声中渗入孩子的心灵深处，才能为我们的孩子创造一个快乐的学习天地；只有让我们的批评教育似春风化雨，才能让我们的孩子在坎坷的人生道路上感受到成长的幸福。

7.12 批评的艺术：化悲痛为力量

批评，是老师和家长指出孩子错误，并督促孩子改正错误的有效教育方式。无论是老师还是家长在批评教育孩子时，只有讲究艺术性，才能使批评教育达到预期效果。美国心理学家威廉·詹姆斯有句名言："人性最深刻的原则就是希望别人对自己加以赏识。"他在研究中还发现，一个没有受过激励的人仅能发挥其能力的 20%～30%，而当他受到激励后，其能力可以发挥 80%～90%。可见，表扬激励的运用极为重要。可见批评的重要艺术性就是要将批评化作激励，这样才能取得最好的批评效果。

在批评的艺术性方面，我国著名教育家陶行知在这方面堪称典范。

实例

当年陶行知先生任育才学校的校长。一天，他看到一名男生打同学，遂将其制止，并责令他到校长室接受批评。陶先生回到办公室，见到这个男生已在等候。陶先生掏出一块糖递给他说："这是奖励你的，因为你比我先到了。"接着又摸出一块糖给他："这也是奖励你的，我不让你打同学，你立即住手，说明很尊重我。"男生将信将疑地接过糖果。陶先生又说："据了解，你打同学是因为他欺负女生，说明你有极强的正义感。"陶先生遂掏出第三块糖给他。这时男生哭了，说："校长，我错了，同学再不对，我也不能采取这种方式。"陶先生又拿出第四块糖说："你已认错，再奖你一块，我们的谈话也该结束了。"

解析

这是一则大多数人都知道的"四颗糖"的故事。这则故事也教育了家长在批评孩子的时候，一定要讲求艺术性。

1. 批评要有合适的地点和时机

身为校长的陶行知，深知青少年都是热血青年，当众批评和道歉的话会让孩子很"没有面子"，所以将他调离事发现场。另外，当众批评很容易让孩子形成对立的情绪，因为事情刚刚发生，孩子都还在兴头上，所以隔段时间是为了让孩子平衡一下情绪，也是给孩子思考的时间。

2．人格平等

家长和老师往往会在孩子眼中享受某种"特权"，即他们具有强烈的唯我独尊的意识。陶先生则不然，自己后于孩子到达约定地点，就主动进行自我批评，这种严于律己、尊重他人的品质，无疑给犯错误的孩子树立了人格榜样，使他自动消除对待批评的自我防护意识，从而形成宽松的谈话氛围。

3．发现孩子的闪光点

无论孩子犯了什么错误，都不能"一棒子打死"。凡事都要用辩证的眼光去看待。之所以这样肯定是事出有因的，当发现有值得肯定的地方时，一定要不遗余力地加以肯定。这样容易明辨是非，以理服人。

◆ 批评艺术性总结

世界球王贝利，年少时一度有了吸烟的习惯。可是当被父亲发现时，贝利就显得十分紧张，因为他害怕被责骂。令贝利感到意外的是，父亲不但没有责骂他，还以非常和蔼的语气告诉他："你是个踢球的好手，或许以后还会有更大的成就。可是吸烟对身体是非常有害的，如果因为它而让你不能成为球星，我想你会感到遗憾的，所以吸不吸烟的决定由你来做。"说完还把自己的一些钱留给了贝利。父亲这种民主、商讨的态度使贝利悔恨不已，从此，贝利改掉了吸烟的毛病。当回想往事的时候，贝利说："如果当时父亲狠狠地揍我一顿，那么我今天很可能只是个烟鬼。"

父母在对孩子进行批评教育时，能有些人情味和艺术性的话，并让孩子知道家长是尊重孩子的，那么批评的效果肯定是大不一样了。孩子感受到父母的爱护，就能心甘情愿地接受父母的批评。即使对某个问题有不同看法，也能心平气和地讲是非论道理，而不是成心顶撞、意气用事了。以一种商量激励的态度进行批评，也会保护孩子的自尊心，使他们自觉自愿地改正错误。

使教育更具艺术性，我们家长可以从以下几方面尝试。

1．关怀教育

孩子有错，家长不要单刀直入进行批评。而是要给孩子真诚的关怀，让孩子在关怀的过程中体会批评教育。如孩子在外面与其他小朋友发生了冲突，结果把自己给打伤了，此时家长不要对孩子过多地指责，而是赶紧去医院进行伤口处理。在处理的过程中，教育变"此处无声胜有声"。孩子会在家长的关爱中主动地认识错误和改正错误。如果是任凭孩子怎么流血淌泪，家长的批评声不绝于耳，那孩子只会记恨于心，伺机报复。

2. 微笑地面对

孩子犯了错，父母要心平气和面带微笑地对孩子进行批评教育，不仅可以缓和谈话气氛，消除孩子本来就紧张和不安的心绪，还能和他们心灵相通，达到良好的教育效果。反之，如果父母一开始就变脸生气，采用高压手段，或说一些伤孩子自尊心的话，就易引起孩子的反感和抵触情绪，不利于其改正错误。

3. 暗示和渗透并用

孩子犯错之后，自己也很紧张。所以家长可以采取曲线救国的策略不直接指出孩子的问题，而是以谈心的方式，用语言、眼神和情绪给孩子以暗示，让孩子心领神会体会到批评。当然这种教育只要点到即可，这样使孩子在谈话中受到启发和教育。如果孩子自尊心很强的话，家长更要避免劈头盖脸地对孩子进行批评，而是要改变批评的层次与角度，采取迂回渐进的方式，这样既可以达到教育的目的，也不伤及孩子的自尊心。

批评教育孩子的方式方法有很多，我们不能墨守成规，要不断学习探索总结，碰到孩子犯错误时，做到不发脾气，不带训斥的口吻，要真正做到严而不厉，渴求而不急躁，注意场合、分寸，千万不能伤害孩子的自尊心，使孩子在良好的培养教育中健康成长。

快乐是敲出来的

反侵权盗版声明

　　电子工业出版社依法对本作品享有专有出版权。任何未经权利人书面许可，复制、销售或通过信息网络传播本作品的行为；歪曲、篡改、剽窃本作品的行为，均违反《中华人民共和国著作权法》，其行为人应承担相应的民事责任和行政责任，构成犯罪的，将被依法追究刑事责任。

　　为了维护市场秩序，保护权利人的合法权益，我社将依法查处和打击侵权盗版的单位和个人。欢迎社会各界人士积极举报侵权盗版行为，本社将奖励举报有功人员，并保证举报人的信息不被泄露。

举报电话：（010）88254396；（010）88258888

传　　真：（010）88254397

E-mail：　dbqq@phei.com.cn

通信地址：北京市万寿路 173 信箱

　　　　　电子工业出版社总编办公室

邮　　编：100036